아시아의 오늘을 걷다

유재현 온더로드 04

아시아의 오늘을 걷다

초판 1쇄 인쇄 _ 2009년 2월 20일
초판 1쇄 발행 _ 2009년 2월 27일

지은이 _ 유재현

펴낸이 _ 유재건 | 주간 _ 김현경
편집팀 _ 박순기, 박재은, 주승일, 강혜진, 김혜미, 임유진, 진승우, 박광수
마케팅팀 _ 이경훈, 이은정, 정승연, 서현아 | 디자인팀 _ 이해림, 신성남
영업관리 _ 노수준, 조동규, 양수연

펴낸곳 _ 도서출판 그린비 · 등록번호 제10-425호
주 소 _ 서울시 마포구 동교동 201-18 달리빌딩 2층
전 화 _ 702-2717 · 702-4791 | 팩 스 _ 703-0272

그린비 출판사 나를 바꾸는 책, 세상을 바꾸는 책
홈페이지 www.greenbee.co.kr
전자우편 editor@greenbee.co.kr

아시아의 오늘을 걷다

민주화 속의 난민화, 그 현장을 가다

글·사진 유재현

2008
그린비

내내 우기였다. 1월에 도착한 적도 이남인 인도네시아 자바 섬은 우기의 정점을 앞두고 있었고 우기가 끝난 4월에는 인도네시아를 떠나야 했다. 그 후 여행한 아홉 나라는 모두 적도 이북이었고 우기에 접어들어 있었다. 돌이켜 보면 발길이 닿은 어느 나라에서나 비가 쏟아졌다. 그나마 필리핀이 좀 덜했다. 그곳 사람들처럼 꼼짝없이 반년을 우기에 갇혀 지낸 셈이다. 동남아시아의 우기는 길을 망가뜨리기 때문에 변방을 다니기가 불편하지만 그럭저럭 지낼 만하다. 와다닥 스콜이 쏟아진 후에는 먹구름이 사라지고 해가 나와 다시 땅을 달군다. 노상 흙먼지가 풀풀 날리는 건기보다는 오히려 그 편이 낫다. 장대처럼 굵은 빗줄기가 땅과 땅 위의 만물을 때리는 가운데 번개와 천둥이 낮게 드리운 먹구름을 찢는 순간이 계속되면 마치 태내에라도 들어앉은 것

마냥 안온한 기분이 들 때도 있다.

네팔을 제외한다면 지난 10년 동안 꾸준히 들락거렸던 나라들을 복기하듯 돌아다닌 여행이었다. 10년은 무언가를 변화시키기에는 턱없이 짧은 세월이었다. 이번 여행에 앞서 다녀왔던 중동을 포함해 아시아는 근본적으로는 변함없는 길을 걷고 있었다. 냉전의 붕괴와 한때 아시아 전역을 휩쓸었던 민주화의 열기, 그리고 짧게는 1997년 태국을 시작으로 아시아를 덮친 경제위기에도 불구하고 그랬다. 인도네시아는 수하르토의 그늘에서 벗어나지 못했고, 말레이시아의 암노(UMNO)는 여전히 강고했으며, 필리핀은 마르코스 독재나 별반 다를 것 없는 아로요 치하였고 신인민군은 무력했다. 베트남과 캄보디아는 일당독재와 일인 독재의 그늘 아래 신음하고 있는 가운데 경제위기의 직격탄에 휘청거리고 있었다. 태국은 시대착오적인 군주제와 군부의 망령 아래 휘청거렸고, 미얀마는 장기 군부독재의 잔혹한 후안무치함에 짓눌려 있었으며, 싱가포르는 리콴유가 완성한 기묘한 도시국가적 결벽증에 질식해 있었고, 홍콩은 중국공산당과 쉽지 않은 분쟁을 벌이고 있었다.

예전과 달리 '아시아의 오늘'이라는 간명한 주제를 안주머니에 넣고 다닌 여행에서 나는 바로 그 오늘에 대해 끝없이 회의에 빠져들어야 했다. 우기의 스콜이 뿌리는 빗줄기에 갇힌 도시들에서는 어제와 다른 오늘이 보이지 않았다. 미얀마를 넘어 내게는 심리적 저항선이기도 했던 남아시아의 네팔로 향한 것은 변화에 대한 갈망 때문이었을 것이다. 카트만두에서는 240년 동안 히말라야 왕국을 통치하던 왕정이 공식적인 붕괴를 목전에 두고 있었다. 이 극적인 변화를 주도한 것은 마오주의 공산당이었는데 중국공산당이 오래전에 버린 마오주의를 호주머니에 넣고 있는 이 고풍스러운 공산주의자들은 뜻밖에 '21세기 민주주의'라는 새로운 기치를 들고 있었다. 나는 타멜의 라인초르가(街)에 접한 게스트 하우스에서 제한송전으로 전기가 끊기고 치솟은 유가 때문에 발전기조차 돌리지 않아 칠흑처럼 어두운 2층 구석의 방 침대에 누워 새삼스럽게 민주주의를 생각하며 뒤척였다.

2차 대전 종전을 계기로 식민지 시대에서 벗어난 아시아의 나라들은 저마다 꿈과 희망에 부풀어 국가건설에 나섰다. 꿈은 좌초되기 일쑤였고 아시아의 대부분은 왕정에서 군부독재에 이르는 다양한 브랜드의 파시스트적 독재시대를 맞이해야 했다. 1980년대와 90년대를 거치면서 들풀처럼 번진 민주화는 아시아의 적잖은 나라들에서 정치적 변화를 가져왔다. 독재는 철 지난 유행이 되었고 그 자리를 민주화가 대신했다. 다시 또 10년이 지난 지금 무엇이 변한 것일까. 가슴 아픈 일이지만 아시아의 변화는 대단하지 않았다.

다시 돌아온 서울의 도심은 백만 개의 촛불로 장관을 이루고 있었다. 아시아에서 가장 선도적으로 민주화를 쟁취했다고 자찬하는 서울의 현주소는 백만 명이 거리로 쏟아져 나와야 하는 역설의 지경에 이르고 있었다. 같은 시기 방콕에서는 2006년 친왕 군부쿠데타의 재림을 희망하는 반동적 시위가 벌어지고 있었다. 자카르타에서는 1998년 민주화시위를 촉발시켰던 고(高)물가에 항의하는 시위가 다시금 산발적으로 재현되고 있었다. 쿠알라룸푸르가 뒤따르는 가운데 60년 장기집권의 국민전선이 앞당겨진 총선에서 전례 없는 패배를 맛보고 있었으며, 필리핀에서는 테러와의 전쟁에 동참한 아로요의 공포정치가 남부의 민다나오에서 북부의 루손까지를 뒤덮고 있었다. 양곤에서는 미얀마 군부의 철권통치가, 프놈펜에서는 훈센의 독재가 그야말로 강철처럼 굳건했다. 사이공에서는 이미 오래전에 사망한 이름뿐인 공산당의 일당독재가 썩어 가며 풍기는 자본주의의 비역한 악취가 코를 찔렀다.

아마도 가장 경악할 만한 현실은 아시아에서 일찍 군부독재의 그늘을 치워 버린 자카르타와 방콕 그리고 서울에서 볼 수 있었다. 민주화의 성과로 일컬어지고 있는 대의민주주의는 정작 아무것도 해결하지 못했다. 극심한 빈부격차와 부정과 부패, 자본의 전횡, 사회복지의 방기, 사회정의의 실종은 절망적 수준이었다. 투표함은 아무것도 해결하지 못했다. 민주화라는 이름으로 무력을 대신해 금력과 정치력이 민중의 생존과 권리를 조롱하고 있는 꼴이었다. 독재를 청산하고 다중이 손에 쥔 것은 단지 썩은 나뭇잎보다 못한 형식적 권리와 그에 대한 경멸적 외면에 불과했다.

아시아의 민주화 시대는 신자유주의의 세계화 시대와 톱니바퀴처럼 맞물렸고 시장과 경쟁, (경제)발전이 다른 모든 가치, 특히 민주주의를 호도했다. 파시즘의 전통적 배양자였던 제국주의적 패권은 파시즘 대신 신자유주의를 공급함으로써 기득권을 유지할 수 있었다. 아시아에서 그 현상은 특히 두드러졌다. 전통적 지배 세력들은 신자유주의의 수호자를 자처했고 의회를 장악했다. 노골적 파시즘은 청산되었지만 손은 바뀌지 않았다. 서구식 의회민주주의가 소수 지배 세력의 전통적 기득권을 포기하기는커녕 강화할 수 있는 방편임을 깨닫는 데에는 그리 오랜 시간이 필요하지도 않았다.

태국은 80~90년대 아시아 민주화의 모순적 현주소를 가장 노골적으로 드러냈다. 2차 대전 종전 후 군부와 미국이 끌어들인 봉건적 군주제의 잔재는 이후 지속적으로 강화되어 마침내 고질적 군부독재가 전면에서 물러난 후 왕이 쿠데타를 사주하는 지경에까지 이르렀으며 일부 좌파 지식인들조차 이에 협조하는 모습을 보였다. 신자유주의의 첨병을 자처했던 대자본가인 탁신은 농민을 기반으로 연이은 정치적 승리를 거두었다. 군주를 지지하는 중산층 세력들이 방콕의 거리를 노란 깃발로 메우는 동안 노동자와 농민, 빈민은 정치적으로 거의 침묵하고 있었다. 이 가공할 현실에 직접적으로 책임져야 할 세력은 왕도 군부도 신자유주의자도 아닌 봉건적 군주제에 무릎을 꿇고 푸미폰의 발뒤꿈치를 핥거나 두 손을 놓아 버린 무기력한 세력인 방콕의 진보적 지식인이었다. 크게 다르지 않은 일은 서울에서도 벌어졌다. 386으로 불렸던 민주화운동 세력은 10년의 권력놀음에서 신자유주의의 악취 풍기는 양말을 빨았다. 빈부격차는 격화되었고 다중의 복지는 축소되었으며 민주주의는 그 어느 때보다도 조롱당했다.

아시아는 그렇게 구성원들에게 가까운 과거나 미래가 됨으로써 거울이 되고 있다. 우리는 서로에게서 교훈이나 영감, 반성 또는 그 모두를 얻을 수 있을 것이다. 아시아의 더 나은 미래가 지금처럼 위축되고 왜곡된 때가 없었던 만큼 이런 자각은 어느 때보다 귀중하게 받아들여질 것이다. 10년 또는 20년이란 시간은 찰나일지도 모른다. 100년이나 200년도 긴 시간이라고는 말할 수 없다. 그러나 천 년이 걸릴지도 모를 기약 없는 길을 떠날지라도 과객의 손에 쥐어져 있어야 하는 것은 언제나 나침반이다.

여행에서 돌아와 한 시사주간지에 연재했던 글 중 태국에 대한 두 편의 글이 주한 태국대사관의 공분을 샀다. 태국대사관으로부터 왕실모독을 이유로 엄중

한 항의와 함께 두 편의 글을 언론사의 인터넷 사이트에서 없애 달라는 요구가 있었다. 이 일로 와씬 티라베치얀(Vasin Teeravechiyan) 태국 대사는 해당 언론사를 방문하기까지 했다. 물론, 당연하게 와씬 대사의 요청은 받아들여지지 않았지만 앞으로 태국 입국은 절대 피해야 할 것이라는 조언을 들었다. 태국의 지배 세력은 자신들이 태국에서 야만적으로 짓밟고 있는 언론의 자유가 반드시 세계적으로 통용되지는 않는다는 사소한 진리를 다시금 깨달았으면 한다. 다만 내가 한편으로 서글펐던 이유가 재갈을 물린 태국의 언론계와 지식인들이 지난 수십 년간 자신들의 언론 자유를 두고 보였던 경악할 만한 무성의와 패배주의인 것만큼은 밝히고 싶다. 당신들의 대사가 외국에서까지 태국과 태국인들을 모독하는 행위를 마다하지 않는 구차한 전근대적 추태에 대해 책임져야 할 자들은 의심할 바 없이 당신들이다.

특히 이번 여행에서는 많은 분들의 도움을 받았다. 이름을 밝히기에는 너무 많고 또 밝힐 수 없는 경우도 있어 막연하지만 이 글을 빌려 모든 분들에게 감사의 마음 전한다.

2009년 2월
유재현

말레이시아

인도네시아

1.
독재를 넘어서

독재자 수하르토, 여기 잠들다
아스타나 기리방운. 솔로 술탄 왕족의 능(陵) 사이에 자리 잡은 그곳에서 수하르토는 심판 없이 잠들어
있다.

왕이 되고 싶었던 독재자

공교롭게도 인도네시아에 도착한 후 얼마 지나지 않아 주변은 죽어 가고 있는 수하르토(Suharto)에 대한 이야기로 넘치기 시작했다. 인도네시아를 32년 동안 철권으로 통치했던 독재자 수하르토는 마침내 누구의 눈에도 자리를 털고 일어나지 못할 것처럼 보였다. 그는 86세였고 내일 숨을 거둔다고 해서 이상할 것은 하나도 없었다. 수명을 다한 수하르토의 흐린 숨을 억지로 연장시키고 있는 것은 인도네시아 최고의 페르타미나 병원 의료진일 뿐이었다.

싱가포르 전(前) 수상인 리콴유(李光耀)가 수하르토의 병실을 찾았고 뒤이어 역시 말레이시아의 전 수상인 마하티르, 브루나이의 술탄인 하사날이 죽어 가는 그를 찾았다. 4억 4천만 달러로 추정되는 횡령혐의로 1999년 최초로 법정에 출두한 이후 수하르토는 필요할 때마다 병원출입을 거듭해 왔고 그때마다 주치의는 그의 건강에 대해 양치기 소년처럼 빈번한 공갈성 경고를 일삼았지만 10년 만에 그는 정말 죽어 가고 있는 것이 확실했다. 그러곤 대단한 일이 벌어졌다. 수하르토의 가족들을 대신해 변호사가 현 대통령인 유도요노(Susilo Bambang Yudhoyono)에게 재판중지를 요청하는 서한을 보냈고 유도요노는 검찰총장에게 '법정 밖 화해'를 지시했다. 유도요노와 수하르토에게는 모두 상처를 입지 않는 '윈윈(win-win) 해결책'이었지만 사실상 수하르토에 대한 사면이었다. 그러나 이 재판은 고작 민사소송이었고 검찰이 반환을 요청한 금액은 빙산의 일각에 불과했다. 유엔과 세계은행은 수하르토가 집권기간 동안 횡령한 금액을 최소 150억 달러에서 최대 350억 달러로 추정했으며 2007년 '세계에서 가장 파렴치한 횡령범'의 명단을 발표하면서 기꺼이 수하르토의 이름을 첫번째에 올렸다. 수하르토는 또 2004년 국제투명성기구가 선정한 '20세기 가장 부패한 정치인'이 되는 영광을 누리기도 했다.

수하르토는 민주주의의 공적이었으며 또한 도살자였다. 공산당의 쿠데타를 빌미로 초대 대통령인 수카르노를 축출하고 쿠데타로 집권한 그는 1965~1967년 사이에 50만~100만 명으로 추정되는, 지금까지도 밝혀지지 않은 수의 인도네시아인들을 학살했으며 100만 명을 투옥했다. 그가 직접 대통령의 자리에 오른 1967년 이후에도 사정은 마찬가지였다. 32년에 걸친 수하르토의 철권통치는 아체와 동티모르, 파푸아, 탄중피낭 등 인도네시아 전역을 학살의 피로 물들였다. 고문과 살인, 불법적 체포와 투옥, 장기감금 등 혹심한 정치적 탄압과 최악의 인권유린은 인도네시아인들의 일상이었다.

그런 수하르토가 죽음을 목전에 두고 있는 시기에 인도네시아의 주요언론들은 노골적으로 온정적인 여론을 조장하고 있었다. 1998년 폭발적인 민주화시위로 마침내 권좌에서 내쫓긴 수하르토는 10년 만에 '과보다 공이 컸던' 인물로 부상하고 있었다. 그건 또 별로 이상한 일도 아니었다. 여론을 주도하고 있는 것은 수하르토 패밀리와 친구들이 여전히 직·간접적으로 소유하고 있는 신문과 방송들이었다. 게임을 벌이고 있는 건 페르타미나 병원에 호흡기를 매달고 누워 있는 수하르토가 아니라 여전히 부와 권력을 누리고 있는 수하르토 패거리들이었다. 그들은 수하르토를 사면시킴으로써 차제에 자신들 또한 사면받기 위해 총력으로 질주하고 있었다. 말하자면 그건 살아 있는 자들이 죽어 가는 수하르토와 여론을 볼모로 벌이는 일방적인 게임이었다.

1월 27일 수하르토가 마침내 지옥의 문을 열었을 때 인도네시아는 수하르토의 위대한 업적을 기리는 방송과 신문이 토해 내는 역겨운 전파와 활자로 어지러웠다. 현직 대통령이며 군장성 출신인 수실로 밤방 유도요노는 "그가 이룬 업적에 대해 감사한다고 해서 우리가 다치지는 않는다"며 일주일간의 조기게양까지 실시한다고 발표했다. 수하르토의 시체 앞에서 눈물을 글썽이고 있는 큰딸 시티를 옆에 두고 조의를 표시하는 유도요노의 큼직한 사진을 보면서 나는 그가 말한 '우리'에 대해 허탈해졌다. 유도요노의 '우리'가 누구인지를 묻는다는 것조차 새삼스러웠기 때문이다. 수하르토와 함께 싱가포르의 철권통치자였던 리콴유는 "부패는 있었지만 수하르토는 재임기간 동안 성장을 이루어 냈다"는 촌평을 남겼다. 누구를 위한 성장인가? 인도네시아의 그 풍부한 석유와 가스, 목재, 광물을 팔아 축적한 부는 어디로 사라졌는가? 성장이 다수가 아니라 한줌의 소

말년의 수하르토

1965년 쿠데타로 권력을 장악한 후 1967년까지 수하르토는 50만~100만으로 추정되는 인도네시아인들을 도륙했다. 후일 이 쿠데타를 지원했던 CIA는 이 학살에 대해 '20세기 최고의 대량학살'이라는 기록을 남겼다.

수에게 독식되는 성장일 때에도 그걸 성장으로 치하할 수 있는가. 분배의 정의가 완벽하게 박탈된 성장도 성장이라고 할 수 있을까. 말레이시아의 외무장관인 시 에드 하미드 알바르는 애도를 표시하며 "수하르토는 인도네시아의 경제뿐 아니 라 아세안(ASEAN)의 발전에 크게 이바지했다"고 말했다. 어떤 기여인가. 영국 이 동인도 지역에서 서방 제국주의의 이익을 지키기 위해 말라야연방과 보르네 오의 사라왁과 사바를 합병했을 때 수카르노는 이를 신 제국주의의 음모로 규탄 하고 콘프론타시를 벌였다. 말레이시아 외무장관의 애도란, CIA의 지원으로 그 런 수카르노를 권좌에서 끌어내린 쿠데타를 성공시킨 수하르토의 기여에 대한 치하였다. 아세안에 대한 어떤 기여인가? 민주주의에 대한 모독과 극심한 경제 적 불평등 속에 파시스트 독재와 빈곤, 빈부격차로 신음해 왔던 아세안 국가들의 대형(大兄)으로서의 수하르토가 차지했던 정신적·외교적·군사적 지주 역할에 대한 치하였다.

수하르토의 죽음은 1998년 민주화항쟁으로 32년의 파시스트적 철권통치가 붕괴된 이후의 10년을 평가하는 리트머스와 같았다. 경악스럽게도 그 성취란 수 하르토의 죽음이 보여 주는 것처럼 완전히 별 볼일 없는 것이었다. 수하르토가 죽은 뒤 나는 그의 통치 기간 7년 동안 감옥에 갇혀 있었던 한 전직 언론인에게 전화를 걸었다. 그는 신경질적이었다.

"난 아파요. 아프다구요. 몸이 좋지 않아요. 고혈압에 신장까지 좋지 않아 요. 정말 몸이 아파요. 뭐라고 말할 힘이 없어요."

그는 아프다는 말만 반복해 중얼거렸고 수하르토의 죽음에 대해서 말하고 싶어하지 않았다. 그는 침묵하고 싶어했다. 수화기 건너편에서 그의 몸을 지배하고 있는 극심한 무력감이 휴대폰에서 전자파처럼 새어 나와 내 기운까지도 흥건하게 적시고 있었다. 빌어먹을 기분이었고 나는 박정희와 전두환을 떠올렸다.

수하르토는 중부 자바의 솔로(Solo) 인근에 있는 아스타나 기리방운(Astana Giribangun)의 가족묘에 묻혔다. 수하르토가 죽기 직전 일군의 시위대들이 "죽기 전에 수하르토를 법정에 세워라"며 시위를 벌였던 곳이 솔로였다. 신문은 아스타나 기리방운이 한동안 인산인해를 이루었다고 전하고 있었다. 내가 죽은 수하르토의 무덤을 찾기로 결심했던 것은 호기심 때문은 아니었다. 그의 무덤이 아시아의 오늘을 웅변하고 있을 것이기 때문이었다.

아스타나 기리방운으로 가는 길은 수카르노-하타 공항에 도착했을 때부터 순탄하지 않았다. 예약했던 솔로행 항공편은 결항이었다. 기상이 멀쩡했기 때문에 좀 어이없는 일이었다. 아침 첫 항공편이었는데 예약이 부진한 것이 이유였다. 눈 내리는 날 강아지처럼 뛰어다녀 겨우 정오쯤에 출발하는 족자카르타(Yogyakarta ; 욕야카르타)행 티켓을 구할 수 있었다. 길은 더욱 멀어졌다. 족자카르타에서 솔로 인근을 돌아 아스타나 기리방운으로 향하는 길은 전형적인 농촌이었다. 공항에서 집어탄 렌트카 운전사는 50대 초반의 사내였다.

"수하르토 시절은 어땠어요? 지금 정권과 비교한다면."

"수하르토 때가 조금 나았지요."

"왜 그렇지요?"

"수하르토 시절에는 휘발유 값이 200~300루피였는데 지금은 4,500루피잖아요."

"지금 정권의 부패문제는 어떻습니까?"

"80퍼센트쯤 부패했지요."

"수하르토 정권은요?"

"100퍼센트였지요."

나는 그냥 웃고 말았다. 80퍼센트의 부패가 100퍼센트의 완벽한(?) 절대부패보다는 얼마간 나을지도 모르지만 사실 그에게는 그게 그것이었다. 그럴 바에는 휘발유 값을 따지는 편이 나은 것이다. 한 농민은 비료와 종자를 얻기에 수하르토 시대가 더 수월했다는 이유로 지금보다 수하르토 시대가 좋았다는 말을 전했다. 걸핏하면 박정희 때가 좋았다고 들먹이는 남한의 꼴이었다. 여하튼 극단적으로 말한다면 1998년 수하르토 정권의 퇴진 이후 지난 10년 동안 인도네시아가 얻은 성취는 거의 도루묵 신세였다.

족자카르타에서 솔로를 거쳐 기리방운 언덕으로 향하는 길의 끄트머리는 한적한 농촌이었다. 논들이 이어지고 두리안 나무와 망고 나무들, 사탕수수 밭을 지나 언덕의 언저리 즈음부터는 계단식 논들 너머로 밀림이 보였다. 구불구불한 길을 올라 도착한 아스타나 기리방운은 마치 작은 관광지와 같았다. 주차장에서는 아낙네들과 아이들이 손에 손에 음료수와 군것질거리를 들고 내밀었으며 한편에는 상점으로 보이는 벽돌건물이 공사중이었다. 한 아이는 수하르토 티셔츠를 내밀었고 또 다른 아이는 수하르토의 사진이 인쇄된 엽서들을 내밀었으며 그중 한 아이는 기리방운을 배경으로 수하르토와 아내의 얼굴이 삽입된 대형 브로마이드를 내밀었다.

"여기서 장사하려면 얼마나 주어야 하니?"

현역 군인들이 지키고 있는 입구를 지나 들어선 기리방운의 뜰에서 수하르

수하르토의 추억을 파는 기리방운의 아이들

아시아 최악의 독재자 중 하나인 수하르토는 자신의 무덤 앞에서도 여전히 셔츠와 사진 속에 살아 있다. 수하르토가 셔츠와 사진에 살아 있는 한 인도네시아는 수하르토를 청산할 수 없을 것이다.

토의 사진을 팔고 있던 아이에게 물었다. 아이 대신 주변에 있던 젊은이가 손을 내저으며 절대 한 푼도 내지 않는다고 대신 말해 주었다. 물론 그게 수하르토의 체면을 살리는 일이지만 기리방운의 안과 밖의 차이를 설명해 줄 수는 없었다.

솔로의 술탄 왕릉들이 들어선 곳에서 불과 300미터도 채 떨어져 있지 않은 아스타나 기리방운의 건물 안에서 수하르토는 굵직한 기업거래마다 끼어들어 10퍼센트의 수수료를 뜯어내 '미세스 10퍼센트'로 불리던 부인 시티 하르티니의 석관 옆에 누워 있었다. 수하르토 스스로 생전에 묻히기를 유언으로 남겼던 기리방운은 국가와는 무관한 가족묘지이다. 시티는 자신이 왕족 출신임을 늘 주장했는데 족자카르타 출신인 수하르토는 기리방운의 처가 묘지에 묻혀 스스로 왕족의 일원이 되기를 원했을 것이다.

빛이 들어오지 않아 어둡고 습한 수하르토의 묘 앞에서 나는 이 사내가 평생 근대적 국가와 국민, 민주의 의미를 결코 이해하지 못한 채 인도네시아란 거대한 국가를 오직 무력으로 통치해 왔을 것이라 생각했다. 그는 단지 왕관을 쓰고 옆구리에 큼직한 자바 스타일의 칼을 찬 냉혹한 절대군주가 되고 싶었을 뿐이다. 인도네시아에게는 더없는 불행이자 비극이었다.

아시아의 역사에서 굵은 일획을 남긴 독재자 수하르토는 이제 막 죽어 흙으로 돌아가고 있었다. 그는 다른 어떤 굵은 독재자들, 예컨대 남한의 박정희나, 필리핀의 마르코스(Ferdinand Edralin Marcos), 남베트남의 응오딘지엠(吳廷琰) 등에 비해 행복한 독재자였다. 천수를 다했고 천금의 죄과에 대한 어떤 책임도 지지 않은 채 숨을 거두었으며 사후에조차 그에게 정의를 묻는 물음은 거대한 장벽 앞에 무릎을 꿇고 있다. 심지어 국가영웅 칭호를 부여하자는 주장도 거리낌

없이 제출되고 있었다. 그럼으로 수하르토 시대는 아직도 청산되지 않고 계속되고 있다.

"다 똑같은 작자들이에요."

2004년 최초로 실시된 대통령 직선에서 메가와티를 찍었다는 람팡의 초등학교 선생은 2009년의 대통령 선거에서는 이슬람정당 중 하나에 속한 후보를 찍겠다고 말했고 만약 그에게 투표할 수 없다면 투표를 포기하겠다고 말했다. 지난 10년간의 변화가 있다면 이슬람을 표방하는 종교적 색채의 정당이 그만큼 대안세력으로 약진하고 있다는 것뿐이었다. 13세기 이후 이슬람은 동인도 지역에서 전통적으로 강력한 세력이었다. 세속적 민주주의를 주창했던 수카르노 또한 무시할 수 없었던 세력이었다. 수하르토는 이슬람 세력을 탄압했다. 수하르토는 골카르(Golkar)와 개발통일당(PPP), 인도네시아 민주당(PDI)을 제외한 모든 정당을 불법화했으며 이슬람 세력의 정치적 진출을 억압했다. 집권 후기에는 유화정책을 폈는데 1998년 형식적 절차를 거쳐 7대 대통령의 자리에 오른 수하르토가 점지한 부통령인 하비비(Bacharuddin Jusuf Habibie)는 1997년 경제위기로 들끓기 시작한 민주화의 열망을 가라앉히기 위한 인물이었지만 한편으로는 이슬람 세력을 대변하는 인물이었다. 수하르토 축출 이후 일시적으로 진공상태처럼 되어 버린 인도네시아의 정치공간에서 이슬람 세력은 대안의 하나였다. 수하르토 퇴진 이후 단명한 하비비를 뒤이어 인도네시아 최초로 선출된 대통령이었던 와히드(Abdurrahman Wahid)는 정치 세력 간 타협의 결과물이었지만 이슬람을 대표하는 인물이었다. 그는 무하마디야(Muhammadiyah)와 함께 인도네시아의 이슬람 조직을 대표하는 나다툴 울라마(NU; Nahdatul Ulama)의 의장을 지낸 인

자카르타의 독립기념탑(왼쪽)과 수하르토 퇴진 후의 첫 민선 대통령 와히드(오른쪽)

물이기도 했다. 무하마디야의 의장인 아민 라이스(Amein Rais)는 의회인 국민협의회의 의장으로 선출되었다. 와히드는 곧 몰락했고 메가와티가 뒤를 이어 대통령의 자리에 올랐다. 2004년 최초의 대통령 직선은 기득권을 가진 투쟁민주당(PDI-P ; 1997년 민주당의 분당 후 메가와티가 창당)과 골카르 등 정치 세력들이 이슬람을 대표하는 인물을 부통령으로 내세우며 연합하는 양상을 보였다. 2차 투표로까지 이어진 대선은 결국 군장성과 사업가 출신인 유도요노-칼라의 승리로 끝남으로써 이슬람 세력은 정치적 한계를 보였지만 강력한 현실정치 세력으로 부상했음을 증명했다. 종교가 세속을 위협한다는 것은 명확하게 민주주의에는 부정적이다. 그러나 수하르토의 당이었던 골카르가 여전히 무시 못할 정당으로 버티고 있고, 무시할 수 없는 헌법외적 권력을 행사하고 있는 사업가 출신의 부통령 칼라(Muhammad Jusuf Kalla)는 골카르의 당수로 선출되었다. 더불어 메가와티의 투쟁민주당도 거기서 거기라는 것이 중론인 바에야 대중의 시선은 옮겨질 수밖에 없다. 그게 무엇이라도.

1998년 인도네시아인들은 32년의 군부독재를 청산하고 민주주의를 실현할 한 번의 기회를 가졌다. 32년 만의 기회였다. 그 뒤 10년이 지났지만 무엇이 청산되었는지 아무도 대답하지 못했다. 수하르토의 족벌은 여전히 천문학적인 부를 움켜쥐고 있고 수하르토 시대에 권력을 향유했던 정치, 관료와 자본은 같은 이름이거나 다른 이름으로 여전히 그 자리에 버티고 있다. 모든 인도네시아인들의 목을 조르는 빈곤과 부정, 부패 또한 별일 없이 여전히 유지되고 있다. 말하자면 수하르토의 신질서(Orde Baru)는 여전히 살아 있고 인도네시아인들의 숨통을 조르고 있다.

"누가 뭐라고 해도 난 결코 용서할 수 없다네. 지금도 그래. 수하르토가 죽었다고 해도 그건 마찬가지야."

수하르토 집권 시기에 재판도 받지 못하고 20년을 감옥에서 지내야 했던 올해 76세의 짐만 카로카로는 그렇게 말했다. 그러나 냉정하게 말한다면 1998년에 인도네시아인들은 수하르토를 단죄하지 못하고 유산을 청산하지 못함으로써 이미 수하르토를 용서했다. 젊은 인도네시아인들과 이야기를 나누는 중에 오래된 중국 속담 하나가 등장했다.

"미친개가 물에 빠지면 건져 주는 대신 몽둥이를 휘둘러야 한다. 그렇지 않으면 다시 주인을 물어뜯을 것이다."

인도네시아는 죽은 개에게조차 물어뜯기고 있다. 그런데 이게 인도네시아에서만 벌어졌고, 벌어지는 일일까?

인도네시아 보고르의 대통령궁인 이스타나 보고르
1965년 수하르토의 쿠데타 후 수카르노는 보고르의 대통령 관저인 이스타나 보고르에 연금되었다. 수도인 자카르타에서 고작 60km 떨어진 이스타나 보고르는 수카르노가 가장 빈번하게 이용하던 곳이었다. 수카르노의 꿈은 그곳에서 피고 그곳에서 파탄했다.

수카르노와 반둥의 꿈, 아시아의 꿈

인도네시아에서 3개월 동안 머물 곳으로 자카르타에서 남쪽으로 60킬로미터 떨어진 보고르(Bogor)에 거처를 정했다. 비의 도시라는 별명을 가진 곳이었다. 동남아시아의 우기에 어지간히 익숙했는데도 보고르의 스콜에는 기가 질렸다. 새벽이면 어김없이 장대 같은 빗줄기가 천둥과 번개를 양념 삼아 지붕을 때렸다. 마당에는 두 그루의 잠부(구아바) 나무가 서 있었는데 아직 어린 탓에 집주인은 광포한 빗발에 열매가 떨어지지 않도록 비닐봉지를 씌워 가지에 묶어 두어야 했다. 비의 도시라는 별명은 허투루 붙여진 이름이 아니었다.

그러나 건기의 보고르는 낙원과도 같다고 했다. 고작 해발 290미터에 불과하지만 자바 섬을 동서로 가로지르는 화산의 산맥을 뒤에 둔 보고르의 날씨는 선선하기 그지없고 공기는 쾌적하기 짝이 없어 폭염에 시달리는 자카르타와는 비교를 불허한다는 말이었다. 네덜란드 식민지 시대에 자카르타의 총독부가 건기면 보따리를 싸들고 보고르로 옮겨 오다시피 했으니 그 말은 사실일 것이다. 물론 그들도 보고르가 비에 잠기는 우기가 오기 전에 다시 보따리를 싸들고 자카르타로 줄행랑을 쳤지만.

보고르의 중심에 자리 잡고 있는 거대한 식물원의 한 귀퉁이에는 네덜란드 식민지 시대의 유산인 총독 관저가 남아 있다. 아시아의 식민 지배자들 중에서는 가장 방탕하고 호사스러웠다는 네덜란드의 유산답게 총독 관저는 무려 28헥타르에 이르는 정원을 꾸며 두고 있었다. 1817년에는 이 정원을 80헥타르로 넓혀 식물원으로 만들었는데 이게 규모와 질에 있어 세계적 명성을 자랑하는 인도네시아의 명물인 보고르 식물원(Bogor Kebun Raya Indonesia)의 유래이다.

독립 후 보고르의 총독 관저는 대통령궁으로 바뀌었다. 인도네시아에는 모두 6개의 대통령 관저가 있다. 보고르의 것은 '이스타나 보고르'(Istana Bogor)로 불리는데 초대 대통령인 수카르노는 자카르타에서 고작 60킬로미터 떨어진 이곳을 즐겨 사용하곤 했다. 1965년 육군전략예비군사령관인 수하르토의 쿠데타 이후 이스타나 보고르는 수카르노의 악몽이 되었다. 수하르토는 1966년경부터는 수카르노를 사실상 연금상태로 구속했는데 그 장소가 이스타나 보고르였다. 수카르노는 이곳에서 분루(憤淚)를 흘리며 외부와의 접촉이 단절된 채 생의 마지막을 준비해야 했다. 1967년 대통령의 자리에 오른 수하르토는 이스타나 보고르의 수카르노를 바투 툴리스의 저택(Hing Puri Bima Sakti)으로 옮겼다. 이집 역시 보고르에 있다. 라디오와 텔레비전, 신문 등이 금지되고 대화상대조차 없는 그곳에 감금된 수카르노는 3년 뒤인 1970년 6월 21일 영욕의 삶을 마감했고 그가 태어난 동부 자바의 블리타르(Blitar)에 묻혔다. 이후 수하르토는 수카르노의 흔적을 역사에서 지워 버렸다. 수하르토가 퇴진하기 전까지는 수하르토를 제외하고는 누구도 수카르노를 공공연하게 입에 담지 못했다.

보고르 열차역을 오갈 때면 늘 지나치는 이스타나 보고르의 넓은 정원에는 잔디가 깔려 있다. 그 너른 정원에는 정원수들이 가지런한 가운데 풀어놓은 200여 마리의 사슴들이 풀을 뜯고 있어 달력 그림의 한 장면을 연출한다. 사슴들은 네덜란드 식민지 시대에 귀족들의 오락인 사냥을 위해 풀어놓은 것들인데 독립 후에는 목숨을 잃을 걱정 없이 평화로운 나날을 지금껏 보내고 있다. 자바 섬의 다른 지역과 마찬가지로 인구밀도가 만만치 않은 보고르에서 이스타나 보고르의 이런 정경은 비현실적인 동화의 세계처럼 보이기도 한다. 자카르타에도 네덜란드 식민지 총독부가 남아 있어 박물관이 되어 있지만 이스타나 보고르의 위엄과 비교하기에는 더없이 초라하고 남루하다. 수하르토는 수카르노의 흔적이 역력하게 남아 있는 이스타나 보고르를 거의 사용하지 않았다.

이스타나 보고르는 지금은 공중에게 개방되어 있다. 그러나 10명 이상의 단체 방문객들만 사전 예약으로 입장할 수 있다. 아마도 누군가에게 청을 넣었다면 혼자라도 돌아볼 수도 있었지만 내내 그럴 마음이 생기지는 않았다. 그러던 어느 날 문득 반둥에 가고 싶어졌다. 반둥은 수카르노가 공과대학을 다니며 한편으로 정치적 꿈을 키운 도시이지만 그보다도 그의 꿈이 절정에 달했던 한때를 기록하고 있는 도시였다.

버스를 타고 자바 섬의 중추를 이루는 도로라고는 믿기 힘든 형편 무인지경의 도로를 3시간쯤 달려 도착한 반둥의 버스 터미널에서 다시 시내버스를 타고 아룬아룬(Arun Arun) 광장을 향해 가는 길은 번잡했지만 아룬아룬 뒤편의 아시아-아프리카로(路)는 차들과 오토바이들이 여유롭게 달리는 평범한 길이었다. 반둥회의 박물관(Museum Konperensi Asia Afrika)은 아시아-아프리카로의 초입에 서 있었다. 도로의 이름은 물론 1955년의 반둥회의를 기념하기 위해 붙여졌다. 하늘은 흐렸지만 기후는 보고르보다도 선선했다. 때는 공교롭게도 점심시간이어서 한동안 기다려야 했는데 하루의 일정이 좀 빠듯했다. 다행스럽게 박물관 직원은 입장을 허락하고 안내까지 맡아 주는 친절을 베풀었다.

"반둥회의는 인류 역사상 유색인에 의한 최초의 국제회의였답니다."

두 손을 다소곳이 앞으로 모으고 짐짓 진지한 표정으로 입을 뗀 그네와의 박물관 관람은 그렇게 시작되었다. 1955년 아시아 아프리카 회의(반둥회의)가 열렸던 건물인 게둥 메르데카(Gedung Merdeka)에 마련된 박물관은 화려할 것까지는 없었지만 단정하게 잘 꾸며져 있었다. 왼쪽 첫번째 전시관은 연단에 선 대통령 수카르노를 비롯해 인도의 네루와 버마의 우누, 인도네시아의 알리 사스트로밋조조(Ali Sastroamidjojo), 파키스탄의 모하메드 알리 등 반둥회의를 이끌어냈던 1954년 콜롬보회의 참석자들이 밀랍인형으로 만들어져 있다. 5개 아시아 국가의 대표가 참석한 콜롬보회의가 이듬해 아시아와 아프리카의 29개 국가를 아우른 대규모의 회의가 된 것은 콜롬보회의에서 인도네시아의 수상인 알리가 제기한 이런 물음이 단초가 되었다.

"오늘 우리의 세계에서 아시아의 인민들은 어디에 서 있는가?"

알리는 아시아가 인류 역사의 기로에 서 있으며 아프리카 또한 마찬가지라

1955년 반둥회의 장소였던 게둥 메르데카
반제국주의와 반식민주의의 기치를 내걸고 아시아와 아프리카의 신생독립국들이 반둥회의에 모였다.
인도네시아의 독립을 기념하던 이 건물은 곧 냉전의 시대에 비동맹운동의 산실이 되었다.

오늘 아시아의 인민은 어디에 서 있는가

이 물음이 반둥회의의 출발이었다. 반둥회의는 여전히 묻고 있다. 오늘 아시아는 어디에 서 있는가. 어디로 가고 있는가. 어디로 가야 하는가. 사진은 반둥회의 박물관 앞길에 서 있는 릭샤를 끄는 인도네시아 노인.

아시아의 오늘을 걷다

고 발언한 뒤에 인도네시아가 아시아 아프리카 국가들의 국제회의를 열 것을 제안했다. 이 제안은 이듬해 반둥회의로 현실화될 수 있었다. 알리가 지적한 아시아 아프리카 국가들은 예외 없이 유럽제국주의의 식민지에서 독립한 신생국가들이었다.

2차 대전 종전을 계기로 우후죽순으로 독립한 아시아와 아프리카의 국가들은 10년 만에 기로에 직면해 있었다. 다기한 문제들이 현안이었음에도 불구하고 핵심적인 문제는 여전히 제국주의였다. 유럽제국주의가 쇠락했고 식민지의 독립투쟁이 독립국가의 건설을 성취했음에도 불구하고 종전 후 10년이 지났을 때 세계는 냉전이라는 이름 아래 두 제국주의 강대국의 손아귀에 들어가는 것처럼 보였다. 유럽제국주의의 식민지에서 독립한 아시아 아프리카의 신생국들의 눈에 미국과 소련은 새로운 제국주의 국가였다. 또한 유럽제국주의는 미약하지만 여전히 영향력을 행사하고 있었다. 아시아에서는 인도차이나의 영유권을 포기하지 않은 프랑스가 미국의 지원 아래 전쟁을 불사했으며 영국은 말레이시아와 싱가포르, 보르네오 북부를, 네덜란드와 포르투갈은 이리안자야(서부 뉴기니)와 티모르 레스테(동티모르)를 지배하고 있었다. 초강대국으로 부상한 미국은 아시아에 제국주의적 패권을 행사할 만반의 준비를 갖추고 있었으며 이미 한국전쟁으로 그 가공할 파괴력을 행사한 직후였다.

반둥회의를 주최했고 이 회의를 산실로 직후에 탄생한 비동맹운동(NAM; Non-Aligned Movement)에 가장 적극적이었던 인도네시아는 구 제국주의와 신제국주의와 동시에 맞서야 했던 나라였다. 말레카 해협을 사이에 둔 말레이 반도와 보르네오 북부의 사바와 사라왁은 영국의 식민지로 남아 있었고 구 식민지 종주국인 네덜란드 또한 지척에 남아 있었다. CIA를 앞세운 미국의 신 제국주의적 침탈은 풍부한 자원과 전략적 중요성을 가진 인도네시아에서 특히 왕성했다. 수카르노의 선택은 싸우거나 투항하거나의 양자택일이었다. 수카르노는 싸우는 편을 택했다. 타협적이지 않은 수카르노에 대해서 미국의 입장은 간명했다. 1956년과 1958년 CIA가 사주한 군부쿠데타가 술라웨시와 수마트라에서 벌어졌지만 실패했다. 수카르노는 더욱 완고한 반제국주의 노선을 걸었다. 1963년 영국이 말라야연방과 보르네오의 사바와 사라왁, 싱가포르를 합병해 말레이시아를 출범시키자 수카르노는 이를 신 제국주의적 책동으로 규정하고 대결(콘프론타시Konfrontasi)에 나섰다. 말레이시아의 등장은 특히 아시아에서 반제국주의의 기치를 가장 높이 들었던 인도네시아에 대한 신 제국주의 전선의 강화였으며, 이른바 서방의 이익을 보호하기 위한 정치적·외교적·군사적 책략이었다. 수카르노는 콘프론타시를 선언하고 대결을 마다하지 않았지만 2년 뒤 CIA가 지원한 수하르토의 쿠데타에 무릎을 꿇었다. 영국은 말레이시아에서의 기득권을, 미국은 인도네시아에서의 제국주의적 권리를 손에 넣었다. 미국의 패권의 그늘이 인도네시아에 드리움으로써 동남아시아를 대상으로 한 미국의 패권주의는 거칠 것이 없었고, 이는 미국의 인도차이나에 대한 군사적 개입의 배경으로 작용했다. 반둥회의의 정신은 10년 만에 그 본거지에서조차 힘을 잃고 있었다. 쿠데타로 집권한 수하르토는 표면적으로 비동맹운동의 주역을 자임했다. 게둥 메르데카의 현관 옆에는 수하르토의 서명이 새겨진 25주년 기념동판이 버젓이 붙어 있다. 친미 군부독재자가 비동맹운동의 주역을 자임하는 운동. 어쩌면 그것은 비동맹운동의 숨길 수 없는 그늘이었다.

반둥회의의 기록사진들을 전시해 놓은 전시관에서 문득 30대의 젊은 노로돔 시아누크(Nordom Sihanouk)가 보인다. 왕의 신분으로 프랑스로부터 1953년 캄보디아의 독립을 쟁취하는 데에 중요한 역할을 차지했던 그는 반둥회의에 참석하기 직전 퇴위하고 왕위를 아버지에게 물려주었으며 자신은 왕자의 신분으로 정치에 뛰어들어 수상이 되었다. 캄보디아 대표로 반둥회의에 참석했던 시아누크는 서른세 살이었으며 이후 비동맹운동의 아시아 지도자로서 중요한 인물 중의 하나가 되었다. 2차 인도차이나전쟁이 본격화된 60년대 시아누크는 이 전쟁에 캄보디아가 개입하는 것을 반대했으며 미국의 전쟁 지원 요구를 거부했다. 1970년 CIA가 사주한 론 놀(Lon Nol) 쿠데타로 시아누크는 실각해 길고 긴 망명시기를 보내야 했다. 그는 또 다른 수카르노였다.

캄보디아 대표로 참석한 30대의 젊은 노로돔 시아누크의 사진을 지나치자 반둥회의에 초대된 29개 나라의 국기들을 모아 놓은 전시물에서 붉은 일장기가 눈에 띄었다. 대표로 참석한 당시 하토야마 내각의 무임소장관(정무장관)인 다카사키 타쓰노스케(高碕達之助)의 사진 앞에 멈추어 섰다. 일본은 반둥회의가 정식으로 초청한 국가였다. 이건 상식적이지 않은데, 일본은 대동아공영권이라는 미명 아래 인도네시아를 포함한 동남아시아의 국가들을 군사적으로 침략한 후 3년 이상 식민지로 지배한 제국주의국가였다. 패전이 제국주의의 원죄를 사면한 것일까. 일본은 반둥회의 이후 한때 식민지였던 아시아와의 관계를 재정립할 수 있는 기틀을 마련할 수 있었고 60년대 이후 경제적 대동아공영권의 구축으로 이어졌다. 일본의 1955년 반둥회의 참가는 최대의 불가사의이자 난센스였다. 일본은 유럽제국주의의 식민지 치하에서 독립을 위해 투쟁하던 민족주의 세력에게는 같은 아시아 국가로서 연대할 수 있는 세력으로 여겨지기도 했다. 이 환상은 일본이 점령했던 동남아의 모든 국가에서 초고속으로 여지없이 깨졌다. 자원의 수탈과 착취에서 일본은 유럽제국주의를 능가하는 괴력을 점령지에서 유감없이 과시했다. 자카르타에서 만난 한 인도네시아 노인은 일본 점령시대를 돌아보면서 정체를 알 수 없는 큰 웃음을 터뜨렸다.

"대단했어. 대단했다구. 네덜란드인들이 수백 년 동안 가져간 걸 일본은 글쎄 몇 년 만에 가져갔다니까."

남베트남의 반둥회의 참가도 눈에 띈다. 1954년 제네바 협정으로 결국 분단의 길을 걸어야 했던 베트남에서는 남과 북이 반둥회의에 대표단을 보냈다. 그러나 베트남 노동당원이었던 팜흥(范雄)이 이끈 24명의 남베트남 대표단은 사실은 북베트남이 남베트남의 이름으로 참가한 것이었다. 미국의 낙점을 받아 남베트남의 실질적 통치자의 자리에 오른 응오딘지엠은 반둥회의 따위에는 전적으로 무심했다. 그러나 응오딘지엠도 1963년에는 용도가 폐기되어 쿠데타와 함께 살해되는 신세를 면치 못했다.

한국전쟁의 참혹했던 포화가 멈춘 휴전협정 직후인 한반도에선 남도 북도 대표단을 보내지 않았다. 남한에는 미국의 낙점으로 일찍 대통령의 자리에 오른 이승만이 여전히 철권을 행사했다. 1960년 4·19혁명은 이승만을 권좌에서 끌어내렸지만 미국은 남베트남에서와 마찬가지로 군부독재를 내세우는 편을 선택해 1961년 5·16쿠데타를 사주했다. 쿠데타로 등장한 일본군 출신의 육군소장 박정희는 장기집권의 길을 걸을 수 있었다. 아시아에서 그는 수하르토의 선임자였다.

중동지역에서는 이란과 이라크, 사우디아라비아, 시리아, 레바논, 아프가니

아시아 아프리카 회의
반둥회의 박물관에 밀랍으로 재현된 의장석. 인도의 네루, 버마의 우누 등이 보인다.

스탄, 요르단 등 대부분의 신생독립국들이 대표단을 보냈다. 중동의 꿈은 예외 없이 좌절의 길을 걸었다. 이란은 그 좌절을 상징했다. 전후 민족주의의 고양기를 맞아 영국이 내세운 샤 왕조를 누르고 등장한 모사데크 정권은 1951년 석유 국유화를 결의했다. 1953년 CIA는 쿠데타를 사주해 모사데크 정권을 붕괴시키고 팔레비를 끌어들여 이란을 친미왕조 국가로 만들었다. 이 쿠데타는 CIA가 사주한 최초의 쿠데타로 기록되었다.

수카르노의 입을 빌려 '새로운 아시아, 새로운 아프리카'를 주창했던 반둥회의의 꿈은 그렇게 아시아와 아프리카 전역에서 빛이 바랬다. 반둥회의의 적자인 비동맹운동은 (놀랍게도) 지금까지 명맥을 유지하고 있지만 그 이상은 1970년대 이후 내내 공허한 울림 속에 갇혀 있었다. 비동맹 회원국들은 냉전의 세계체제에서 미국이나 소련에 목덜미를 잡혔다. 어느 편이었거나 그들은 제국주의에 실질적으로 대항하지 못했다. 1979년 쿠바의 아바나에서 열린 6차 비동맹회의 정상회담은 그 무력함을 상징적으로 증명했다. 베트남의 캄보디아 침공과 중국의 베트남 침공으로 촉발된 인도차이나의 격변을 두고 비동맹회의는 내분을 피하지 못했다. 개최국인 쿠바의 피델 카스트로가 베트남을 지지하는 연설을 토해 내는 가운데 의장국인 유고슬라비아의 티토는 민주캄푸치아(캄보디아)를 지지했다. 베트남의 침공으로 재발한 인도차이나에서의 전쟁은 미국과 중국, 태국이 크메르루주(Khmer Rouge)의 게릴라투쟁을 지원하고 소련이 여전히 베트남을 지원하는 가운데 10년 이상 계속되었다. 비동맹운동은 무력하기 짝이 없었다.

반둥회의는 세계체제가 구 제국주의에서 신 제국주의 시대로 이행하는 가운데 반제국주의의 선봉에 선 신생독립국들의 이상과 꿈을 대변했다. 역사는 그

꿈을 무참하게 짓밟았다. 반둥회의가 50주년을 맞은 2005년 자카르타에서는 아시아 아프리카의 89개국 대표가 참여한 가운데 회의가 열렸다. 대표단은 반둥회의가 열렸던 게둥 메르데카에서 50년 전과 마찬가지로 아시아 아프리카 회의를 열었다. 50주년을 맞은 반둥 정신을 두고 공허한 미사여구가 남발했다. 50년 전 반둥행 인도항공 여객기가 홍콩의 카이탁 공항을 이륙한 직후 폭발해 16명이 사망하는 참극〔중국대표단 단장이었던 저우언라이周恩來는 탑승일정을 바꾸는 통에 목숨을 구했고 반둥회의에 무사히 참석할 수 있었다. 홍콩에 일대 파란을 일으켰던 항공기 폭파사건은 홍콩정청이 범인으로 지목했던 인물인 초우체밍이 대만으로 도피하는 바람에 흐지부지되었다. 저우언라이에 대한 암살기도로 알려진 이 테러는 CIA의 공작으로 알려졌다〕을 겪으면서 반둥회의에 참석했던 중국에서 대표로 참석한 후진타오는 반둥회의가 아시아 아프리카 민족해방운동의 이정표였으며 아시아 아프리카의 국가들이 국제사회에 강력한 세력으로 부상하는 출발점이 되었다고 치켜세웠다. 후진타오의 반둥 정신은 지구상에서 가장 극악한 자본주의 국가의 하나이며 패권국가를 지향하고 있는 중국의 경우에만 그 일부가 해당하는 것이었다.

1955년, 그리고 2005년 아시아 아프리카 회의가 열렸던 아치형의 회의장은 평범한 강당처럼 보였다. 단상에는 2005년 회의에 참가했던 나라들의 국기가 나란히 서 있고 오른편에는 참가국들의 국기가 새겨진 원형의 큼직한 동판이 기념물로 세워져 있다. 2005년의 반둥회의에는 남한도 북한도 참가했다. 텅빈 회의장에는 오직 정적만이 흘렀다. 50년 전 이 회의장을 달구었던 반식민지, 세계평화, 아시아 아프리카 국가와 인민의 연대는 그 정적 속에 침묵하고 있다.

심팡 리마의 반둥회의 기념탑

아시아-아프리카로와 만나는 심팡 리마는 '5거리' 라는 뜻이다. 반둥회의 기념탑은 그 5거리의 가운데에 자리 잡고 있다. 사람들은 그 중 어느 길이라도 택해 갈 수 있다. 그 길이 잘못된 길이라면 돌아와 다시 다른 길로 걸을 수 있을 것이다.

아시아–아프리카로가 끝나고 가톳 수브로토(Jalan Gatot Subroto)가 시작되는 오거리인 심팡 리마(Simpang Lima)에는 아시아 아프리카의 연대를 상징하는 기념탑이 교차로의 중심에 서 있다. 비교적 잘 단장해 놓은 박물관과는 달리 기념탑은 기단의 대리석이 떨어져 나가 있다. 때마침 순식간에 먹구름이 몰려오고 후드득 굵은 빗줄기가 떨어진다. 주변에 마땅히 비를 그을 곳도 없었다. 홍건하게 빗물이 번져 가는 기념탑을 우두커니 바라보니 문득 빗소리가 요란하다. 그 울림 속에 53년 전의 반둥회의는 '아시아'라는 이름의 과거와 오늘 그리고 미래에 대해서 여전히 같은 물음을 던지고 있었다.

"오늘 우리의 세계에서 아시아의 인민들은 어디에 서 있는가?"

아시아는 또 어디로 가야 하는가?

람팡의 어촌
바탐의 이웃 섬인 람팡의 한 어촌. 산업화의 바람 속에 특구가 된 바탐 또한 한때는 한적한 어촌이었다.

노동과 섹스의 섬

　　매매춘은 세계 어느 곳이나 존재하지만 아
시아에서는 섹스관광이라는 이름으로 범람한다. 아시아가 섹스관광이라는 이름
의 국제적 매춘지역이 된 유래를 설명할라치면 방콕과 프놈펜을 빼놓을 수 없다.
방콕이 국제적 섹스관광지로서의 명성을 얻은 것은 2차 인도차이나전쟁(베트남
전쟁) 당시 미군의 알앤알(R&R;Relax and Recuperation) 후방도시로 개발된 것
을 시작으로 했다. 프놈펜이 1990년대 이후 방콕을 대신할 정도의 신흥 섹스관
광도시로 부상한 계기는 30년 내전 끝에 가까스로 도달했던 평화협정 후 프놈펜
에 들어선 유엔 캄보디아 과도정부(UNTAC)가 결정적인 역할을 했다. 적어도 아
시아에서 전쟁과 국제적 매매춘의 번성은 그렇게 뗄 수 없는 밀접한 관계를 갖고
있다. 방콕과 프놈펜이 낯설다면 패전 후의 일본, 한국전쟁의 와중, 그리고 그 후

미군주둔지로서의 남한에 번성했던 기지촌도 예외는 아니었다. 전쟁은 잿더미를 남기고 매춘은 전쟁이 남긴 굶주림과 빈곤을 양분으로 독버섯처럼 피어난다.

인도네시아의 바탐(Batam)은 전쟁의 포연이 사라진 오늘의 아시아에서 국제적 매춘지대가 여전히 새롭게 등장하고 번성하는 이유를 설명해 준다. 20km 남짓의 좁은 해협을 사이에 두고 싱가포르를 마주 보고 있는 인도네시아의 발레랑은 바탐과 람팡, 갈랑 등 3개의 섬을 묶어서 부르는 이름이다. 한때 태국의 파타야가 그랬던 것처럼 발레랑은 어민들만이 살아가는 한적한 어촌이었다. 발레랑 중의 하나인 바탐을 흔들어 놓은 것은 1970년대 첫걸음을 내딛었던 산업화였다. 7천여 명의 인구는 2007년 현재 70만 명을 웃돌면서 100배 이상 증가했고 저임의 노동력을 기반으로 외자를 유치하던 바탐은 2006년 경제특구, 2007년 1월에는 자유무역지대로 지정되면서 별세계가 되었다.

아시아의 경제부국인 싱가포르를 지척에 두고 있다는 지리적 이점에 착안한 바탐의 산업화와 특구 지정은 예상대로 싱가포르 제조업 자본을 바탐으로 끌어들였다. 공단이 들어섰으며 부두와 페리 터미널이 만들어졌다. 시간이 지나면서 싱가포르 자본뿐 아니라 일본과 유럽, 그리고 남한 자본들까지 진출하고 있다. 발레랑의 역사는 그로써 돌이킬 수 없는 길로 접어들었다. 외자가 유치되고 자유무역지대에 섬유와 전자공장을 중심으로 공장들이 우후죽순으로 들어서면서 바탐은 수마트라와 자바 섬 등지에서 노동력을 끌어들이는 진공청소기가 되었다. 경공업 중심의 공장들이 빨아들이는 노동력의 주력이 저임금의 젊은 여성노동자들인 것은 두말할 나위가 없고 이들 여성노동자들의 대부분은 빈곤한 농촌지역 출신들이다. 빈곤층 출신의 젊은 여성노동자들의 증가가 매춘산업의 발달과 직접적인 관련을 맺고 있는 것은 아니다. 공단은 공단일 뿐이지만 불행하게도 바탐은 그렇지 못했다.

매춘은 수요가 공급을 주도적으로 창출하는 전형적인 시장이다. 경제특구 바탐은 싱가포르라는 잠재적 매춘수요를 탄생 이전에 이미 갖추고 있었다. 수마트라 메단(Medan) 출신으로 바탐에서 10년을 지낸 쭈쭌은 아내와 함께 직·간접적으로 이 시장에 관여하고 있다. 물론 쭈쭌이 이 일을 하기 위해 바탐에 온 것은 아니었다.

"일자리가 있어서 왔지요. 메단에선 일을 찾기가 어렵죠. 섬유공장에 취직했지만 혼자 먹고살 수 있을 정도의 수입이었어요."

생김새부터 차돌처럼 단단하게 생긴 이 사내는 공장을 그만두고 호텔 벨보이가 되었고 지금은 호텔을 찾는 손님들에게 매춘을 알선하는 것에서 월급보다 더 많은 수입을 얻고 있다. 바탐의 최저임금은 2007년 86만 루피로 최저생계비인 1백 10만 루피를 밑돈다.

"처음엔 사업차 방문하는 사람들이 많았는데 얼마 지나지 않아서 여자를 찾는 손님들이 더 많아지더군요. 지금은 바탐을 찾는 싱가포르 사람들 중 절반 이상이 여자를 찾아 옵니다."

바탐의 한 NGO의 조사에 따르면 주말에 바탐을 방문하는 싱가포르인들 중 70%가 섹스관광을 목적으로 한다.

"아, 자카르타나 방콕에 비하면 수준이 떨어지는 게 사실이지. 라…"

호텔 로비에서 만난 중국계 싱가포르인 첸은 싱글리쉬 억양으로 중국식 '라'를 말꼬리에 길게 늘이며 바탐이 섹스관광지로 매력적인 곳은 아니라고 말했다. 그러나 그는 적어도 한 달에 한 번은 바탐을 찾는다. 이유는 간편하고 값싸기 때문이다. 싱가포르와 바탐을 오가는 페리는 45분 또는 1시간이면 목적지에 도착한다. 그러나 첸이 껌조차 뱉기 어려운 싱가포르에서 여자를 사는 것이 불가능하기 때문에 바탐을 찾는 것은 아니다. 그는 싱가포르에서도 여자를 사는 것은 어렵지 않다고 했다. 국제도시 싱가포르에는 동남아시아와 동유럽에서 몸을 밑천으로 돈을 벌기 위해 모여든 여자들로 북적인다. 리콴유가 강압적으로 창조한 싱가포르의 완고한 도덕성도 이 분야에서는 예컨대 마카오와 다를 것이 없다. 싱가포르의 다국적 반도체 회사 노동자인 첸이 다양하고 수준 높은 싱가포르의 다국적 미녀들을 사양하고 수준 낮은 바탐을 찾는 이유는 전적으로 비용 때문이다.

"싱가포르에서 1시간을 살 수 있는 돈이면 바탐에서는 하룻밤을 살 수 있지. 중간급 호텔 숙박비도 포함해서 말이야."

물론 여자를 말하는 것이다. 첸이 그 비용에 포함된 항목으로 빠뜨린 것은 더불어 근사한 시푸드 요리를 함께 즐길 수 있는 것이다.

조사에 따르면 바탐의 여성노동자 중 10%는 더 나은 수입을 위해 전업적으로 섹스노동을 선택한다. 공장에서 퇴근한 후 옷을 갈아입고 나이트클럽과 바를 전전하는 이른바 프리랜서의 수는 집계되고 있지 않지만 적잖은 수이다. 당연히 바탐은 인도네시아에서 HIV/AIDS 감염자 비율이 가장 높은 지역이며 인도네시아의 다른 지역으로 이 치명적인 바이러스를 전달하는 허브이기도 하다.

인도네시아는 경제적인 목적으로 바탐을 특구로 지정한 것이지 섹스관광지로 지정한 것은 아니다. 또한 인도네시아 정부는 원한다면 바탐을 건전한 특구로 유지할 수 있는 데 부족함이 없는 제도적·물리적 힘을 갖고 있다. 더욱이 무슬림

노동과 섹스

경제특구로 노동을 팔기 위해 바탐으로 모여든 여성노동자의 10퍼센트는 몸을 판다. 사진은 바탐의
한 공단의 버스 정류장.

이 강한 정치적 영향력을 행사하는 인도네시아는 선정적인 댄스를 이유로 탄제랑과 반둥의 시장이 유명가수인 데위 퍼식(Dewi Persik)의 공연을 금지하는 조치를 취할 만큼 일면 보수적인 나라이다. 데위 퍼식은 표현과 예술의 자유를 심각하게 억압하는 이 금지조치에 대해 저항하기보다는 재빨리 사과하는 편을 택했다.

휴양지인 셀레카와 트레테로 유명한 동부 자바의 바투에서 벌어진 일은 이보다 더 극적이다. 바투는 마사지업소에서의 매춘이 지역의 이미지를 해친다는 이유를 들어 마사지업소 종사자들에게 자물쇠가 달린 팬티 착용의 의무화를 추진하고 있다. 자카르타의 저널리스트인 수르요 위노토(Soeryo Winoto)는 이렇게 묻고 있다.

"바투의 마사지업소가 퇴폐일변으로 영업을 하고 있다는 걸 관리들은 어떻게 그리 잘 알고 있을까?"

위노토의 냉소적인 두번째 질문은 이 사안의 본질을 거론한다.

"바투 정부는 언제든지 퇴폐 마사지업소의 영업을 정지시킬 수 있는 권한을 갖고 있다. 당신들은 왜 그 대신에 중세의 정조대와 다를 바 없는 자물쇠가 달린 팬티를 택하려 하는 것일까?"

바탐은 3년 전 나고야(Nagoya) 인근의 홍등가로 유명했던 부킷 기랑(Bukit Girang)에서 매춘업소들을 일소했다. 그들은 지금 나고야에서 30분 남짓 떨어진 탄중 우창(Tanjung Uchang)에 더 나은 현대식 건물들을 짓고 영업을 계속하고 있다. 청렴과 도덕은 매춘과 동거할 수 없다. 공공연한 매춘이 가능하다는 것은 부패가 온존하기 때문이다. 바탐이 싱가포르의 배후 섹스관광지로 성장하고 있는 것은 권력을 가진 자들의 비호가 존재하기 때문이다. 전쟁의 와중에 거대한 매음굴이 되었던 방콕이 국제적인 섹스관광지로 성장할 수 있었던 것은 매춘사업에 군부가 노골적으로 관여하고 막대한 이익을 얻어 온 것과 무관하지 않다.

바탐은 섹스관광지로 발돋움하면서 싱가포르는 물론 쿠알라룸푸르의 말레이시아인들에게도 방콕을 대신해 가고 있다. 이들은 한결같이 바탐의 낮은 수준에 대해서 투덜거리지만, 저렴하고 간편한 주말 섹스관광의 매력이 그들을 진공청소기처럼 바탐으로 빨아들이고 있다. 섹스관광객들이 모여들고 관리들이 이를 비호하고 여성노동자들이 섹스노동자로 전락하는 가운데 바탐의 수준이 점차 높아질 것임은 두말할 나위가 없다. 아시아는 또 하나의 신생 섹스관광지를 얻었다. 수준이 높아지면 유럽과 남한에서도 섹스관광객이 몰려올 것이다. 일본은 이미 오래전에 바탐 섹스관광 클럽에 멤버로 가입해 있다. 일찍부터 호텔과 바, 나이트클럽이 들어섰던 나고야의 이름이 나고야인 이유이다.

자바 섬 중부의 메라피 화산
인도네시아 자바 섬은 화산의 축복을 받은 섬이다. 화산재가 땅을 어떤 섬보다 비옥하게 만들었다. 사람들의 수가 축복의 한계를 넘어서자 마침내는 이주의 길을 떠나야 했다. 가장 먼저 마두라와 발리 섬의 사람들이 자신들의 고향을 떠나 칼리만탄으로 향했다.

인종학살의 그늘

3개월을 머물렀던 보고르의 집을 정리했다.
딱히 정리랄 것도 없었다. 남은 식료품이며 여행에 필요 없는 물건들을 찌비눙의
친구에게 전해 주고 남은 짐은 가방 하나에 꾸렸다. 주말에는 함께 일하던 사람
들이 모두 함께 푼짝의 찌보다스 식물원에 소풍을 다녀왔다. 떠나기 전날에는 조
촐한 환송식이 있었고 기념으로 바틱 셔츠 하나를 얻었다. 다시 돌아오마 했지만
늘 그렇듯 알 수 없는 일이다. 보고르의 집으로 돌아와 무심코 침대 위에 셔츠를
펴니 둘이 들어가도 될 만큼 큼직하다. 3개월 동안의 이런저런 일들이 셔츠 옆으
로 나란히 자리를 잡았다. 여행이란 뒤를 돌아보지 않게 마련이지만 늘 그런 것
은 아니다. 새벽엔 또 스콜이 쏟아졌다.

인도네시아를 떠나기 전 마지막 일정인 중부 칼리만탄(칼리만탄 텡가)의 삼

핏(Sampit)으로 가기 위해 팔랑카라야(Palangkaraya)의 공항에 도착했을 때는 이른 오후였다. 만물을 태우는 열대의 태양으로 눈부신 빛들이 천지에 넘실거렸다. 우기의 자바 섬에서 흠뻑 젖었던 우울함이 한순간에 증발했다. 팔랑카라야에서 삼핏까지는 220킬로미터이지만 길이 시원치 않아 5시간을 넘게 밀림을 가로지르는 길이었다. 공항에는 버스도 없다. 공항의 안내 데스크에 삼핏으로 가는 길을 물었지만 고개를 갸우뚱할 뿐이다. 시내로 들어가는 택시는 20대 초반의 청년이 운전을 했다. 대학생이라고 했고 가끔씩 공항에서 택시를 몬다고 했다. 차는 매형의 것이다. 그럭저럭 간단한 대화가 가능했다. 관광지와는 상관없는 곳이고 오지라면 오지인지라 이것만으로도 특별한 인간을 만난 것이다.

"대저 학교란 인생살이에 크게는 쓸데없는 곳이라네. 하루쯤 빠지는 건 일도 아니지.."

다음날 수업이 있다는 걸 한편으로는 사정하고 한편으로는 구슬려 학생은 1박 2일의 삼핏여행에 동의했다. 물론 무료는 아니었다. 그의 누이는 팔랑카라야의 주택가 초입에 구멍가게를 하고 있었다. 아이스바 하나를 빨면서 매형을 기다리는 동안 간단한 탐문이 있었다.

"자넨 어느 족인가?"

"자바족이에요."

사실 인도네시아에서는 슬쩍 한번 얼굴을 훔쳐보는 것만으로 그쯤은 알아맞혀야 한다. 자바족이네, 순다족이구만, 바탁족이야 하는 식으로. 이런 질문에는 별로 예민하지 않았다. 예컨대 미국에서 "자네 검둥이인가?" 하는 질문과는 달랐다. 모두 스스럼없이 자신이 어느 종족(또는 민족)에 속하는지 말해 주었고 친절하게 구분법을 알려 주기도 했다.

2백만 평방킬로미터에 가까운 땅에 2억 3천만 명에 가까운 인구를 갖고 있는 나라가 단일한 종족으로 이루어졌을 리가 없다. 인도네시아는 742개 종류의 다른 언어이거나 방언을 사용하는 300여 종족으로 이루어진 거대한 용광로이다. 수마트라에서 파푸아 그리고 칼리만탄을 포함하는 거대한 영토를 식민지로 한 네덜란드에서 독립을 쟁취할 때 그 지도자였던 수카르노는 '인도네시아'라는 이름 아래 구 식민지의 모든 영토를 계승한 새로운 국민국가의 건설을 주창했다. 수카르노는 네덜란드가 마지막 식민지로 움켜쥐고 있던 이리안자야에 대한 무력행사를 통해 1963년 이 지역을 실질적으로 인도네시아에 편입시킬 수 있었다 (포르투갈의 식민지였던 티모르 레스테를 무력으로 합병한 것은 수하르토였다). 방대한 영토와 복잡한 인구구성에도 불구하고 인도네시아는 비교적 성공적인 정치·사회적 통합을 이루어 냈다. 국가적 모토인 '다양성의 통합'(Bhinneka Tunggal Ika)은 다인종 국가, 다민족 국가가 흔히 내걸 수 있는 구호이지만 인도네시아만큼 성공적인 경우는 흔치 않다. 아마도 이 지역에 확고히 뿌리를 내린 이슬람과 독립의 아버지인 수카르노가 견지했던 비타협적인 '인도네시아의 건설'을 이유로 들 수 있을 것이다. 그러나 다른 한편으로는 종족과 언어·문화·종교·역사의 차이가 국민국가와 같은 더 큰 단위를 지향하는 통합의 과정에서 결정적인 장애물이 아니라는 것을 반증한다.

보고르를 떠나기 전 3개월 동안 나는 찌비눙의 한 국립 연구기관에서 젊은 인도네시아인들과 함께 일했다. 연구기관은 공공기관이었기 때문에 매주 금요일 오전이면 어김없이 식당 앞에는 앰프가 설치되고 신나는 음악이 흘러나왔다.

체조시간이었다. 정오에는 무슬림들이 기도를 하기 위해 모스크로 사라졌다. 연구동은 텅 비어 숨을 쉬고 있는 인간이라곤 오직 나뿐이었다. 어영부영 하루가 지나가는 금요일, 외국인들에게는 공공기관의 업무가 마비되다시피 하는 '공포의 금요일' 풍경은 어김없이 그랬다. 이것만으로는 모두들 꽤 독실한 무슬림처럼 여겨지겠지만 금요일 오후 무렵만이었다. 팔레스타인과 요르단에서는 하루에 다섯 번 담요를 까는 경우를 가끔 보기는 했지만 인도네시아에서는 단 한 번도 볼 수 없었다(물론 내가 무심한 탓이다. 어딘가에는 하루에 다섯 번 메카를 향해 살라를 바치는 독실한 무슬림이 반드시 존재할 것이다). 한번은 수마트라 메단 출신인 한 친구와 휴일에 족자카르타까지 함께 여행할 기회가 있었다. 바틱 제품을 파는 상점에서 근사한 검은 모자를 발견한 내가 하나 선물하고자 했을 때 점잖게 거절했다. 무슬림들이 쓰는 모자라는 이유였는데 이 친구는 가톨릭 신자였다.

"금요일엔 자네도 없어지던데?"

"그 시간이면 실험실에 있어요."

"그렇군."

연구소에는 자바족과 순다족, 바탁족이 뒤섞여 있었다. 대개는 무슬림이었지만 메단 출신의 이 친구처럼 가톨릭이나 기독교도 있었다. 3개월이란 짧은 시간에 깊은 속내를 들여다볼 수는 없었겠지만 그들 사이에 인종과 종교의 차이는 무의미한 것처럼 보였다. 인상적인 것은 차이를 숨기지도 않았던 점이었다.

"그 친구는 바탁족이에요."

"그래?"

"얼굴이 짧고, 코를 보세요. 좀 벌어졌잖아요."

대개 이런 차이를 말할 때는 부정적인 묘사일 경우가 많다. 적어도 내 경험으로는 그렇다. 그러나 그런 느낌은 들지 않았다. 이 말을 한 친구는 자바족이었는데 북부 수마트라 출신의 그 바탁족 젊은이와 연애 중이었다.

그럼에도 불구하고 인도네시아의 오랜 분리주의 운동인 자유아체운동과 자유파푸아운동은 종족 또는 지역 간 갈등이 엄존함을 말해 준다. 하지만 널리 알려진 것처럼 아체와 파푸아의 갈등과 분쟁을 심화시켜 왔던 근본적인 원인은 인종과 문화, 종교, 지역의 차이는 아니었다. 아체와 파푸아에서의 분리주의 운동의 요람은 유전, 천연가스, 금과 구리와 같은 천연자원의 존재와 이 자원을 둘러싼 부정과 부패, 독점적 수탈이다. 수하르토 군부독재 시절 군부는 다국적 석유 메이저들과 결탁해 아체의 유전과 가스 광상지대에 대한 무분별한 개발에 나섰으며 그 경제적 이익을 독식했다. 현지인들은 군대와 경찰이 휘두르는 무력에 의해 통제되었고 빈곤과 강제노동에 시달렸다. 무력에 기반한 경제적 식민지 치하에 고통받는 처지인데도 저항하지 않는다면 조롱받을 일이다. 하물며 인도네시아 군과 경찰의 가공할 폭력은 게릴라들은 물론 민간인들까지도 학살하기를 서슴지 않았다. 파푸아도 사정은 다르지 않다. 경제적 이권이 금과 구리, 목재인 것이 다를 뿐이다. 수하르토의 퇴진이 문제를 해결하지는 못했다. 메가와티가 대통령이던 시기 아체의 군과 경찰 병력은 대폭 증원되었고 특히 2002~2004년에는 자유아체운동 게릴라들에 대한 대대적인 토벌작전이 벌어졌다. 이 과정에서 수천 명의 민간인이 살해되었고 자유아체운동 역시 심대한 타격을 입었다. 이 폭력적 탄압을 중단시킨 것은 평화협상이 아니라 2004년 12월 아체에서만 무려 13만 1천여 명의 사망자를 낸 쓰나미의 대재앙이었다. 쓰나미로 아체에 주둔한 군과 경찰 병력 역시 심각한 피해를 입었다. 석유메이저와의 결탁, 자본과 군부의 이권, 부정과 부패의 구조적 고리가 여전히 온존하는 한 문제는 결코 해결되지 않고 피는 마르지 않는다는 걸 증명한 셈이다.

자, 그리고 칼리만탄. 아체와 파푸아보다 내가 칼리만탄의 삼핏에 더 큰 관심을 가졌던 것은 우연한 계기에서였다. 수라바야에 사는 중국계 인도네시아인을 만날 기회가 있었다. 미국에서 대학을 다닌 후 돌아와 아버지의 사업을 돕고 있는 기혼의 여성이었다. 그네는 미국에서 돌아온 후 삼핏 근처에 있는 아버지의 공장에서 3년 동안 일했다면서 그곳에서 벌어졌던 끔찍한 인종학살에 대한 이야기를 해주었다. 한때 외신을 떠들썩하게 만들었다지만 나로서는 금시초문의 사건이었다. 희생자 수는 아체나 파푸아와 비교조차 할 수 없는 작은 사건이었지만 내용은 악마적이었다.

2001년 2월 중부 칼리만탄의 항구도시인 삼핏에서는 이주민인 마두라족에 대한 다약족의 대대적인 무차별 학살이 벌어졌다. 다약족의 전통에 따라 살해된 자들은 목이 잘렸다. 잘린 목이 거리에 굴러다녔으며 학살극의 장본인인 다약 행동대의 본부 격인 삼핏의 리마 호텔 마당에는 잘린 마두라족의 목들이 80여 개나 이리저리 굴러다녔다. 이 참혹한 학살극은 삼핏 주변은 물론 220킬로미터 떨어진 중부 칼리만탄의 주도인 팔랑카라야에까지 번졌고 인종소요 사태는 그 뒤 몇 달간 계속되었다. 그러나 이 전대미문의 학살은 이미 예고된 참극이었다. 1997년과 1999년 서부 칼리만탄에서는 규모는 작았지만 이미 같은 종류의 사건이 벌어졌다. 2001년 인종학살극은 그 재판이었지만 대규모였다. 2월의 사태에

열차 안의 인도네시아인들

인도네시아에는 330여 종족들이 모여 살고 있다. 그런 인도네시아에서 인종분규란 무척 희귀하고 드문 일이다. 언제나 그렇듯 인종주의란 정치적 음모 아래 배양된다.

서는 500~1,000명으로 추정되는 마두라족이 살해당했고 대부분은 목이 잘렸다. 이 끔찍한 인종학살극은 공포에 휩싸인 5만 명 이상의 마두라족이 앞을 다투어 칼리만탄을 탈출함으로써 일단락되었다.

이게 당시 외신에 보도된 삼핏 인종학살의 실체였다. 이 사실을 알고난 후 인터넷을 뒤져 당시의 사진을 찾았는데 목불인견이었다. 아마도 마두라족이 느꼈던 공포는 인간이라면 감당할 수 없는 지경이었을 것이다. 그들은 죽을 힘을 다해 사지를 탈출하기 위해 피난행렬에 나섰지만 경찰이 호위하는 피난민 대열까지도 습격을 당해 목이 잘려야 했다. 경찰도 군도 속수무책이었고 결국 뒷짐을 지고 있는 형국이었다. 더욱 놀라운 일은 이 전대미문의 인종학살과 관련해 누구도 처벌되지 않았고 책임지지 않았다는 사실이다.

나는 이미 널리 알려진 아체와 파푸아의 분쟁을 목격하는 대신 삼핏으로 가기로 결심했다. 어쩌면 아체와 파푸아가 쉽게 보여 주지 않는 인종분쟁의 근본을 목격할 수 있으리라는 기대도 품고 있었다.

중부 칼리만탄의 내륙을 남북으로 흐르는 강 중의 하나인 카하얀 강 옆에 자리 잡은 팔랑카라야는 낮은 건물들이 평지에 여유롭게 들어앉은 평범하고 한적한 작은 도시였다. 강은 끝없이 펼쳐진 밀림 사이를 흐르고 있다. 중부 칼리만탄의 중부와 남부는 밀림으로 뒤덮인 충적평야인데 저지대의 대부분은 습지를 이루고 있다. 그런 습지는 팔랑카라야 인근에서도 쉽게 볼 수 있었다. 근사한 초지이거나 갈대숲처럼 보였지만 물이 흥건한 습지였다. 삼핏으로 가는 길에 함께했던 대학생은 일본인들이 팔랑카라야 인근의 습지에 리조트를 만들었고 그럭저럭 일본인 관광객들에게 인기가 좋다는 귀띔을 해주었지만 그야 특별한 경우에 불과하다. 습지는 나무를 베고 개간을 한다 해도 쉽게 농지가 될 수 없다.

밀림으로 뒤덮인 칼리만탄은 인간이 살기에 적합한 환경이 아니다. 남한의 5.4배에 달하는 면적이지만 인구는 불과 1천 1백만에 불과한데, 그것도 급속하게 증가한 수치다. 화산이 선물한 기름진 흙으로 덮여 있는 자바 섬과는 비교할 바가 아니다. 자바 섬과 비교한다면 칼리만탄은 황무지에 가깝다. 인도네시아 인구의 62퍼센트가 수마트라나 칼리만탄과는 비교할 수 없이 작은 섬인 자바 섬에 모여 북적이는 이유는 그 때문이다. 생존에 척박한 칼리만탄에서 습지투성이인 중부 칼리만탄은 환경이 더욱 열악하다. 또한 유전이 있는 것도 아니어서 벌목과 생산성이 낮은 농업에 의존하고 있다. 인구밀도는 더욱 낮아 고작 2백만에 불과하다.

"오랑우탄을 보시겠어요?"

팔랑카라야를 벗어난 후 나는 친절한 제안을 받았다. 삼핏까지 5시간 정도를 예상했지만 의외로 더 걸릴 가능성도 있어 나는 잠시 망설였다. 여행이란 늘 시간적 여유를 가지도록 노력하는 것이 좋다. 하지만 지나는 길이라는 말에 그러기로 했다. 물론 보고 싶기도 했다. 숲에서 사는 인간이란 뜻인 오랑우탄은 칼리만탄을 상징하는 동물이다. 밀림으로 이어진 길을 얼마간 달려 도착한 오랑우탄의 서식지에서 오랑우탄은 거대한 동물원 우리에 갇혀 사육되고 있었다. 무심코 야생의 오랑우탄을 엿볼 기회를 기대했지만 그 긴 팔로 우리의 철망을 그러쥐고 있는 오랑우탄의 무리들을 볼 수 있었다. 멸종 위기에 처한 동물이니만큼 이런 대우가 부득이할 수도 있다. 느낌은 좀 심상했는데 사실 오랑우탄의 이런 모습은 보르네오라는 섬에서 살아가던 원주민들의 처지와 크게 다른 것도 아니었다. 수

삼핏 시내

탕킬링 도로의 다약 원주민
인종학살의 사악한 그늘은 누구라도 덮칠 수 있다. 살인자의 어깨 너머를 보지 않으면 도살자의 만행
은 결코 막을 수 없다.

렵과 채집, 화전에 의존해 살아가던 원주민들은 불과 30여 년 전에 외지로부터의 개발 광풍에 휩쓸린 자신들의 모습을 발견했다. 해안의 파헤쳐진 유전은 검은 연기를 내뿜었고 밀림의 나무들은 광범위하게 벌목되어 벌거숭이가 되었다. 삶의 터전은 그만큼 축소되었고 밀림에서 살아가는 사람들은 혼란의 수렁에 빠져야 했다. 그들도 오랑우탄의 족속이었다.

1960년대 초반 소련이 건설했다는 탕킬링 도로는 겨우 흔적만 남아 있다가 지금은 다시 아스팔트로 포장된 길이 되었다. 팔랑카라야를 벗어난 후에도 차는 한동안 별탈 없이 달린다. 길은 끝도 없이 밀림을 가로지른다. 동남아의 밀림과 다를 것이 없는 익숙한 풍경의 연속이었지만 도로변에 흔히 보이게 마련인 화전 대신 목재소들이 빈번하게 눈에 띄는 것이 다르다. 7년 전 중부 칼리만탄을 피로 적셨던 인종분쟁의 흔적은 그 길의 어느 곳에서도 찾을 수 없다. 멘다와이 강을 넘었을 무렵 길가에서 다약 부부가 길을 따라 터덜터덜 걸어가는 모습을 보았다. 때에 전 운동모를 쓰고 웃옷을 벗어 손에 쥔 사내는 남루하기 짝이 없었는데 다약족 전통의 칼을 허리에 차고 있어 공연히 눈길을 끈다.

삼핏에 도착한 것은 늦은 오후였다. 목재 수출을 담당하는 항구 도시라고는 하지만 해안에 접해 있지는 않고 삼핏 강의 하구에서 제법 떨어진 상류의 강안(江岸)에 접해 있다. 칼리만탄은 물론 인도네시아에서 가장 큰 목재항구로 알려져 있다. 삼핏에는 하역할 목재들을 가공하는 목재소들이 밀집되어 있다. 삼핏은 물론 중부 칼리만탄의 경제는 원목산업을 중심으로 돌아간다.

칼리만탄에서 벌목이 본격적으로 이루어지기 시작한 때는 1970년대부터이다. 원주민인 다약족의 생활은 전통적으로 벌목과는 거리가 멀었다. 그들도 나무를 베었지만 환작을 위한 것이었다. 울창한 열대우림을 겨냥한 벌목사업은 수지맞는 사업이었다. 국내외 목재기업들에게 벌목권을 팔아 수하르토는 물론 군부와 관료들은 큰 이익을 올릴 수 있었다. 부패한 군부와 관료들로서는 손 짚고 헤엄치는 사업이었다. 칼리만탄으로의 이주정책이 본격화된 것은 이때부터이다. 인구가 과밀한 자바 섬에서 수마트라나 칼리만탄으로의 이주는 1930년대부터 있어 왔고 수카르노 시대에도 존재했지만 본격화된 것은 수하르토 시대로, 말하자면 신질서 시대의 이주정책이었다. 이주민들은 대개 마두라, 자바, 발리 출신들이었다. 무토지 농민, 빈민 등 빈곤층 출신의 이주민들은 대개 농업을 꿈꾸며 이주했지만 현지의 사정은 판이했다. 칼리만탄의 땅은 농사에 부적절했고 화산의 축복을 받은 기름진 자바의 땅과는 비교할 수 없었다. 이주한 농민들 중 절반이 넘는 수가 되돌아가야 했다. 중부 칼리만탄에서는 30만 명 이상이 이주해 왔지만 남은 것은 12만여 명이었다. 이들 대부분은 벌목 노동자이거나 목재소의 노동자, 부두 하역 노동자 등으로 정착했고 세월이 흐르면서 목재소 등을 운영하기도 했다. 2001년을 기준으로 칼리만탄에서 가까운 마두라 섬 출신은 중부 칼리만탄 인구의 고작 6~7퍼센트를 차지했다. 목재가 가공되고 선적되는 부두 도시인 삼핏은 마두라 이주민들의 주 거주지 중의 하나여서 인구의 60퍼센트 가량을 차지했다. 그러나 경제수준은 열악했고 다약 원주민과 마두라 이주민 사이에는 큰 차이가 없었고 빈곤하기는 매일반이었다.

벌목이 대규모로 이루어지면서 지속적으로 생존의 터전을 **빼앗기고** 전통적 생활방식의 붕괴를 경험해야 했던 보르네오의 원주민들은 수하르토 군부독재체제의 일차적인 희생자가 되었다. 만연한 부정·부패는 광범위한 불법 벌목과 환경파괴로 이어졌으며 숲과 땅을 잃은 다약 원주민들은 심한 박탈감에 빠질 수밖에 없었다. 1997년과 1999년 서부 칼리만탄에서 벌어진 마두라족에 대한 다약족의 폭력사태는 그 연장선상에서 이해할 수도 있다. 마두라 이주민들은 주로 벌목과 목재 관련한 노동에 종사하고 있었으므로 다약 원주민이 울분을 터뜨릴 때에 대상이 될 수도 있었다. 2001년 2월 다약 원주민들의 폭행 사태가 대대적인 마두라 이주민의 학살로 이어진 것도 같은 맥락으로 이해할 수 있었다. 당시 이 사건을 보도한 외신들은 천편일률적으로 그렇게 설명했다.

그런데 왜 마두라 이주민이었을까. 경제적 박탈감에서 비롯된 울분이었다면 왜 그 대상이 확실한 경제적 기득권을 누리고 있던 중국인들이나 외지 벌목기업들이 아니고 결국은 같은 약자일 뿐인 마두라 이주민이었을까. 이 의문에 대해서 당시 언론들은 노골적이지는 않았지만 마두라족에 대한 다약족의 부정적 편견 등을 암시하고 있었다.

삼핏에 도착한 후 여장을 풀고 나는 대화가 여의치 않았음에도 불구하고 호텔과 식당에서 이것저것을 묻고 다녔다. 하루아침에 모든 것을 잃고 삼핏을 떠나야 했던 마두라 이주민들은 5년 전부터 돌아오기 시작해 지금은 3천여 명쯤이 다시금 거주하고 있다고 했다. 사람들은 7년 전의 일에 대해 말을 아끼거나 계면쩍은 표정을 지었다.

"마두라족들이 돌아오고 있는 걸 어떻게 생각하세요?"

"……돌아와야지요. 그 사람들 집과 상점이 여기 있는 걸요."

한 다약 상인은 내 물음에 그렇게 말했다. 삼핏으로 돌아온 마두라 이주민들은 불타고 파괴된 집과 건물들을 다시 지었다고 했다. 당시 칼리만탄을 떠나야 했던 마두라 이주민들은 사실 고향으로 돌아가 봐야 아무것도 손에 쥘 것이 없는 사람들이었다. 오죽하면 그 처참했던 기억에도 불구하고 다시 그 악몽의 현장으로 돌아와야 했을까 싶었다. 그러나 돌아온 사람들을 맞는 사람들에게는 적대감보다는 미안함이 느껴졌다. 그건 죄책감과도 같았다.

누군가 삼핏시 외곽에 2001년 살해된 마두라 이주민들의 영혼을 위로하기 위한 위령탑이 세워져 있다는 걸 알려 주었다. 해가 지기 전에 나는 그곳으로 향했다. 콘크리트 기단 위에 목재로 만들어진 토템양식의 탑은 이슬람 사원이 한편에 서 있는 넓은 교차로의 중앙에 서 있었다. 아마도 다약의 전통양식인 것처럼 보였다. 그 앞에서 나는 짧은 시간이었지만 만났던 삼핏의 다약 사람들과 이곳에 오기 전 사진에서 보았던 다약 사람들을 떠올렸다. 그들은 같은 사람들이었지만 같은 사람들이 아니었다. 2001년 2월과 3월의 다약 사람들은 그 어느 곳인가 음험한 소굴에 숨어 있던 악마에게 뒷덜미를 잡혀 끌려나온 사람들이었다. 인종분쟁에서는 늘 그런 악마의 소굴이 있다. 말하자면 르완다의 그 가공할 인종학살은 후치족과 투투족 사이에 원한을 배양하고 자극하고 들쑤신 악마들을 직시할 때에만 비로소 이해할 수 있다.

누가 2001년 2월과 3월에 평범한 다약 사람들을 악마로 만들었던 것일까. 수하르토는 아니었다. 수하르토는 권좌에서 내쫓기기도 했지만 설령 그렇지 않다고 해도 이 학살을 선동할 이유가 없었다. 마두라 이주민을 칼리만탄으로 내몬 것은 수하르토였다. 수하르토 군부독재는 씨앗은 뿌렸을지언정 그것을 거두지는 않았다. 동남아시아와 카리브해 지역 왕립 네덜란드 연구소(KITLV)의 게리

삼핏의 마두라족 위령탑

까마득히 높은 솟대 위에서 새가 날아오르고 있었다. 구천을 헤매고 있는 마두라의 목잘린 영혼들이
날아 돌아갈 수 있도록 삼핏의 원주민들은 자신들만의 솟대를 세웠다.

반 클린켄(Gerry van Klinken)은 『인사이드 인도네시아』란 온라인 매거진의 편집자이기도 하면서 칼리만탄 전문 연구가이다. 그는 서부 칼리만탄과 중부 칼리만탄에서의 마두라 이주민 학살의 주범으로 칼리만탄에서의 지역 패권을 겨냥한 다약 지식인들을 겨냥한다.

클린켄은 다약이란 용어에서부터 의문을 제기한다. 칼리만탄의 밀림을 터전으로 한 종족들 중에 다약이란 이름으로 불리는 종족은 없었다. 다약이란 칼리만탄의 원주민 종족들을 통칭하는 용어로서 이를 사용하기 시작한 것은 19세기 말 고등교육을 받기 시작한 원주민 출신의 도시 중간 계급이었다. 독립 후 1957년 중부 칼리만탄을 다약 주(州)로 만든 것은 정치 세력화한 이들이 거둔 성취였다. 수하르토 군부독재의 등장 이후 중부 칼리만탄의 자치권은 약해졌다. 이들 정치 세력들은 중앙집권적 수하르토 군부독재와 야합해 자신들의 정치적·경제적 이익을 취하는 편을 택했다. 다약 자치운동을 주장하는 대표적 지도자인 우숩(Usop)이 골카르의 중부 칼리만탄 대변인이었던 것은 이를 상징적으로 나타낸다. 수하르토의 퇴진 후 이들은 '중부 칼리만탄 다약 대표자협회'(LMMDD-KT)라는 인종조직을 결성하고 정치적 진공상태를 적극적으로 공략하기 시작했다. 이 조직은 무엇보다 먼저 이권에 뛰어들어 불법벌목, 금광개발, 습지개발 등에 개입했다. 짧은 기간 동안에 이들이 세력을 강화했던 것은 이 사업들에서 얻는 막대한 이득 때문이었다. 풍부한 자금으로 이들은 다약 하층민들을 행동대로 조직할 수 있었고 1999년의 중부 칼리만탄 주지사 선거에 뛰어들어 승리할 수 있었다. 다음으로 이들이 목표로 했던 것은 중앙정부에 대해 상대적으로 자치권을 강화하는 것이었고, 2001년 마두라 이주민에 대한 인종 학살은 이 목표를 달성하는 데에 결정적으로 기여했다. 2001년 6월 우숩은 팔랑카라야에 '인민회의'를 조직, 마두라 이주민들을 분쟁의 원인으로 지목하고 중앙정부에 그 책임을 몰아갔다. 중앙정부는 무력했고 이들 다약 엘리트 그룹은 정치적 목표를 달성했다. 학살에 대한 책임은 마두라 이주민들의 잘린 목과 함께 땅밑으로 묻혔다. 삼핏의 인종학살은 수하르토의 권위주의적 체제가 사라진 중부 칼리만탄에서 인종적 파시즘체제의 등장을 알렸다.

인종주의는 신기루와 같다. 존재하지 않지만 필요한 자들이 엮어 만들어 다중을 현혹시킨다. 언제나 목적은 자신들의 이익을 위해서이다. 결과가 학살로 치달을 만큼 참혹하다는 점에서 최악의 범죄이다.

다음날 이른 아침 삼핏을 둘러싼 밀림에는 음습한 안개가 자욱하게 피어올랐지만 밀림 너머로 해가 솟아오르면서 안개는 거짓말처럼 사라지기 시작했다. 인도네시아에서의 마지막 일정은 그렇게 끝났다. 마두라 이주민 학살의 주범들이 처단되기 전까지 인도네시아에 정의는 존재하지 않을 것이며 삼핏에서 벌어진 인종범죄는 언제라도 재현될 수 있을 것이다.

말레이시아는 부미푸트라의 나라이다

말레이시아인의 말레이시아와
부미푸트라의 말레이시아

원래의 계획은 인도네시아 술라웨시의 마나도(Manado)에서 필리핀의 민다나오(Mindanao)로 들어가는 것이었는데 쉽지 않았다. 항공편을 찾기도 어려웠고 고집을 부려 봐야 헤엄으로 해협을 건너는 길이 유일했지만 난 조오련은커녕 물에서는 맥주병이었다. 결국 그 유서 깊은 몰루카 해협은 뒤로 미루어야 했다. 몰루카 해협은 16세기 유럽제국주의의 대항해시대를 촉발했던 원인 중의 하나인 향료무역의 본산지였다.

여정은 다시 자카르타로 돌아와 쿠알라룸푸르에서 마닐라로 향하는 간편하지만 무미한 경로로 바뀌었다. 항공사의 홀리데이 패키지로 티켓과 함께 예약한 바우처의 호텔은 쿠알라룸푸르 도심에 위치해 있었다. 로비는 중화인민공화국에서 왔을 중국인 단체관광객으로 인산인해를 이루고 있었다. 아마도 중국계 호텔이었던가 보다. 공항에서 호텔까지 타고 온 택시를 몰았던 운전사는 인도계였는데 이렇게 말했다.

"조심하세요. 지난달에 이 호텔 뒷골목에서 관광객이 칼에 찔려 죽은 일이 있었거든요."

인명지재천(人命之在天)을 신조로 하기 때문에 그쯤이야 상관없었지만 세이크라는 이름의 인도인 사내는 다음에 쿠알라룸푸르에 올 때에는 같은 값에도 더 나은 곳이 있다며 다른 호텔의 이름을 알려 주는 친절을 베풀었다.

택시를 타고 오는 도중에 건성으로 오간 대화는 의외로 재미있었다. 스물다섯 살에 싱가포르에서 불법체류를 시작해 세탁소에서만 5년 동안 일해 돈을 모은 후 쿠알라룸푸르로 돌아왔다는 그는 곧 결혼을 했고 모은 돈을 밑천으로 택시 운전을 시작한 지 벌써 10년이었다. 말하자면 이주노동자 출신이었다.

"왜 돌아왔소?"

인도 남부 출신의 후손이지만 그는 말레이시아에서 태어났으므로 돌아온 것이 당연했다. 그러나 택시에서의 대화란 으레 그렇지만 건성건성이다. 한데도 붙임성 좋아 보이는 그는 시원스럽게 대답했다.

"싱가포르는 비싸고, 인도네시아는 안전하지 않고, 필리핀은 위험하지요. 그럼 말레이시아밖에 없잖아요."

"흐흐흐."

실없는 웃음을 날린 후 나는 문득 떠오른 질문을 던졌다.

"하지만 댁은 부미푸트라(Bumiputra)도 아니잖우."

"아……"

이 말에 그는 신음소리를 흘리더니 잠시 입맛을 다신 후, 푸념을 늘어놓았다.

"빌어먹을 부미푸트라. 난 택시 안에서 새우잠을 자면서 하루에 18시간을 일하지만 겨우 아이들을 학교에 보내고 있지요. 하지만 부미푸트라는 온갖 게으름을 피우면서도 사는 데 지장이 없단 말이에요. 불공평하지요."

건성건성의 대화이니만큼 액면 그대로 받아들여서는 안 되지만 말레이시아는 부미푸트라의 나라이다. 부미푸트라는 말레이어로 '땅의 아들'이라는 뜻이지만 말레이시아에서는 말레이계 무슬림을 가리킨다. 말레이시아는 바로 이 부미푸트라를 중심으로 돌아가는 국가이며 부미푸트라 우선주의는 집권여당인 통일말레이국민조직(암노UMNO ; United Malays National Organization)의 통치이념이라고 평가할 만하다. 부미푸트라는 교육과 공공기관 취업, 자본취득 등 모든 분야에서 제도적인 우대를 보장받고 있다. 예를 들어 거래소에 주식을 상장하기 위해서는 주식의 30퍼센트 이상이 부미푸트라의 소유여야 한다. 주택단지는 일정 비율을 일정 기간 동안 부미푸트라에게 의무적으로 판매해야 하며 더불어 7퍼센트의 할인가를 적용해야 한다. 자동차 수입을 위한 허가는 부미푸트라에게 우선적으로 주어진다. 정부 프로젝트는 부미푸트라 소유의 기업만 수주할 수 있다. 공무원 임용, 정부 장학금 등도 부미푸트라에게 우선적 혜택이 주어진다. 이쯤 되면 부미푸트라와 비부미푸트라 사이에 존재하는 엄격한 차별은 택시 운전사인 세이크가 투덜거리는 것 이상임을 알 수 있다. 중국계 자본이 만만치 않지만 이들도 (놀고먹을지언정) 부미푸트라를 내세워야 사업을 제대로 할 수 있다.

말레이시아에서 부미푸트라가 아닌 자들은 누구일까. 중국계와 인도계이다.

따라서 부미푸트라 정책에 따른 차별은 중국계와 인도계를 대상으로 하는데, 인구비율로 중국계가 27.6퍼센트, 인도계가 8퍼센트를 차지한다. 말레이계이지만 무슬림이 아닌 인구도 부미푸트라가 아닌 인구에 속한다. 보르네오의 사라왁과 사바 인구의 절반 이상은 무슬림이 아니다. 부미푸트라 정책의 가장 큰 피해자는 역시 인구의 30퍼센트에 육박하는 중국계 말레이시아인이다. 동남아의 화인(華人)들은 어디에나 분포하고 있지만 인구의 30퍼센트에 가깝게 육박하는 나라는 말레이시아가 유일하다. 이웃나라인 인도네시아는 고작 5퍼센트에 불과하다.

중국인들이 말레이 반도에 정착하기 시작한 때는 15세기로 거슬러 올라가지만 본격적으로는 19세기에 접어든 이후이며 아편전쟁을 전후로 해서이다. 말레이시아를 식민화했던 영국 제국주의의 중요한 수탈 품목은 주석이었는데 농업에 종사하던 말레이인들을 주석광산의 광업노동에 동원하는 것보다 푸젠(福建)과 광둥(廣東) 지역의 중국인들을 노동력으로 수입하는 것이 더욱 효율적이었다. 이후 중국인 인구는 급증하기 시작했다. 15세기 해상무역에 종사하며 말라카 지역에 정착했던 중국인들은 퍼라나깐(Peranakan)으로 불리며 말레이어와 문화를 받아들이고 현지화했지만 19세기 이후 정착한 중국인들은 자신들의 언어와 문화의 정체성을 고수했다. 주석광산의 광업노동자로 동원된 중국인 쿨리들은 이후 사탕수수와 고무 플랜테이션의 농업노동자로도 활용되었으며 이윽고 상업 분야로 진출하면서 주석광산지대에서 보르네오를 포함한 현재의 말레이시아 전 지역으로 퍼져나갈 수 있었다. 동남아시아의 다른 지역과 마찬가지로 중국인들 중 일부는 상권을 장악해 나갔으며 상업뿐 아니라 무역·광산업·제조업·농업·금융업에까지 진출했다. 한편 인도인들은 주로 인도 남부의 타밀 출신으로 고무농장의 노동력으로 이주 동원되었다. 주석광산이건 고무농장이건 모두 쿨리였다. 노동은 가혹하기 짝이 없었고 보수와 생활조건은 열악했다.

네덜란드 식민주의가 인도네시아에서 중국인 이주민들을 원주민들과의 사이에 두고 식민통치의 중간 계급으로 삼은 것과 달리 술탄 군주제를 통치의 근간으로 했던 말레이시아의 영국 제국주의는 중국인과 인도인을 식민통치기구에 중요하게 배치하지는 않았다. 또한 경제적 영향력을 발달시켰다고는 하지만 말레이시아에서 중국인과 인도인 대다수는 여전히 농민과 노동자 계급에 머물러 있었다.

1957년에 이르러서야 독립을 이룬 말레이시아는 아시아에서 가장 늦게 독립한 나라 중의 하나이다. 독립투쟁이라 할 만한 투쟁은 전적으로 1930년 탄생한 말라야공산당(MCP ; Malayan Communist Party)의 몫이었는데 노동자 계층에 기반하고 있었으며 중국인들이 주도하고 있었다. 태평양전쟁과 함께 말레이시아를 점령한 일본군의 통치는 중국인에게는 더욱 가혹한 것이었다. 일본 제국주의는 말레이계와 인도계를 회유하는 대신 중국계는 억압하는 인종차별정책을 구사했다. 자산의 몰수, 강제노동에의 징용 등은 중국인에게 집중되었다. 단적인 예로 버마 철도 건설에 강제로 징용된 노동자들은 중국계가 다수였다. 영국과 마찬가지로 일본 또한 술탄 군주제에 대해서는 온건한 정책을 유지했다. 인도의 반영투쟁을 고려하여 '귀축미영'(鬼畜美英)을 내세운 일본은 말레이시아의 인도인들에게 유화책을 구사했다. 반일투쟁을 주도했던 말라야공산당에 중국인들이 대거 참여하고 또 주도했던 것은 이런 배경에서였다.

1945년 일본이 항복한 후 영국은 인도차이나의 프랑스와 마찬가지로 말레이시아의 식민지배를 포기할 생각은 없었다. 오히려 말레이 연방국과 비연방국, 피낭과 말라카를 묶어 직할 식민지로 만드는 등 직접 식민통치를 강화했고 보르네오의 사라왁과 사바 또한 직할 식민지화했다. 가장 큰 저항 세력은 반일 무장투쟁을 주도했고 말레이시아의 독립을 주장했던 말라야공산당이었다. 1945년 재진주와 함께 군정을 실시한 영국은 인민위원회를 결성하며 독립투쟁에 나선 말라야공산당의 축출에 나섰다. 1947년 영국은 말라야연방(Federation of Malaya)을 발족시키면서 공산당을 포함한 좌익을 배제했고 1948년 6월에는 비상사태를 선포해 공산당을 불법화하고 군사적 토벌을 본격화했다. 당시 말라야공산당 서기장은 중국계의 친펭(陳平)이었다. 이 비상사태는 1960년 7월에 종료되었지만 공산당의 무장투쟁은 북부 산악지대에서 1980년대까지 계속되었다. 영국은 말라야공산당을 북부 산악지대로 몰아내고 반공의 기틀이 확고히 다져진 1957년에야 말레이시아를 독립시켰다. 1946년 창당한 반공 우익정당인 통일말레이국민조직, 암노가 영국의 지원 아래 독립 후 정권을 장악했다. 술탄왕족 출신인 툰쿠 압둘 라흐만(Tunku Abdul Rahman)이 장악한 암노는 말레이계의 주도권과 기득권을 주창했으며 비말레이계의 참여조차 허용하지 않는 일종의 인종정당이었다. 암노는 1954년 다민족 정치연합체로 말라야 중국인협회(MCA; Malaysian Chinese Association)와 인도인회의(MIC; Malaysian Indian Congress)를 끌어들여 '동맹'(Parti Perikatan)을 결성했다. 암노가 절대적인 정치적 주도권을 행사했던 동맹은 1973년 국민전선(BN; Barisan Nasional)으로 이름을 바꾸어 현재까지 말레이시아 집권연정을 장악하고 있다.

2차 대전 후 말레이시아로 돌아온 영국의 목적은 공산주의의 위협으로부터 자신의 이익을 지키고 관철시키는 것이었다. 이는 전후 말레이시아의 신 식민주의적 재편과 맞물렸다. 반공 우익의 암노는 그 과정에서 영국의 식민지배 세력의 정치적 육성에 따라 등장했다. 암노의 지도부를 술탄 왕족 출신이 장악했던 것도 보호령 통치에서 술탄을 내세웠던 전전(戰前)의 식민지배 정책의 연속이었다. 암노뿐 아니라 이른바 비상사태 아래 등장한 중국인협회, 인도인회의 또한 성격은 다르지 않았다. 중국계와 인도계를 대표하는 이들 정치 세력들은 중국계와 인도계의 자본가 계급의 이익을 대표하는 인종적 계급정당이었다. 영국은 군사적으로 공산당 게릴라의 토벌을 완수하고 암노와 중국인협회, 인도인회의를 내세워 신 식민지적 지배 계급의 정치체제를 완료한 후 비로소 말레이시아를 독립시켰다. 전후 말레이시아에 대한 영국의 신 식민지적 재편은 성공적이었다. 전전 식민통치의 근간을 이루었던 술탄 군주제 아래 말레이계 지배 세력은 온존되었으며 중국계와 인도계의 반공 부르주아 계급을 정치 세력화하여 이에 동참시킴으로써 정치적 안정을 꾀할 수 있었다. 물론 영국의 공산주의 세력에 대한 철저한 토벌이 크게 기여했음은 물론이다. 같은 시기 전전의 식민지인 인도차이나에서 굴욕적으로 패퇴해야 했던 프랑스와 비교한다면 빛나는 승리를 거둔 셈인데 전통적인 식민지 인종분할 지배정책이 주효했다. 한편 중국계가 주도했던 말라야공산당은 인종을 뛰어넘어 계급정당의 지위를 획득하는 데에 실패했다. 영국은 공산주의운동을 중국인의 운동으로 호도함으로써 말레이계의 경계심을 심화시킬 수 있었다. 또한 술탄 군주제를 존속시키고 암노와 같은 반(牛)봉건적 정치 세력을 육성해 전면에 내세우고 지배 세력화했지만 우세한 인종주의로, 저항 없이 말레이계 대다수의 합의를 이끌어 낼 수 있었다. 중국계와 인도계는 단지 부르주아 계급의 포섭만으로 불만을 희석시킬 수 있었다. 영국이 말레이시아에서 거둔 성취는 친영 부르주아 계급정당 지배의 기초를 다진 것이었다. 이건 물론 영국의 신 식민주의적 이해에 완벽하게 부합했다. 유일한 불안은 전후 신 식민주의적 세계질서에 반기를 든 인도네시아의 수카르노 정권이었는데 영국은 보르네오의 사라왁과 사바를 말라야연방에 통합시킴으로써 반인도네시아 전선에 말레이시아를 앞세웠고, 결국 미국의 지원 아래 수하르토의 쿠데타가 성공함으로써 이조차 해소할 수 있었다.

이로써 완성된 독립 후 말레이시아의 지배체제는 정치적으로 암노가 주도하는 연정 아래 술탄 군주제의 온존, 중국계와 인도계 자본가 계급의 이익 보존, 말레이계 신흥 자본가 계급의 부흥으로 요약된다. 동맹(국민전선)은 외형적으로 인종적 연정을 구성했지만 말레이계에 대해 시혜적인 배타적 인종주의 정책을 지속·심화시켰다. 독립헌법은 이슬람을 국교로, 말레이어를 국어로 명시했다. 소수계 우대정책은 무시되었고 부미푸트라 우선주의가 팽배했다. 중국계와 인도계는 자신들을 대표하는 정당이 연정에 참여하고 있다는 것만으로 스스로를 위안했다. 중국인협회와 인도인회의는 권력을 분점했지만 암노의 독단적 주도권에 단 한 번도 반기를 들지 않았다. 인종주의는 말레이시아의 지배체제를 유지하는 데에 핵심적 이데올로기였다. 다수인 말레이계는 계급을 막론하고 무조건적으로 암노를 지원했다. 중국계와 인도계는 연정에 참여하고 있다는 이유로 중국인협회와 인도인회의에 맹목적인 지지를 보냈다. 독립 후 암노체제의 유지에는 파시스트적 통치도 크게 기여했다. 헌법은 재판 없는 예방구금을 합법화했으며 국내보안법(ISA; Internal Security Acts)은 이를 근거로 정권유지의 버팀대로 탄생했다.

1969년 5·13사태는 암노체제의 본질을 적나라하게 폭로한 사건이었다. 1969년 총선에서 서부 말레이시아(말레이)의 선거가 끝났을 때 동맹은 여전히 다수 의석을 차지했지만 전례 없는 위축을 맛보아야 했다. 의석의 2/3 이상을 차지하던 동맹이 104석에서 66석을 차지했고 득표율은 50퍼센트를 넘지 않았다. 특히 중국인협회의 퇴보는 괄목할 만한 것이었다. 반면 부미푸트라 정책에 반기를 든 중국계의 게라칸(Gerakan)과 민주행동당(DAP)의 약진은 눈부신 것이었다.

선거 직후인 5월 13일 암노의 집회는 인종폭동으로 비화되었다. 쿠알라룸푸르를 비롯한 도시에서 중국계에 대한 말레이계의 테러가 이어지는 가운데 계엄령이 선포되었고 보안군이 진주했다. 동부 말레이시아에서의 선거는 연기되었고 권력은 국가운영회의(NOC)의 손에 넘어갔다. 폭동은 암노의 청년당원들이 주도했으며 보안군과 경찰이 은밀하게 협조한 것이었다. 이 폭동으로 경찰 발표로만 196명이 목숨을 잃었다. 집과 차들이 불탔으며 무려 6천 명이 집을 잃었는데 90퍼센트가 중국계였다. 1970년 서부 말레이시아에서의 선거가 치러졌을 때 동맹은 의석의 2/3를 차지할 수 있었다. 툰쿠가 퇴진하고 툰 라작(Tun Razak)이 암노의 의장을 승계하며 세대 교체를 이룬 후에도 사정은 달라지지 않았다. 인권유린과 언론탄압, 검열, 국내보안법에 따른 무작위 구금 등의 억압은 암노의 장기집권을 유지하는 강력한 수단이었다. 1971년에 암노는 신 경제정책(Dasar Ekonomi Baru)을 내세웠는데 이 또한 부미푸트라 정책으로 불릴 만큼 말레이계의 우선권을 앞세운 경제정책이었다.

5·13사태는 노골적인 공포정치의 시대를 열었다. 암노의 통치에 대한 정치적 저항은 말레이계 다수를 앞세운 인종폭동을 연상케 했고 실제로 암노는 5·13

사태에 대한 일체의 이견 표시를 금지하면서도 필요할 때는 이 사건을 들어 정치적 협박을 서슴지 않았다. 놀랍게도 5·13사태에 대한 반정부적 관점의 출판물인 『5·13 : 1969년 말레이시아 폭동에 대한 비밀해제 문건』(*May 13: Declassified Documents on the Malaysian Riots of 1969*)이 출판된 것은 무려 38년의 세월이 흐른 2007년에 이르러서였는데 이마저도 즉각적으로 판금되었다.

공교롭게도 쿠알라룸푸르에 도착했을 때 말레이시아 정계는 소란스럽기 짝이 없었다. 3월에 치러진 총선에서 60년 동안 절대적 강자였던 국민전선이 전례 없이 큰 폭으로 득표율 하락을 기록한 뒤의 후폭풍이었다. 국민전선은 여전히 의석 다수를 점했지만 지금까지 2/3 이상이던 의석수가 겨우 과반이 될 정도로 위축되었다. 반면 중국계 야당인 국민행동당(DAP)과 말레이계 야당인 국민정의당(PKR), 범말레이시아 이슬람정당(PAS)의 약진은 놀랄 만큼 두드러졌다. 주의회 선거에서도 놀랄 만한 변화가 이루어졌다. 하나를 제외하고 국민전선이 장악했던 주의회는 야당이 5개를 차지했다. 국민전선으로서는 패배라고 할 수 있고, 국민전선의 패배는 곧 암노의 패배였다. 풍파가 일지 않을 수 없었다. 2003년 은퇴와 함께 마하티르가 후계자로 지목해 암노의 의장이 되었던 압둘라 아흐마드 바다위(Abdullah Ahmad Badawi)의 퇴진을 요구하며 마하티르가 암노를 탈퇴한 것은 상징적인 사건이었다. 31석의 의석을 얻은 국민정의당의 약진은 국민정의당이 한때 암노의 부수상이었으며 마하티르의 후계자로까지 인정되었지만 축출, 수감까지 되었던 아느와 이브라힘(Anwar Ibrahim)이 이끄는 정당이라는 점에서 말레이계 표의 분산을 의미함과 동시에 암노 장기집권의 피로현상을 여실

아느와 이브라힘

마하티르가 암노에서 축출한 2인자 아느와 이브라힘은 여전히 암노에 맞서고 있다.

히 보여 주었다. 국민행동당과 국민정의당 모두 암노의 인종주의 정책, 특히 부미푸트라 정책을 반대한다는 점에서 2008년 총선의 결과는 의미심장하며 중국인들과 말레이인들이 마침내 인종주의적 한계와 함께 계급적 각성을 이루기 시작했다는 점에서 더욱 평가할 만하다.

어수선하기 짝이 없는 쿠알라룸푸르의 정치적 혼란의 양상은 39년 전과 흡사했다. 그러나 1969년 5·13사태처럼 인종폭동을 빌미로 한 정치적 쿠데타로 이어질 것처럼 여겨지지는 않았다. 장기집권의 암노와 국민전선에 대한 대중의 염증은 하늘을 치솟고 있으며 이 저항을 막는 것은 암묵적 동의가 아니라 국내보안법이다. 사실 암노와 같은 전근대적 정치 세력이 반세기를 넘게 버티고 있다는 자체가 경악스러운 일이다.

말레이시아 친구 소디가 딸과 함께 아버지에게서 물려받았다는 구형 볼보를 끌고 호텔까지 나왔다. 「빅 두리안」(Big Durian)이란 영화에도 출연했던 소디에게는 감독인 아미르 무하마드(Amir Muhammad)와의 약속을 주선해 줄 것을 부탁했지만 아미르가 이탈리아의 피렌체에 가 있는 까닭에 성사되지 못했다. 대신 소디와 함께 쿠알라룸푸르 시티투어에 나섰다.

8년 전 첫 말레이시아 여행은 페낭에서 카메론 하이랜드를 거쳐 말라카에까지 간 후 다시 북상해 쿠알라룸푸르에 도착한 것이었다. 쿠알라룸푸르는 예상 밖으로 국제적 수준의 도시였다. 그렇지 않을 것이란 선입견은 동남아에 대한 선입견이었다. 하지만 이런 종류의 선입견은 서울에 대해서도 존재한다는 걸 깨닫기에는 그리 오랜 시간이 필요하지 않았다. 동남아의 대도시, 예컨대 방콕이나 홍콩, 쿠알라룸푸르, 자카르타에서 종종 서울을 대단히 후진적인 도시로 생각하는 현지의 엘리트들을 만날 수 있다.

"아, 그렇지 않아. 남한은 반도체를 만드는 나라라구."

가끔 한자리에 있던 현지인에게 이런 변호(?)를 받을 때도 있다. 휴대폰을 가리키면서 "이걸 만든 회사가 남한 회사야" 하는 말을 들을 때도 있다. 길고 짧은 것을 재자는 것은 아니다. 사실을 말한다면 GDP의 차이가 있을지언정 동남아의 대도시와 서울은 차이가 없다. 도쿄도 그런 점에서는 마찬가지라고 할 수 있다. 대도시의 현란한 중심은 부자들을 위해 만들어진다. 번쩍이는 사치품들이 즐비한 현대식 쇼핑몰, 하늘을 찌르는 마천루들, 인터내셔널 스탠더드의 사무용 건물들, 도심의 거리를 흘러다니는 최고급 승용차들, 보도를 메운 세련된 옷차림의 인간들. 한편 가난한 자들이 모이는 도시의 그늘에는 저마다 차이가 있을지언정 빈부격차에 따른 상대적 박탈감의 정도에서 본다면 그다지 큰 차이가 있지는 않다. 예컨대 마닐라의 톤도와 같은 극악한 빈민가라고 해서 다른 도시의 빈민가보다 무척 불행하게 살아가지는 않는다. 도심의 마천루와 함께 메트로폴리탄으로 맹렬하게 팽창하는 도시와 전혀 그렇지 않은 도시의 경우도 그것만큼은 다르지 않다. 서울과 양곤, 쿠알라룸푸르와 프놈펜, 방콕과 사이공, 타이페이와 다카는 얼마나 다른가. 어느 날 문득 그 사이에 별 차이가 없다는 걸 깨달았고 낯선 도시를 배회하는 경험이 전혀 낯설지 않게 되었을 때 바야흐로 도시 탐방은 끝없이 무미건조해지기 시작했는데 늘 그런 것은 아니었다.

메르데카 광장(Merdeka Square)을 마주 보는 로얄셀랑고 클럽과 전통 말라야 목조가옥인 루마 말라야를 전시해 놓은 곳, 쿠알라룸푸르의 상징인 페트로나스 트윈 타워를 거쳐 센트럴 마켓에서 기념품까지 둘러보고 나와 해거름이 깔리기 시작했을 때 나는 문득 가 보고 싶은 곳이 생겼다. 초우킷(Chow Kit)이었다. 소디는 선선히 내 부탁을 들어주었다.

해가 진 후 도착한 초우킷로(路)의 거리는 차들로 붐볐지만 시티호텔 옆 골목은 을씨년스러웠다. 흑인과 인도인 행상이 좌판을 벌리고 있었고 뒷골목에는 몸을 파는 여자들이 서성거리고 있었다. 1987년 10월 아담 자파르란 이름의 말레이계 병사가 부대에서 M16소총을 들고 탈영한 후 초우킷에 등장했다. 그는 초우킷로의 잘란 라자라웃에 있는 시티호텔에 이틀을 묵었고 일요일인 18일 소총을 들고 거리로 나섰다. 그가 등장한 초우킷은 거리의 이름을 딴 록초우킷(陸秋傑)에서 짐작할 수 있듯이 중국인 거주지에 인접한 상업가였다. 아담은 그날 초우킷에서 한 명을 살해하고 다른 두 명에게 부상을 입혔다. 그게 전부였다. 이런 종류의 사건이라면 탈영의 동기나 그 배경에 시시콜콜히 초점을 맞춘 이야기들이 무성하다가 잠잠해지는 것이 상례일 테지만 쿠알라룸푸르에서는 그렇지 않았다. 텔레비전과 라디오, 신문에서 초우킷의 난동에 대한 일체의 보도가 이루어지지 않고 있는 동안 쿠알라룸푸르에는 이 소문이 빛보다 빠르게 번졌고 도시는 일순간에 패닉 상태에 빠졌다. 거리는 텅 비어 버렸고 사람들은 집안에 숨어 있을 것인지 출근하거나 등교해야 할지를 고민했다. 상당수가 집에 남아 있는 편을 택했다. 심지어는 식품에 대한 사재기까지 출현했다.

말레이계 병사가 중국인 거리에서 난동을 부린 초우킷 사건은 순식간에 쿠알라룸푸르 시민들에게 18년 전인 1969년 인종폭동의 기억을 상기시키는 기제로 작용했다. 물론 초우킷에서 벌어진 일은 사상자가 발생한 탈영병의 난동이었

CITY HOTEL

1987년 초우킷 난동에서 아담이 묵었던 시티호텔 앞길지만 쿠알라룸푸르는 그렇게 받아들이지 않았다. 왜 그랬을까. 10월 11일 쿠알라룸푸르에서는 중국인 학교에 대한 교장임명을 둘러싸고 2천여 명이 모인 항의집회가 중국인협회, 민주행동당, 게라칸 주도로 열렸다. 교육부가 중국어 교육을받지 않은 중국인을 교장과 교감에 임명한 것이 중국계의 반발을 샀던 것이다.집회는 이 사태를 시정하지 않는다면 3일간 동맹휴학을 벌일 것을 결의했지만뒤에 취소되었다. 중국계의 항의에 맞서 암노의 청년조직은 쿠알라룸푸르의TPCA스타디움에서 1만여 명을 동원한 반중국계 집회를 열었다. 초우킷에서 탈영병이 벌인 난동은 이 민감한 시기에 벌어진 사건이었다.

한 말레이계 탈영병이 초우킷에서 벌인 난동이 야기한 공포분위기는 엄혹한 현실이 되었다. 10월 27일 마하티르 정권은 '인종분규의 가능성'을 빌미로반정부 인사들에 대한 대대적인 검거선풍을 벌였고, 결국 내용적으로 또 한 번의5·13사태로 발전했다. 랄랑(Lalang, 잡초)작전으로 불린 반정부 인사 검거선풍으로 106명이 국가보안법의 예비검속을 들어 일시에 체포되었으며 이 중 97명이 구속되었다. 정계 인사, 사회운동계 인사, 개인 등을 망라한 반정부 인사 구금이었다. 말레이시아는 '진짜' 공포분위기에 휩싸였고 마하티르는 이 사태를 자신의 권력을 강화하는 데에 전적으로 활용했다. 반정부 성향의 일간지 둘과 주간지 둘이 정간되었으며 신문출판법을 신설해 언론에 재갈을 물렸다. 대표적인 반정부 일간지였던 『더 스타』(The Star)는 친암노 인사가 경영을 장악한 후 속간되었지만 확고한 친정부 일간지로 변모했다. 이와 함께 경찰법을 개정하여 허가 없는 정치집회를 사실상 금지시키고 경찰이 임의로 인신을 구금할 수 있도록 개악한 것도 이때이다. 1987년 말레이시아를 흔든 일련의 사태는 마하티르의 장기집권체제를 강화시켰고 민주주의를 극도로 약화시켰다.

1987년의 이 사건을 다큐멘터리 형식으로 독특하게 조명한 영화가 아미르 무하마드의 「빅 두리안」이다. 「빅 두리안」은 다큐멘터리가 아닌 다큐멘터리이다. 출연자들은 실제 인물인 경우도 있지만 배우들이 역할을 맡아 연기하고 있다. 하지만 이 영화에서 들리는 모든 목소리는 시나리오가 아니라 평범한 말레이시아인들의 목소리를 집대성한 것으로 평가받고 있다. 요약하면 「빅 두리안」은 1987년에 대한 영화이면서 동시에 1987년을 통해 1969년을 상기시키고 현재의 말레이시아가 간직하고 있는 트라우마의 속살을 내비친 영화였다. 바로 그 「빅 두리안」에서 아미르는 영화의 후반부에 등장하는 인물의 입을 빌려 이렇게 말한다.

"문제는 말레이시아인들이 변화를 두려워하고 있다는 거지요. 하지만 이런 두려움은 자랑할 만한 것이 아니지요. 우린 언제나 아시아의 가치를 이야기하지만 아시아의 가치 중 어떤 것은 나쁜 것이에요. 정치가를 왕처럼 생각하고 아첨을 떠는 신 봉건적인 정치문화는 우리가 정치가를 뭔가 초인간적인 존재로 보고 있다는 걸 의미하지요. 하지만 그들을 선출한 건 우리예요. 권력을 가진 것은 우리지요."

물론 말레이시아에서 권력은 여전히 말레이시아인들 손에 쥐어져 있지 않다.

「빅 두리안」은 정부검열을 신청하지 않았다. 선댄스영화제가 초청한 최초의 말레이시아 영화인 「빅 두리안」은 베를린과 밴쿠버 등의 국제영화제에 초청되어 주목을 받았지만 말레이시아에서는 공개적으로 상영될 기회를 얻을 수 없었다. 아미르의 이후 작품인 「라스트 코뮤니스트」(*Last Communist*, 2006)와 「빌리지 피플 라디오쇼」(*Village People Radio Show*, 2007)는 정부검열을 통과하지 못하고 상영금지되었다. 두 작품 모두 말라야공산당 의장이었던 친펭을 다루고 있다.

쿠알라룸푸르에서 사흘을 보내고 떠나기 전날 저녁 소디의 중국인 남편과 함께 저녁을 먹었다. 소디가 혼혈인 것과 달리 그는 순수한 중국인이었고 건축가였다. 그의 아버지는 푸젠 출신이다. 호키엔과 푸퉁화를 구사할 수 있는 그는 이렇게 말했다.

"세상에는 많은 중국인이 있지요. ABC, BBC, CBC…… MBC. 나는 MBC이지요."

ABC는 미국에서 태어난 중국인이고 BBC는 영국, CBC는 캐나다, MBC는 말레이시아 태생의 중국인을 말한다.

"하지만 난 중국인 이전에 나 자신을 말레이시아인으로 여깁니다. 난 말레이시아에서 태어났고 말레이시아에서 죽게 되겠죠."

그의 말에는 진심이 담겨져 있었다. 다민족 국가인 말레이시아에서 암노는 오랫동안 인종적 갈등을 분할통치의 기제로 활용하며 독재적 권력의 유지와 강화에 이용해 왔다. 말레이인이거나 중국인이거나 인도인이거나 그들은 모두 말레이시아인이며 권력의 주인이다. 두려움에서 벗어나 그 명징한 사실을 말레이시아인들이 깨닫고 서로의 손을 잡을 때 말레이시아의 민주주의는 비로소 꽃을 피울 것이다. 그렇게 먼 미래의 일로 느껴지지는 않는다. 식민주의자들에게 권력을 승계받은 암노의 '말레이시아인의 말레이시아'라는 구호가 등장했던 때는 1960년대였다. 말레이인들의 민족주의를 자극하는 이 구호는 부미푸트라주의의 시작이었다. 그로부터 48년. 이제 충분한 시간이 흐른 것 아닌가.

영화「빅 두리안」포스터와「라스트 코뮤니스트」중 한 장면
아미르 무하마드의 이 두 영화는 말레이시아에서 모두 상영금지되었다. 말레이시아 정부는 그렇게 이
영화들을 말레이시아 영화사에 각인했다.

2.
부서진 약속의 땅

케손시 파야타의 쓰레기 하치장의 청년

약속의 땅 그리고 혁명

　　　　　　　　케손은 필리핀국립대학교가 있는 곳이다.
대학도시의 맛을 풍기는 것은 아니지만 깨끗하고 멀쩡한 젊은이들이 다반사로
눈에 띄는 것은 그 때문일 것이다. 케손의 빈민촌인 파야타(Payatas)로 나를 안
내해 줄 젊은이 둘은 약속시간에서 30분이 지나서야 약속장소인 패스트푸드점
에 나타났다.

　"걸어왔다는군요."

　함께 기다리던 노마 비냐스(Norma Biñas) 여사가 쯧쯧 혀를 찼다. 지프니
를 탈 5페소가 없어 1시간을 넘게 터벅터벅 걸어왔다는 20대 초반의 젊은이들은
이마에 땀이 송글송글 맺혀 있었다.

　"일단 타고 왔으면 나라도 돈을 줬을 것 아니야?"

노마 여사는 할머니답게 딱하다는 표정으로 그들을 타박했지만 젊은 나이에 누구에게라도 5페소를 구걸하기란 쉽지 않은 일이다. 새파랗게 젊다는 게 무엇이던가.

파야타의 사브나(SABNA : 삼록과 반살랑긴, 나라 등 세 동네를 묶어 부르는 지역명) 출신으로 도시빈민운동 활동가를 자임한 두 젊은이와 함께 지프니를 타고 도착한 곳은 케손시 외곽의 하치장으로 향하는 도로변의 빈민촌이었다. 파야타의 주민 수는 20만 명을 헤아리며 대부분은 쓰레기 하치장에서의 수입에 생활을 의존하고 있다. 하루 3천 톤의 쓰레기가 쌓이는 하치장으로 향하는 거리 초입에는 벌써 들큰한 냄새가 흘러 다녔다. 1993년 마닐라의 빈민촌인 톤도(Tondo)의 쓰레기 하치장이 폐쇄된 후에는 메트로 마닐라의 쓰레기를 받아들이는 가장 큰 하치장이 되었다.

양팔을 펼치면 담벼락에 닿을 만큼 좁은 골목의 시궁창에서는 본격적으로 시큼한 악취를 풍기고 있었다. 시간이 지나면 후각도 얼마간 익숙해지겠지만 당장은 어쩔 수 없이 속부터 메슥거렸다. 동남아시아 여러 나라의 빈민촌을 눈동냥하곤 했지만 이 동네는 초입부터 첫눈에 최악이었다. 좁은 집안에는 쓰레기를 뒤져 모은 폐품 자루들이 쌓여 있었고 아이들은 자루를 풀어헤치고 플라스틱이며 캔, 금속 종류 등을 분리해 다시 묶고 있었다. 레스토랑과 부촌에서 흘러나온 쓰레기에서는 음식물을 분리한다. 파리와 날벌레들은 지천으로 골목과 집안에 들끓었다.

골목에서 반장 격인 엠마 푸아소(Emma Puaso)의 집은 방이 두 개인 2층 판잣집이었다. 1층은 5평 남짓이었고 2층으로 오르는 계단이 공간의 1/3을 차지했

파야타 쓰레기 산 아래의 판잣집
2층 판잣집에는 세 가구가 살고 있다. 케손시와 계약한 IPM은 철거계고장을 보냈다. 이 집을 보금자리로 살고 있는 사내 중 한 명인 로드리고는 "땅이란 살아가는 사람이 주인"이라고 말한다.

다. 북부 사마르 출신인 엠마는 52세의 아줌마였는데 1983년에 지금 살고 있는 이곳으로 이주했다. 1974년 결혼해 6명의 아들과 1명의 딸을 두었는데 남편을 포함해 9명의 가족 모두가 한집에서 살며 고물상에서 함께 일을 하고 있다.

"얼마나 버세요?"

"하루에 1,000페소쯤?"

"식구가 전부 일하는데요?"

"그렇다우. 들쭉날쭉하긴 하는데…… 쓰레기가 들어오면 벌고 안 들어오면 놀지."

하루 평균 수입이 200페소라는 한 일본 NGO의 조사결과와 그럭저럭 일치했다. 내친김에 엠마네 가족이 일하는 고물상(Junk shop)에 들렀다. 쓰레기 자루가 한편에 쌓여 있는 고물상의 땅바닥에서는 쓰레기에서 흘러나온 오니(汚泥)가 고여 질퍽거렸고 숨을 쉴 수 없을 만큼 악취가 풍겼다. 하치장으로 향하는 쓰레기 트럭들이 쓸 만한(?) 자루들을 던져 놓으면 엠마네 가족들이 자루를 풀어 돈이 될 만한 것들을 분리해 모으는 것이 고물상의 일이었다.

"하루에 담배를 얼마나 피우시오?"

냄새를 지워 볼까 하고 줄담배를 물고 있던 내 옆에서 엠마의 남편이 걱정스러운 표정으로 물을 때 나는 숨을 제대로 쉬지 못한 까닭에 산소결핍으로 거의 실신지경이었다.

"……살 만하세요?"

견디지 못하고 게걸음으로 슬쩍 고물상의 함석문을 열고 길가로 빠져나온 내가 그에게 물었다. 10분을 참지 못하고 빠져나온 처지가 궁색해서 얼떨결에 튀어나온 뜬금없는 물음이었다.

"……걸핏하면 철거하겠다는 것만 빼면 그럭저럭 살 만하오."

케손시는 파야타의 무허가 빈민촌을 대상으로 호시탐탐 철거를 노리고 있다. 파야타의 쓰레기 하치장이 포화상태로 매립단계에 들어서면서 개발업자들이 눈독을 들이고 있다는 귀띔이었다. 덕분에 케손시가 이른바 CMP(Community Mortgage Program)라는 이름으로 만든 빈민촌 주택의 합법화 프로그램은 꼴이 우습게 되었을 뿐 아니라 빈민의 등을 친 프로그램이 되어 버렸다.

"월 7천 페소씩 꼬박꼬박 물었다는 것 아니우. 2만 5천 페소가 되면 등기를 해주겠다고 약속을 했다우."

약속은 없던 일이 되었고 공무원들은 돈을 납부했다는 증빙서류가 없어 효력을 인정할 수 없다며 먼 산만 본다고 했다. 흥부건 놀부건 공히 기가 막힐 이 대목에서 함께 있던 젊은이 중 한 명이 옆에서 이렇게 중얼거렸다.

"그러니까 말이에요. 프롤레타리아 혁명이 아니고는 문제를 해결할 수 없단 말이에요."

"뭣이라고?"

"프롤레타리아 혁명이요."

"자네 공산당이야?"라고 물으려다 그만두었다. 공산당이건 뭐건 다짜고짜 프롤레타리아 혁명이 튀어나올 대목은 아니지 않은가. 그런데도 옆에 있던 스물한 살 먹은 엠마의 다섯째 딸은 고개를 끄덕이고 있었다.

"소원이 있다면 뭡니까?"

엠마에게 물었다. '9명의 가족이 방 두 개의 판잣집에 살면서 그럭저럭 살

쓰레기를 벗 삼아 아이들은 일하고 살아간다

만하다는 엠마는 잠시 고개를 갸웃거리더니 가족들이 어디 좋은 곳, 파야타가 아닌 곳에서 한번 쉬었으면 하는 것이 소망이라고 말했다.

엠마의 집에서 나온 나는 쓰레기 하치장을 코앞에 두고 있는 루팡 팡가코(Lupang Pangako; 약속의 땅) 2단지로 향했다. 일이 없어 놀고 있던 엠마의 딸과 그네의 친구도 동행하는 바람에 트라이시클은 정원을 초과해 시종 기우뚱거렸다. 가는 길에 한바탕 비가 쏟아지기 시작했다. 물에 빠진 생쥐꼴이 되어 목적지인 루팡 팡가코의 시장 초입에 도착했을 때에도 장대비는 여전했다.

길가의 상점 처마 밑에서 비를 긋고 있을 때 간이 노래방 기계에 동전을 떨군 중년의 사내가 하릴없이 「더스트 인 더 윈드」(Dust in the Wind)를 부르고 있는 동안 빗줄기는 가늘어졌다. 트라이시클이 줄지어 늘어서 있던 시장 초입에는 사람들의 발걸음이 조금씩 늘어나기 시작했고 이내 비는 그쳤다. 그러곤 비릿한 물 내음이 흥건한 바람이 불었다. 거리를 메우기 시작한 아낙들과 아이들, 젊은 이들. 그들은 모두 바람 속의 먼지처럼 보였다. 사내가 부르던 노래 때문이었을 것이다. 노래가 「두 아이 해브 투 세이 더 워즈」(Do I Have to Say the Words)로 바뀔 때 우리는 처마 밑을 떠나 하치장으로 향했다.

불도저와 포크레인이 쓰레기 산의 봉우리를 메우고 있었다. 옆의 산은 이미 흙으로 덮여 있었다. 냄새는 역겨웠고 사방은 아이들이 구리선을 얻기 위해 전선을 태우면서 피어나는 검은 연기가 자욱했다.

"하루에 100페소에서 150페소를 벌지요."

쓰레기 더미 위에 기괴하게 불쑥 솟아 있던 2층 판잣집에 살고 있는 세 가구 중 2층 주인인 멜린다(Melinda)는 수입을 묻는 말에 그렇게 대답하면서 골판지

하루 1,000페소

엠마의 정크숍에서는 9명의 가족이 모두 매달려 하루 1천 페소(21달러)를 번다. "그럭저럭 살 만하우
다." 엠마의 남편은 그렇게 말하며 웃는다.

에 적은 가격표를 보여 주었다. 시박(Sibak) 15페소, 컵 8페소…… 멜린다는 남편과 함께 넝마꾼들로부터 고물을 사들여 중간상에 되파는 일을 하고 있다.

"쓰레기 산이 생기기 전엔 여기서 농사를 지었죠."

멜린다의 남편인 로드리고(Rodrigo)는 이곳 출신이다. 그는 케손시와 계약한 개발업체인 IPM(Isabelita P. Mercado)사가 토지소유권을 주장하며 철거계고장을 보냈다고 분통을 터뜨렸다.

"지금도 그렇지만 농사를 지을 때에도 토지등기 따위는 없었죠. 하지만 땅에 주인이 어디 있어요? 주인이 어디 있어요? 있다면 그곳에 사는 사람들이지요. IPM은 내가 여기서 농사를 지을 때 있지도 않은 회사였어요."

이곳에 쓰레기를 버리면서 농토를 잃게 되자 아버지도 화병으로 잃었다는 로드리고는 땅에는 주인이 없다며 몇 번이나 되뇌었다. IPM은 이미 철거계고장을 보냈고 보상금으로 1만 9천 페소를 제시했다.

"매립 후에 개발한다더군요. 주택단지나 골프장 따위를 짓겠지요. 그 작자들은 또 돈을 벌겠죠. 하지만 우린 1만 9천 페소로는 어디에도 갈 수 없어요. 그리고 여긴 할아버지 때부터 살아오던 곳입니다. 어디로 갑니까?"

해거름이 깔리면서 쓰레기 산 밑에 지어진 로드리고의 판잣집 2층 창으로는 시원한 바람이 불어왔다. 쓰레기 산 밑에 지었지만 그건 로드리고의 삶의 터전인 '집'이었다.

2000년 7월 스모키 마운틴(Smoky Mountain)이라 불리던 쓰레기 산이 무너지면서 주민 220여 명이 목숨을 잃고 300가구가 집을 잃는 끔찍한 사고가 일어났다. 케손시는 그 자리에 작은 추모공원을 만들었다. 골목길을 시멘트로 포장하고는 입구에 시장과 IPM 명의의 큼직한 안내판을 붙여 두었다. 지난 선거 때에 만든 것이라고 했다.

케손 시내로 돌아왔을 때에는 이미 어두운 밤이었다. 젊은이 두 명과 함께 저녁 한 끼를 때우기 위해 근처의 KFC에 들어섰다. 그곳은 다른 세상이었다. 대학생으로 보이는 희고 곱상한 얼굴에 깨끗한 옷차림의 젊은이들이 밝은 조명 아래 흰 의자에 앉아 먹고 마시고 떠들고 있었다. 나와 함께 그곳에 들어선 검은 얼굴에 비쩍 마르고 해진 셔츠를 입은 두 젊은이는 금방이라도 튕겨나갈 것처럼 낯선 인간들이었다. 겨우 한나절을 파야타에서 보낸 나조차도 갑작스레 별세계로 들어온 기분이었다.

"여긴 온통 중간 계급들이군요."

프롤레타리아 혁명을 말하던 사브나의 젊은이가 이번에는 계급을 들먹였다. 혁명이 단지 불온한 자들의 선동과 음모에 의해 제 갈 길을 가는 것이라고 믿는다면 그건 또 얼마나 우둔하고 무모한 발상인가. 혁명을 피하기 위해 필요한 것이 테러와 암살이 아니라 인간을 인간답게 살 수 있도록 하는 노력이란 걸 오늘의 필리핀이 받아들이기 위해서는 얼마나 더 긴 시간이 필요한 것일까.

아로요에 대해선 말하지 마시오

필리핀 곳곳에서는 대통령인 아로요의 사진을 흔히 볼 수 있다. 마닐라의 택시 운전사에게 아로요에 대해 물었다. 그가 대답했다. "필리핀에서 아로요에 대해 좋은 소리는 기대하지 마시오." 그러나 필리핀은 아로요가 통치하고 있다.

테러의 필리핀

마닐라의 엣사(EDSA) 거리에서 잡아탄 택시 안에서였다. 라디오에서 우스꽝스러운 노래가 흘러나오고 있었는데 GMA란 말을 반복적으로 내뱉었다. 타갈로그어였기 때문에 내용은 알 수 없었다. GMA는 글로리아 마카파갈 아로요(Gloria Macapagal-Arroyo)를 지칭하는 약자이다.

"이것, 아로요에 관한 노래지요? 무슨 내용입니까?"

뤽 베송의 택시와 능히 맞수를 둘 만한 솜씨로 택시를 몰고 있던 운전사는 잠깐의 침묵 끝에 마치 내뱉듯이 말했다.

"이곳(필리핀)에서 아로요에 대해 좋은 소리는 기대하지 마시오."

운전은 더욱 거칠어졌고 멀미가 날 지경이었다. 필리핀 대통령 글로리아 마카파갈 아로요, 이 작은 체구의 곱상한 여성이 마르코스에 버금가는, 필리핀 역사상 가장 혐오스러운 대통령 중의 하나로 평가되고 있는 걸 이해하기란 감성적으로는 쉽지 않다. 2004년 선거에서 간발의 차이로 에스트라다에게 물려받은 정권을 계속 유지하고 있는 아로요는 군과 경찰, 공무원을 동원한 대대적인 부정선거 의혹으로 끊임없이 광범위한 퇴진요구를 받아 오고 있다. 권력을 유지하기 위해 아로요가 선택한 방법은 미국과 군부에 대한 의존도를 최대로 끌어올리는 것이다. 2006년 미국의 '테러와의 전쟁'에 편승해 민다나오에 미군을 끌어들인 것은 물론, 필리핀 군의 이슬람 무장 세력에 대한 잔혹한 군사적 탄압 일변도의 정책을 펼치고 있고, 다른 한편으로는 암살과 납치·불법체포·고문 등 전형적인 군사독재 스타일의 테러정치를 펴고 있다. 2006년 2월 아로요는 야당과 우익, 공산주의 반역자, 좌파 그룹, 전·현직 군 인사들이 전략적 연합으로 정부를 전복하려 했다는 음모론을 주장하며 국가비상사태를 선포하기도 했다. 2002년에서 5년 동안 계속됐던 '반테이 라야'(Bantay Laya ; 자유 감시) 작전은 2007년부터 '반테이 라야 2'로 이어졌는데 이 군사작전은 5년 내 모든 혁명운동의 섬멸을 목표로 하고 있다. 반테이 라야가 일컫는 혁명운동이란 사실상 모든 반정부운동을 대상으로 하는 것이었다.

"아로요 정권이 들어선 후 중부 루손(Central Luzon)에서만 162명이 살해당하고 67명이 실종되었어요."

필리핀의 대표적인 반정부 시민단체 중 하나인 바얀(Bayan)의 중부 루손 의장인 라몬(Ramon)은 담담한 표정으로 말했지만 어쩔 수 없이 얼굴에 그늘이 깔렸다. '민도로의 백정'으로 불리는 호비토 팔파란(Jovito Palparan)이 필리핀 군 중부 루손 사령관으로 자리를 옮긴 후 사정은 더욱 악화되었다고 그는 말했다.

그러나 그 사정은 필리핀 전역을 대상으로 해도 크게 다르지는 않다.

"지난 18시간 동안 필리핀 전역에서 5명이 살해당했어요."

2008년 1월 현재 필리핀 전역에서 정치테러로 목숨을 잃는 필리핀인은 900여 명에 달하고 있다. 오죽하면 아로요에게 '킬링머신'이라는 별명이 붙여졌다. 오토바이를 타고 일을 치르는 정보부 산하의 암살단(Dead Squad)은 무엇보다 합법공간에서 활동하는 시민단체들이나 노동자, 농민, 시민들 모두에게 공포의 대상이다. 오토바이 암살단이 출몰할 가능성이 있는 장소에는 나가기를 꺼리는 분위기가 역력하다. 익명의 살해협박을 받은 사람들은 그걸 단순한 협박으로 받아들이지 않는다. 그나마 다행인 것은 국내적인 항의와 국제적인 비난 속에 2006년에 209명에 이르던 사망자의 수가 2007년에는 78명으로 줄었고 실종자의 수도 78명에서 29명으로 준 것이다.

같은 날 중부 루손 팜팡가(Pampanga)의 한 학교 강당에서는 '진실을 위한 여정'(A Journey for Truth)이라는 이름의 옥내집회가 열렸다. 50여 명의 시위대들이 정문을 가로막고 있어 집회 참석자들은 후문으로 들어가야 했다. 정문 주변에는 무장한 군인들과 경찰들이 시위대들을 호위(?)하고 있었다. 집회는 지난 연말, 광역통신망 구축을 둘러싸고 필리핀 정부와 중국의 이동통신 업체인 ZTE 사이에 체결된 3억 2천 9백만 달러의 계약 과정에서 거액의 뇌물이 오가기로 한 이른바 'ZTE스캔들'에서, 양심선언 후 납치까지 당했던 로돌포 로사다(Rodolfo Lozada)의 순회강연이 핵심이었다. 이 냄새나는 거래에는 아로요의 남편도 관련되어 있다. 계속되는 살해협박으로부터 로사다를 보호하고 있는 것은 신부와 수녀들이다. 집회는 2백여 명쯤이 참석했다.

진실을 위한 여정

팜팡가에서 열린 집회에서의 로돌포 로사다. 필리핀 정부와 중국의 이동통신업체 사이에 오고간 거액의 뇌물을 폭로한 로사다는 전국을 돌며 순회강연을 하고 있다. 이 겁많은 기색이 역력한 사내는 거사(?)를 치른 후 납치를 당했고 가까스로 풀려난 뒤에는 신부와 수녀들의 보호를 받는 처지이면서도 전국을 순회하며 할 말을 하고 있다.

"예전 같지 않아요. 예전 같으면 천 명쯤 모였겠지요."

한 농민단체에서 참석한 활동가는 그런 푸념을 늘어놓았다. 다음 날 팜팡가 지역신문에는 이 집회에 30명이 참석했고 500명의 주민들이 학교정문에서 집회를 반대하는 시위를 벌였다는 기사가 실렸다. 팜팡가의 주도(州都) 격인 샌 페르난도의 대로변 어느 건물에는 '아로요를 반대하는 것은 팜팡가를 욕되게 하는 것이다'라는 글이 적힌 포스터가 붙어 있는데, 아로요는 팜팡가 출신이다. 그러나 아로요의 출신지라고 해서 유독 분위기가 살벌한 것은 아니다. 라몬은 이렇게 말했다.

"마닐라에서도 집회 참석인원이 많이 줄었어요. 수만 명이 모이던 집회도 지금은 천 명에 불과합니다."

메트로 마닐라의 대표적인 도시빈민 거주지 중의 하나인 케손시의 파야타는 쓰레기 하치장을 중심으로 형성된 빈민촌이다. 루팡 팡가코 2단지는 쓰레기가 산처럼 봉우리를 이루고 있는 하치장을 바로 코앞에 두고 있는 마을이다. 안내를 맡은 20대 초반의 도시빈민운동 활동가 젊은이 두 명은 내내 긴장을 풀지 않았다.

"어용조직인 협회를 제외하고는 지난해에 모두 초토화되었어요."

지금은 군정보부의 요원들이 마을에 상주하고 있다며 둘은 골목마다 경계의 눈초리를 늦추지 않았다. 루팡 팡가코의 하치장은 현재 매립 중에 있다. 하치장 쓰레기 운송업체인 IPM은 인근 무허가 주택들을 철거하고 매립지를 불하하려는 계획을 추진하고 있다. 철거대상 주민들은 이미 계고장을 받은 상태이고 통보시한을 넘기고 있었다.

"1만 9천 페소를 주겠다는데 그 돈으로는 어디도 갈 수가 없어요."

1997년 하치장이 생길 무렵 그 땅에서 농사를 짓고 있던 로드리고는 농토를 빼앗기고 하치장에서 넝마를 모으는 일로 전업을 해야 했다.

"협회? 난 그 작자들은 믿지 않아. 회사(IPM) 편이란 말이지."

로드리고는 고개를 저었다. 그는 나와 동행했던 활동가들에게서 카다만 (KADAMAN ; KMU 산하의 도시빈민협회) 이야기를 듣자 고개를 끄덕였다.

"그 사람들은 믿을 수 있지."

그러나 카다만은 루팡 팡가코에서 뿌리가 뽑혔고 두 젊은이는 조직을 재건하겠다고 의욕을 불태우고 있었지만 빠른 시일 내에 성과를 거두기는 쉽지 않아 보였다.

작열하는 태양 아래 테러의 기운이 음습하게 뒤덮고 있는 필리핀에서 팜팡 가의 두 개 도시 중 하나인 앙헬레스(Angeles)는 어떤 종류의 테러로부터도 자유로운 것으로 보였다. 한때 미군 공군기지였던 클라크를 옆에 둔 '우정의 거리' (Friendship Street)는 미군이 철수한 후 17년의 세월이 흘렀지만 여전히 클라크 공군기지 시절의 바로 그 우정의 거리에서 달라지지 않았다. 클럽과 바, 가라오케, 마사지업소가 늘어서 있는 그 거리는 여전히 붉은 네온으로 물들어 있었다. 변한 것이 있다면 젊은 미군 대신 늙은 서양 관광객이 젊은 필리핀 여성과 함께 거리를 걷고 있는 것과 그 거리의 끝쯤에 한글 간판들이 들어섰다는 것이다. 우정의 거리는 그렇게 외국인들과의 우정에서 한 치도 벗어나 있지 않았다.

"1991년에 클라크와 수빅에서 미군이 철수했지요. 아직도 그때를 잊지 못합니다. 우리가 승리했던 거지요."

우정의 거리

클라크 미군 공군기지의 유산으로 남은 우정의 거리. 공군기지는 철수했지만 우정의 거리는 여전히 남아 같은 면모를 유지하고 있다.

우정의 거리를 빠져나와 어둠에 묻혀 있는 한때의 클라크 공군기지 옆 하이웨이를 달릴 때에 팜팡가 출신의 존스는 그렇게 중얼거렸다. 그러나 4만 5천 헥타르의 클라크 공군기지와 2만 5천 헥타르의 수빅 해군기지에서 미군이 물러났을 때 팜팡가의 필리핀인들이 꿈꾸었던 것은 그 땅이 자신들의 땅이 되리라는 것이었다. 미군 철수 후 기지를 산업단지로 만든다는 계획이 발표되면서 자원봉사 노동력을 모집했을 때 팜팡가의 주민들이 봉사를 자청했던 이유도 그 때문이었다. 그러나 결국은 헛된 꿈에 불과했다.

"미군이 물러간 후에 땅은 국유지라는 이름으로 정부의 손에 들어갔어요. 그러곤 여전히 외국인들의 손에 머물러 있어요. 외국인들이 공장을 세우고 외국인들이 주택단지를 짓고, 면세점과 카지노가 생기고 리조트가 생겼지요. 필리핀인들은 그곳에 출입하려면 허가를 받아야 하지요."

팜팡가 농민의 75%가 땅이 없는 소작농인 것을 고려한다면 존스의 이 말이 단지 푸념이 아니라 고통이 배어든 신음이라는 것을 이해할 수 있을 것이다. 다음 날 마닐라로 가기 위해 지프니들이 모이는 거리에 트라이시클을 타고 도착했을 때 마침 모퉁이의 보데가(Bodega)에서는 정부미를 배급하고 있었다. 킬로그램당 18페소는 시장가격인 35페소의 절반에 해당했다. 줄은 끝도 없이 이어져 있었다. 국제곡물가격이 급등하면서 쌀 수입국 중 수위를 차지하는 필리핀은 정부미 비축분이 바닥 났다는 소문에 폭풍전야의 긴장감마저 감돌고 있었다. 더불어 정부미를 빼돌려 시장으로 방출하고 있다는 소문은 더 이상 소문도 아니었다.

"팜팡가엔 지주들이 둘러놓은 담장 너머에 빈 땅이 천지예요. 모두 농민들이 손을 대지 못하는 휴경지들이지요."

존스는 그렇게 말했다. 그건 또 사실이었다. 전날 하루 종일 돌아다니면서 눈에 띈 도로 주변의 토지들은 농사를 짓고 있거나 지은 흔적이 있는 땅보다 휴경지가 많았다.

450년 동안의 스페인과 미국의 식민지 치하에서 해방되어 독립을 손에 넣은 지 60년의 세월이 지나고 있지만 필리핀의 최대 현안은 지금도 토지개혁이다. 필리핀공산당과 신인민군 내부에서 격렬한 논쟁이 벌어졌고 RJ(Rejectionist)로 불리는 분파가 떨어져 나갔지만 여전히 반봉건반식민지론이 주도하고 있는 것은 농민과 땅의 문제가 무엇보다 중요한 현안이 되고 있는 필리핀의 현실과 무관하지 않다. 지주를 중심으로 한 식민지 시대의 엘리트 계급이 외세에 의존해 여전히 상층 계급을 이루고 있으면서 권력과 부를 독점하고 있는 현실, 무력과 공포가 지배하고 있는 현실은 필리핀의 현재와 미래를 불안과 분노 안에 가두고 있다. 필리핀공산당과 신인민군이 여하튼 40년 동안 입지를 상실하지 않고 있는 이유이다.

로케트처럼 치솟는 쌀값에 정부미 배급을 받기 위해 줄을 선 사람들

원칙은 원칙이지요
중부 루손 신인민군 사령관인 지니는 사진촬영은 금지되어 있다고 말했다. 사진은 마닐라의 지프니 안.

인터뷰:
중부 루손 신인민군 최고정치위원

팜팡가의 한 안전가옥에서 만난 중부 루손 신인민군(NPA) 최고정치위원인 지니 또는 토니는 60대의 여성이었다.

"지니라고 불러요. 난 그게 좋아. 토니라고 부르는 사람이 많긴 하지만."

마침 팜팡가에 사업차 침투(?)해 있던 그녀를 중간책은 '중부 루손 신인민군 사령관'으로 소개했지만 그녀는 고개를 저었다.

"신인민군에는 중앙이건 지역이건 사령관이란 직책은 없어요. 정치장교(Political Officer)와 군사장교(Command Officer)가 있을 뿐이지요."

그녀는 마치 여염집 아낙처럼 여겨져서 무장투쟁을 벌이고 있는 공산게릴라의 존재감을 느끼기에는 역부족이었는데 대화를 나누던 초반 누군가가 안전가옥을 방문하면서 분위기가 일신했다. 그녀는 배낭에서 45구경 권총과 탄창을 꺼내 그에게 건넸는데 안경집에서 여벌의 탄알을 꺼내 탄창에 장전하는 손놀림이 능숙하기 짝이 없었다.

내가 인터뷰, 그녀가 토론이라고 지칭한 대화는 필리핀공산당의 이념인 마오주의로부터 시작했다.

"우린 MLM(맑스-레닌-마오주의)을 이념으로 해요."

그녀는 필리핀공산당을 마오주의정당으로만 부르는 것에 대해서 약간의 거부감을 표시했다. 그러나 한동안 대화를 나누었지만 일반에 널리 알려진 마오주의와 별로 다른 것은 없었다. 말하자면 반봉건반식민지국가에서 농민을 주력으로 하는 혁명노선과 무장투쟁, 토지개혁 등등.

"그게 마오주의 아닙니까?"

"어느 나라이건 자신의 조건에 맞게 적용하는 것이지요. 우린 필리핀에 맞는 혁명노선을 관철시키고 있어요."

뭐, 이름이 중요한 것은 아닐 것이다. 여하튼 내가 인터뷰를 요청한 이유는 새삼스럽게 교과서적인 사안들을 들추고 싶어서는 아니었다. 그 뒤에도 그녀는 1980년대 필리핀공산당 내의 1차 정풍운동과 1991년에 시작된 2차 정풍운동에 대해서 길게 이야기했고 당내의 좌우편향, 당과 군의 관계, 그리고 노동자 계급에 대한 당의 입장 등을 피력했다. 아마도 그녀가 말한 토론이었을 것이다. 옮기기에는 지면도 부족하지만 그보단 어떻게 살아가고 있는지가 궁금했다.

"지금은 어떻게 마련합니까? 해방구의 농민들에게 혁명세를 징수하나요?"

"원칙은 그렇지만 쉽지 않아요. 모두들 가난하니까."

"그럼 어떻게?"

"토지사업을 하기도 하지요."

"사업이요?"

"미개간 토지를 개간해요. 무토지 농민에게 땅을 알선하지요. 토지개간을 알선하고 종자와 비료를 공급합니다. 대신 소출의 5~10%를 나누지요."

대화가 계속되는 동안 그녀는 끊임없이 커튼이 드리워진 창밖의 동향에 주위를 기울였고 때때로 커튼 사이로 밖의 동정을 살피기도 했다.

"그것으로 충분합니까?"

"사업가나 기업들에게도 도움을 청하지요."

"사업가나 기업이요? 자본가들에게요?"

그녀는 고개를 끄덕였다.

"순순히 협조합니까?"

"이해할 때까지 설득하지요."

"끝까지 거부하면요?"

"끝까지 설득합니다."

물론 설득해서 될 만한 상대를 물색할 것이라고 생각할 수 있었다. 안전가옥의 집주인도 사업가 중의 하나라는 사실로 보아서는 자발적인 협조도 있는 것으로 보였다. 어디선가 점심으로 먹을 음식이 전달되어 왔고 그쯤에서 우리는 함께 끼니를 때웠다.

"캠프 생활은 할 만합니까?"

"나이에 비하면 건강하게 보이죠? 채식과 운동 때문이랍니다."

캠프에서는 고기 먹을 일이 별로 없다며 그녀는 나이답지 않게 입을 가리고 호호 웃어 보였다.

"지치지 않았습니까?"

올해 40주년을 맞는, 아시아에서 가장 오래된 공산당 중의 하나에 몸을 담고 평생을 바친 60대의 여성에게 나는 조금 안쓰러운 심정으로 물었다. 그녀는 간단하게 고개를 흔들었다.

"지치지 않아요. 앞으로도 그럴 것이고. 내가 할 일이니까."

담배 한 개비를 빼문 그녀는 불을 붙이곤 말했다.

"우리 세대가 아니더라도 다음 세대가 있잖아요. 필리핀은 말이에요, 풍요로운 땅입니다. 기름진 흙과 풍부한 물이 있지요. 모두가 나누기에 부족함이 없어요. 우리가 이루고자 하는 세상은 단순한 세상입니다. 모든 사람들이 굶주리지 않고, 아이들을 공부시키고 가족들이 몸을 누일 집이 있는 그런 세상이지요. 그게 뭐 대단한가요. 꿈이랄 것도 없지요. 필리핀의 다음 세대는 그런 세상에서 살아갈 겁니다."

마지막으로 나는 그녀에게 뒷모습이나 그도 아니면 그림자라도 사진을 찍을 것을 청했지만 당의 방침이라는 이유로 간단하게 거절당했다.

"1997년 이후로 당원들에게 음주가 금지되었죠. 그 뒤론 모두들 술을 먹지 않아요. 그래도 흡연은 금지되지 않았답니다."

담배연기를 내뿜던 그녀는 이번에는 입을 가리고 콜록콜록 기침을 했다. 안전가옥을 나서자 팜팡가의 태양이 뜨겁게 달군 한낮의 메마른 공기가 일순간에 숨을 막았다. 지독하게 더운 날이었다.

마닐라 도로변의 카포트 관련 포스터
네슬레 노동조합위원장이었던 카포트는 2005년에 살해당했다. 범인은 3년이 지난 지금도 오리무중이며 경찰은 아예 수사할 생각이 없다. 인권단체 사람들은 살해범들이 이른바 정보기관의 '죽음의 암살단' 소속이라고 말하고 있다.

노을에 물든 마닐라 만
마닐라 만의 수평선 위아래의 물과 하늘이 붉은 노을에 물들면 겁나게 아름답다. 미국대사관은 바로
그 끝에 걸쳐 있다.

대사관과 코코넛 사이

마닐라는 이방인에게 선물할 그리 많은 것을 숨겨 두고 있지는 않지만 세계의 어떤 해안 도시보다 훌륭한 만(灣)을 갖고 있다. 완만한 곡선을 그리며 우묵하게 뻗어 있는 마닐라 만을 따라 로하스 블루버드를 끼고 미국대사관에서 마닐라 요트클럽까지 뻗은 2킬로미터 남짓의 포도는 아바나의 말레콘을 떠오르게 한다. 길을 따라 나란히 늘어선 야자 나무의 잎들을 흔드는 시원한 바닷바람이 만에서 불어와 설렁거리며 불 같은 더위에 달구어진 이마를 식혀 주고 적당히 철썩거리는 파도는 눈과 귀를 부드럽게 어루만지며 도시의 긴장을 느슨하게 만들어 준다. 아바나의 말레콘에서처럼 마닐라 사람들은 방조제 아래로 낚시줄을 드리우고 아이들은 방조제 아래의 바위 옆에서 자맥질을 즐기고 손바닥만 한 모래사장에서 수영을 하곤 한다. 만의 수평선 아래로 해가 기울며 석양으로 하늘을 근사하게 물들이는 장면도 마닐라가 아니라면 대도시에서는 쉽게 맛볼 수 없는 풍경이다.

마닐라 만이 이토록 아름다울 때에는 이곳에 드리운 그늘이 그만큼 어둡게 느껴지지 않을 수 없다. 공교롭게도 마닐라의 말레콘을 산책하는 길은 양쪽 어디에서 시작하든 이 그늘의 실체와 맞닥뜨려야 한다. 하나는 예외가 없지만 높은 담장과 삼엄한 경비를 과시하는 미국대사관이다. 길 건너편에서 사진 한 장을 찍는데 필리핀인 경비가 부리나케 뛰어오는 것이 눈에 띄었다. 도로가 왕복 6차선인 걸 고려하면 대단한 경비력임에 분명하다. 한데 이럴 때 도주(?)하면 최악의 경우 어디론가 끌려가는 등 문제가 심각해진다. 달려오는 경비를 향해 걸어가는 것이 생활의 지혜이다. 그런데도 말레콘의 초입까지 따라온 경비는 대사관 옆 한 줌의 모래사장에서 수영을 하는 아이들을 찍고 있던 내게 촬영불가를 고지하고서야 사라졌다. 아이들 뒤로 대사관 담장을 찍지 않도록 주의하라나.

마닐라 만은 1898년의 스페인-미국 전쟁에서 미국의 승리를 결정짓다시피 했던 산티아고 데 쿠바 해전과 더불어 양대 해전으로 불리는 '마닐라 만 해전'의 무대였다. 마닐라 만의 해전은 5월 1일, 산티아고 데 쿠바 해전은 7월 3일에 벌어졌으니 마닐라 쪽이 앞선 셈이다. 마닐라 만 해전에서 패배한 후 7월에는 1만 2천여 명의 미군 병력이 마닐라에 상륙해, 전투는 지상전으로 바뀌었다. 스페인의 필리핀 총독 페르민 하우데네스(Fermin Jaudenes)는 8월 14일 항복문서에 서명하고 미국에 통치권을 넘겼다. 해전에서 패배한 후 스페인의 임전태도는 대단히 불성실했는데 1896년 이후 벌어진 카티푸난 혁명군의 무장투쟁이 계속되던 때라 혁명군보다는 미군이 낫다는 분위기가 팽배했다. 하우데네스의 항복이 있기 전인 6월에 혁명 세력은 필리핀 독립을 선언했고 1899년 1월 21일에는 공화국 수립을 선포했다. 필리핀 혁명군은 전쟁에서 미국을 지원했지만 널리 알려진 것처럼 미국은 필리핀을 점령한 후 군정을 설치해 혁명 세력의 독립선언을 무시했고 무력토벌을 시도해 전쟁을 일으켰다. 그렇게 시작된 필리핀-미국 전쟁은 1901년 아귀날도(Emilio Aguinaldo)를 체포한 후 1902년 이른바 필리핀의회를 설립하고 미군정을 종식함으로써 종료되었다고 미국은 말하지만 게릴라 투쟁은 짧게는 1913년까지 길게는 1930년대까지 계속되었다. 미군의 잔인함은 스페인을 능가해 이 기간 중 미군의 손에 학살된 필리핀인은 2백만 명에 달했다.

지금의 미국대사관은 총독부 격인 이른바 고등판무관저로 미국의 필리핀 식민통치를 상징한다. 1930년대에 마닐라 만의 해변 부지에 지어진 건물들은 두말할 필요 없이 최고의 자리를 차지하고 있다. 아마도 바닷바람이 넘실거리고 수평선 너머로 석양이 물드는 풍경을 만끽할 수 있는 대사관이 세계에 그리 흔하지는 않을 것이다. 해변을 따라 길게 지어진 덕분에 방비에도 제법 유리하다.

말레콘이 끝나는 다른 한편은 오캄포로(路)와 교차하는데 가장 눈에 띄는 것은 마닐라 요트클럽이다. 물론 돛을 접은 요트들이 줄지어 정박해 있다. 다른 곳에서도 대개는 마찬가지이지만 요트 놀이란 부자들의 전유물이다. 수억 원에서 수십억 원을 호가하는 요트가 정박된 마닐라 요트클럽에 출입할 수 있는 인간은 상류층이거나 외국인들이다. 그러나 요트 하나쯤 가진 부자들과는 비교할 수 없이 부유한 인간과 관련된 기념물(?)은 요트클럽 너머 오캄포로의 끝쯤에 위치해 있다. 이름하여 코코넛 궁전. 마르코스 독재의 말년인 1981년, 마닐라를 방문한 교황 바오로 2세를 위해 마르코스의 부인이던 이멜다가 막대한 비용을 들여

이멜다 마르코스의 코코넛 궁전
인도네시아에 미세스 10퍼센트가 있으면 필리핀에는 미세스 코코넛이 있다. 마르코스 독재 시절 부정과 부패의 상징이던 이멜다는 여전히 마닐라에서 자식들과 함께 호의호식하며 떵떵거리고 살아가고 있다.

숙소로 건축했다. 이 화려한 건물은 이멜다가 과시한 사치 중의 하나인데 교황이 묵기를 거부해 원래의 목적을 달성하지는 못했다. 굶주리는 인간들이 널려 있는데 그토록 사치스러운 곳에 묵을 수는 없다는 것이 당시 교황의 변이었다. 마르코스 독재가 붕괴한 후 리비아의 가다피(Muammar al-Gaddafi), 할리우드 영화배우 브룩 쉴즈 등이 머문 영빈관으로 쓰다가 지금은 박물관이 되어 있다.

새삼 언급할 필요도 없이 세계에서 가장 사치스러운 여자 중의 하나였던 이멜다 마르코스는 마르코스 독재의 추악한 그늘의 상징으로 일컬어지는 인물이다. 사치의 원천은 마르코스 독재의 부정과 부패였으며 이멜다도 단단히 한몫을 거들었다. 능히 인도네시아의 미세스 10퍼센트와 견줄 인간이다. 1986년 민주화항쟁 끝에 마르코스가 축출된 후 대통령궁에서는 1,060 켤레의 구두, 888개의 핸드백, 508벌의 가운, 15벌의 밍크코트가 발견되었다. 물론 이멜다의 사치품들이지만 이쯤은 조족지혈이다. 마르코스가 빼돌린 돈은 무려 100억 달러에 달했고 이는 1980년 필리핀의 대외채무인 127억 달러와 맞먹는 금액이었다. 쫓겨난 마르코스는 선임자인 이승만과 마찬가지로 1989년 하와이에서 죽었다. 이후 과부가 된 이멜다가 1991년 필리핀으로 돌아와 벌인 일을 보면 간단하지 않다. 이듬해인 1992년 대통령선거에 출마했고, 낙선했지만 1995년에는 하원의원에 당선되었다. 2001년에는 마르코스의 축출 이후 화제에 올랐던 구두를 모아 박물관을 열었다. 이멜다뿐이 아니다. 아들은 주지사에 딸은 시장이 되었다. 정의에 대한 이토록 심한 조롱은 세계사에 흔하지 않을 것이다.

뇌물과 독직 등으로 901건이 기소되었지만 2008년에 와서야 이중 고작 32건이 마닐라 지방법원의 판결을 받았을 뿐이다. 아마도 이멜다가 죽을 때까지 법

적인 심판은 이루어지지 않을 것이다. 마르코스는 일찍 죽어 버렸다. 이멜다의
행적이 웅변하는 것은 필리핀에는 사실상의 변화가 이루어진 적이 없다는 것이
다. 마르코스가 축출되었음에도 불구하고 이후에 벌어졌던 일들은 단지 손바꿈
에 불과하다. 이멜다가 조롱하는 필리핀은 그런 필리핀이다.

때는 월요일. 기껏 땀을 삐질거리며 걸어 찾아간 코코넛 궁전은 마침 휴관이
다. 들어가 보지 못했다고 해서 섭섭해야 할 장소는 아니지만 사뭇 걸었던 끝이
라 좀 허탈하기는 하다.

아얄라 거리를 찾았다. 마카티(Makati)라 불리는 지역의 중심을 관통하는
아얄라가(街)는 말끔한 거리에 현대식 고층빌딩들이 줄을 지어 서 있는 마닐라
의 대표적인 비즈니스 거리이면서 부유층의 고층아파트가 위치한 곳이다. 마닐
라에서 가장 마닐라답지 않은 거리이기도 하다. 필리핀을 장악하고 있는 이른바
명문가 중의 하나인 아얄라 가문이 개발해 조성한 지역이 마카티인데 가운데를
지나는 길에 제 이름을 붙였다. 삼각형 꼴의 아얄라 공원은 그 길의 중간쯤에 있
다. 별로 크지는 않다. 공원에서 도로와 접한 위치에 베니그노 아키노의 동상이
세워져 있다. 1986년 마닐라 공항에서 암살된 바로 그 아키노이다. 동상은 암살
되기 직전의 아키노의 모습을 그대로 재현해 두었다. 아키노의 암살은 마르코스
독재의 마지막 풍경이었다. 이후 벌어진 대대적인 민주화항쟁은 피플파워로 불
리며 독재정권을 붕괴시켰고 결국 마르코스의 축출로 이어졌다.

아키노가 암살되지 않았다면 필리핀은 달라졌을까. 아키노의 부인인 코라
손 아키노가 남편을 대신해 집권했음에도 불구하고 근본적인 변화는 없었던 사

아키노와 아키노

마닐라에서 가장 부유하고 깨끗한 지역인 마카티 중심을 관통하는 아알라 거리에 베니그노 아키노의 동상은 서 있다. 그가 암살당하고 코라손 아키노가 대통령이 되었을 때 달라진 것은 아무것도 없었다.

하루 2달러
필리핀 인구의 80퍼센트인 6천 9백만 명은 하루 2달러 이하로 생활하는 빈곤층이다.
60퍼센트는 하루 1달러 이하인 절대빈곤층이다.

실이 증명하지만 결국 그게 그거였을 것이다. 아키노는 마르코스의 정적이었지만 마르코스와 질적으로 다른 인물은 아니었다. 이런 평가의 이면에 필리핀의 극악한 가문지배가 버티고 있다. 널리 알려져 있지만 필리핀 정치는 250개의 가문이 지배하는 패밀리 비즈니스이다. 가문 대부분은 스페인과 미국 식민지 통치 아래 부를 누려 온 이른바 하시엔데로스(Hacienderos), 즉 대지주 가문이다. 베니그노 아키노와 코라손 아키노는 물론 마르코스와 이멜다, 아로요를 포함해 필리핀에 등장했던 지금까지의 대통령 14명 중 영화배우 출신인 조지프 에스트라다(Joseph Ejercito Estrada)와 라몬 막사이사이(Ramon Magsaysay) 둘을 제외하고는 모두 대지주 가문 출신이다. 대통령뿐이 아니다. 중앙의회와 지방의회, 관료, 군부 할 것 없이 모두 이들 가문이 장악하고 있다. 말하자면 필리핀은 공화국이지만 사실은 귀족 계급이 지배하는 봉건사회와 다를 바가 없는 나라의 면모를 갖추고 있다. 국가의 이익과 가문의 이익을 동일시하는 이들의 존재는 필리핀의 암적인 존재이지만 현실은 이들이 때로는 경쟁하면서 때로는 합종연횡으로 필리핀을 통채로 공고하게 지배하고 있는 것이다. 정치를 장악했을 때에는 경제는 말할 것도 없다. 정치가문은 곧 경제가문이다. 예컨대 필리핀 최대의 통신회사는 코라손 아키노가 속한 코후앙카 가문의 소유이다.

인구의 80퍼센트인 6천 9백만 명이 하루 2달러 이하로 생활해야 하는 빈곤층에 속하며 60퍼센트가 1달러 이하인 절대빈곤층에 속하는 필리핀의 오늘은 이 극악한 봉건적 지배체제의 온존이 빚은 결과이다. 필리핀의 비극은 식민통치에 전적으로 협조함으로써 자신들의 이익을 지켰던 이들 봉건적 대지주 계급이, 독립 후 청산되기는커녕 기득권을 온존시키고 정치적·경제적 권력을 장악함으로써 토지개혁을 비롯해 모든 개혁을 좌절시켰기 때문이다. 물론 식민종주국인 미국의 전적인 지원이 없었다면 불가능한 일이었다.

그나저나 아키노의 동상은 그럭저럭 적당하게 어울리는 부티나는 동네에서 있다. 죽은 아키노도 좋아할 만하다.

십자가와 십자가

쿠바의 바라코아 해변에는 콜롬부스가 가져왔다는 나무 십자가가 덩그러니 서 있다. 필리핀의 세부에
는 마젤란이 가져왔다는 십자가가 서 있다. 물론 바라코아의 것과 마찬가지로 이것도 진본일 가능성은
희박하다. 487년 전의 나무인 것이다.

태평양을 사이에 둔 세부와 쿠바

필리핀과 쿠바를 비교하는 일은 적이 흥미롭다. 미국-스페인 전쟁으로 1898년 미국이 스페인으로부터 손에 넣은 필리핀과 쿠바는 스페인 식민지와 뒤이은 미국의 식민지역사를 공유하고 있다. 그 기나긴 식민지 역사는 쿠바에서는 1492년 쿠바 섬 동부의 바라코아(Baracoa)에 콜롬부스가 상륙하면서 시작했고, 필리핀에서는 1521년 비사야(Visayas)의 세부 섬에 마젤란이 상륙하면서 시작했다.

쿠바의 바라코아를 떠올린다면 필리핀의 세부는 한적하지도 않았고 작은 도시도 아니었다. 그러나 바라코아에 콜롬부스가 상륙한 것으로 추정되는 말레콘의 남쪽에는 콜롬부스의 동상과 큼직한 나무 십자가가 기념비로 세워져 있었던 것처럼 세부시에도 마젤란의 십자가가 있었다. 바라코아에 전해지는 이야기

라푸라푸의 승리 487주년
세부 청년들이 당시의 풍습을 재연하고 있다.

처럼 마젤란이 세부 섬에 상륙한 후 스페인에서 가져온 십자가를 세웠다는 위치였다. 바라코아와 달리 마젤란의 십자가는 작은 건물 안에 서 있어 비를 피하고 있었고 뒤편으로는 1565년에 처음 세워졌다는 '바실리카 미노레 델 산토 니뇨' (Basílica Minore del Santo Niño)라는 긴 이름의 가톨릭교회가 서 있었다. 주변의 거리를 돌아다니면서 나는 바라코아의 말레콘 북쪽에 서 있던 하투에이 (Hatuey)의 석상과 같은 무언가를 찾아 두리번거리고 있었다.

함선과 대포, 총을 앞세운 스페인 침략자에 대해 쿠바의 인디오 원주민들은 창과 칼 그리고 화살을 들고 싸웠다. 바라코아의 인디오 지도자였던 하투에이는 용맹스럽게 싸웠고 사로잡혀 개종을 요구받았지만 거절하고 산 채로 화형에 처해졌다. 세부에서는 일이 바라코아에서처럼 돌아가지는 않았다. 원주민들이 침략자들에 맞서자 마젤란과 패거리들은 특히 거세게 저항하던 막탄 섬에 본때를 보임으로써 미개한 원주민들을 개종시키고자 했다. 그러나 천만의 말씀. 그건 마젤란의 제국주의적 오만. 막탄 섬에 상륙한 마젤란은 족장 라푸라푸가 이끄는 원주민들의 용맹함에 머리가 터진 데에다 다리에는 독화살까지 박혀 그만 자신의 신에게로 돌아가 버리고 말았다.

올해 마닐라의 라살 공원과 막탄 섬에서는 라푸라푸의 승리를 기념하는 487 주년 행사가 열렸다. 후우. 487주년이라니. 그 포스터에 적힌 글귀는 이랬다. "라푸라푸, 아시아 자유의 파수꾼"

487년 후. 아시아는 여전히 라푸라푸가 필요한가?

CONGRATULATIONS FROM · 484 ANNIVERSARY KADAUGAN SA MACTAN

아시아는 아직도 라푸라푸가 필요한가

베트남

캄보디아

3.
공산주의와 자본주의가
똑같다면

해방 33주년
당과 사회주의 공화국의 붉은 깃발은 여전한데 당과 사회주의는 어디에 있을까.

두 도시 이야기 : 사이공과 프놈펜

도착한 다음 날인 4월 30일 호치민시(사이공의 현 명칭)의 거리는 온통 일성적기와 낫과 망치의 공산당 적기(赤旗)에 뒤덮여 있었다. 33년 전인 1975년 이날 북베트남군과 민족해방전선이 사이공을 함락함으로써 1954년 제네바협정으로 분단되었던 베트남은 마침내 통일되었고 2차 인도차이나전쟁(베트남전쟁) 또한 막을 내렸다. 33년 뒤 베트남은 여전히 적기 아래의 나라로 남아 있다. 사이공 해방을 상징하는 통일궁(전 대통령궁) 앞길은 말할 것도 없었다. 그런데 내가 받은 느낌이란 기묘한 것이어서 적기는 허공에서만 나부끼고 있을 뿐이지 정작 땅 위에 세워져 있지 않다는 것이었다.

"오늘 해방기념일 행사는 없습니까?"

쏟아지는 폭우를 통일궁에서 긋고 나와 전날 호치민시 웹사이트를 뒤지고 영자일간지를 뒤져도 관련행사에 대한 정보를 얻지 못했던 나는 아침 일찍 숙소를 나서 33년 전의 대통령궁, 지금의 통일궁 옆 관광안내소를 찾아가 물었다.

"특별한 행사는 없어요. 아마 저녁에 어디선가 기념식은 있을 겁니다."

안내소에 있던 사내는 고개를 갸우뚱거리며 자신 없는 목소리로 그렇게 말했다. 통일궁 앞의 대로인 레두안 거리에서는 이제 막 자전거대회가 끝나고 설치물들을 철거하느라 분주했다. 4월 20일 하노이를 떠난 선수들이 30일에 맞추어 통일궁 앞을 결승점으로 삼았을 때에는 해방기념일과 무관할 리는 없었다. 그러나 여전히 도로변에 남아 있는 대회 관련한 푸른 바탕의 입간판들은 통일 또는 해방과는 무관해, 거리 위의 붉은 기념 플래카드와 묘한 대조를 이루었다. 자전거경주 때문인지 군용트럭과 함께 한 떼의 폭동진압용 화이바를 쓴 인민군 병사들이 레두안 거리의 백화점 앞에 모여 있었다. 그 중 일부는 은색 수갑을 눈에 띄도록 상의 아래로 늘어뜨린 모습이 가관이었다. 위압적이고 오만불손해 보이는 건 여전했다. 식욕조차 달아날 지경이었다. 그 무력에 눌린 사이공에서 폭동은커녕 일인시위도 무망한 일인데 인민군이 화이바까지 뒤집어쓰고 출동한 이유는 전날 베이징올림픽 성화봉송이 있었던 때문이다. 물론 반베이징올림픽 시위란 사이공에서만큼은 불가능한 기적이겠지만, 어느 때보다도 중국공산당과의 우호에 전력을 다하는 베트남공산당의 형제적 성의표시인데 말하자면 친중국 인민군 시위라고도 할 수 있다. 아시아의 시장사회주의 형제의 호형호제 현장이다.

추적거리던 비도 그치고, 레두안 거리를 떠날 참이었는데 카메라를 손에 들고 덜렁거리던 덩치가 산만 한 미국인 하나가 집적거린다.

"당신 가방 멋진데."

해방 혹은 자전거

사이공 해방 33주년인 2008년 4월 30일. 한때 대통령궁이었던 통일궁 앞은 자전거대회의 결승점이 되었다.

10년 가까운 세월에 구멍까지 뚫린 남의 카메라 가방을 손가락질하며 어색하기 짝이 없는 미소를 날린다.

"네 카메라하고 렌즈는 더 끝내주는데."

최고급 플래그십 기종의 카메라에 붉은 띠가 둘러진 고가의 렌즈를 끼우고 있다. 가방 안에는 같은 급의 렌즈가 광각에서 망원까지 가득하다.

"아프가니스탄에서 돈 벌어 샀지."

대답이 걸작이다. 민간 방위산업체 컨설턴트로 1년 동안 아프가니스탄에 있었다는 말이다.

"위험하지 않았어?"

"별로."

"너 CIA지?"

"뭐?"

"농담이야."

물론 농담이었다. 이라크와 아프가니스탄에서 활약 중인 민간 군수기업인 헬리버튼 따위에 고용되었던 작자일 것이다. 그나저나 안 그래도 꿉꿉한 기분은 더욱 지랄맞아졌다.

"무릎 굽히고 찍어라."

거리에 서 있던 오토바이 운전사를 향해 셔터를 눌러 대는 녀석에게 맘에도 없는 훈수를 남기고 돌아섰다. 키는 산만 한 녀석이 똑바로 서서 운동모까지 눌러쓴 인물을 내려찍으면 쓰레기통에나 들어가야 할 사진이다. 카메라가 아깝다.

사이공 해방기념일과 뒤이은 노동절을 포함해 닷새의 연휴 첫날을 맞은 사이곳은 텅 비어 가고 있었다. 사이공 도심을 헤맬 때에는 그럭저럭 사람들을 볼 수 있었지만 촐롱을 찾았을 때에는 거의 유령의 거리였다. 별로 좋지 않은 날을 맞추어 도착한 것은 의심할 여지가 없어졌다. 사람들을 만나기도 여의치 않았고 또 도로는 필시 북적일 테니 어딘가를 찾아 사이공을 벗어나는 것도 마뜩지 않았다. 일정보다 일찍 사이공을 떠나는 것도 진지하게 고민할 일이었다.

저녁에는 남한 기업인을 만났다. 건설 관련이다. 2006년과 2007년 두 해 연속 남한은 베트남 투자순위 1위를 차지했다. 중공업과 봉제 분야도 있지만 굵직하게는 건설, 결국은 부동산 분야인데 이는 투기를 조장하는 사업이다. 캄보디아에서도 사정은 엇비슷하다. 안에서 새는 바가지, 밖에서도 샌다. 베트남과 캄보디아 양국의 부동산 투기열풍은 부동산 투기왕국인 남한이 지폈다. 베트남에서는 공산당 간부와, 캄보디아에서는 훈센 독재의 떨거지들과 부창부수로 사이공과 프놈펜의 땅값이며 집값을 끌어올린 탓에 부패한 공산당과 인민당의 간부 및 관료, 빽 있는 자들은 크고 작은 남한 자본들의 부동산 투기사업으로 배가 터질 지경이 되었다. 1970~1980년대 남한의 재판으로 남한 건설, 부동산 자본들이 사이공과 프놈펜에서 벌이는 사업의 노하우는 완벽하게 메이드 인 남한이다.

동남아에서 사업가들을 만나면 크건 작건 부패에 대해 말이 많다. 인허가에 뇌물을 받아야 한다는 둥 절차가 복잡하다는 둥 하세월이라는 둥. 웃기는 불평이다. 부패한 자들과 작당해야 가능한 일을 목매어 바라마지 않으면서 내뱉는 불평이기 때문이다. 부패 없는 깨끗한 사회, 진정한 인민의 나라라면 부동산 투기를 허용하겠는가. 이 점에 있어서는 차라리 "박정희 때와 같아 정말 편하다"는 작자의 이야기가 거칠긴 하지만 솔직한 심정을 토로하고 있는 셈이다.

그럼에도 불구하고 부동산 투기 위주의 투자란 한심하기 짝이 없다. 정말이지 내가 걱정할 일은 절대 아니지만 동남아의 터줏대감인 일본은 물론 신흥 세력인 중국도 이런 식으로는 하지 않는다. 저개발국 시장침탈의 근간은 인프라 장악이다. 시장진입 초기에 일본과 중국이 도로와 발전, 산업단지 조성에 유무상 차관을 들이붓는 이유는 길게, 확실히 빼먹기 위해서이다. 말하자면 도로를 만들어야 도요타 자동차를 팔아먹을 수 있고 육로를 통해 중국산 공산품을 풀 수가 있으며 다목적 댐을 만들어야 발전기를 팔아먹을 수 있다는 식이다. 이게 일본이 1960년대 이후 지금까지 동남아시아에서 벌여 온 일이며 중국이 그런 일본을 본받아 후발로 전념하고 있는 일이다. 뼛골을 빼먹기 위해서는 결국 금융이라는 생각을 할 수 있지만 그건 뒷일인 것이다. 또 그런 금융이란 중국 시장과 함께 베트남 시장에서 무참하게 박살이 나고 있는 남한의 해외펀드와는 질적으로 다른 종류의 것이다.

　　땅값 올리고 집값 올려 단기간에 먹고 튀는 방식은 결국엔 남는 것이 하나도 없는 장사이면서 동시에 당대는 물론 후대에 이르기까지 욕은 욕대로 지독하게 처먹어야 하는 저열하기 짝이 없는 저주받을 투자이다. 어떤 나라도 조무래기들 외에는 이런 장사를 저개발국이나 개발도상국에서 대놓고 주력으로 벌이지 않는다. 열심히 해서 잘 말아먹으랄밖에는 할 말이 없다.

　　그럼에도 불구하고 베트남의 문제는 베트남의 것이다. 지난 10년 동안의 급속한 경제성장은 중국과 마찬가지로 한줌의 무리들에게 독점되었다. 일당독재와 무력에 기반한 철권통치는 요동조차 허용되지 않았고 민주주의는 세계 최악이다. 그 핵심에 베트남공산당 무리들이 있음은 물론이다. 도이모이(Doi moi ;

1986년 개혁·개방 정책) 이후 돈맛을 본 공산당 떨거지들은 축재에 눈이 뒤집혔고 부정부패에 있어서 중국공산당과 호형호제로 명성을 떨쳐 왔다. 한때 전쟁까지 벌였던 중국과 베트남은 이제 완전히 형제국이나 다름없다.

"여전히 중국을 싫어하지만 따라가고 있지요. 복사하고 있달까요."

20대에 베트남을 떠나 미국으로 간 후 다시 돌아와 사이공에서 일하고 있는 한 베트남인은 이렇게 말했는데, 정확한 표현이었다.

"신실한 공산주의자를 한번 만나 봅시다."

사이공을 떠나기 전날 나는 그에게 이런 청을 넣었다. 신실할 것처럼 생각되는 공산주의자 몇 명을 수소문해 주었는데 결과는 그들 중 누구도 나를 만나고자 하지 않았다.

"공산당에 대해서라면 외국인에게는 그 어떤 말도 하고 싶지 않은 모양이더군요."

그는 좀 면구스러워하면서 그렇게 말했다. 물론 그가 직접적으로 또는 간접적으로 접촉한 사람들은 공산당원들이었다. 공산당에 대해 말을 그토록 아끼는 공산당원이라면 신실한 공산주의자와는 거리가 먼 인간들이다. 나는 대신 사이공으로 돌아온 지 이제 5년이 채 되지 않는 그에게 물었다.

"도대체 그 자들은 무슨 생각으로 살고 있어?"

"모두들 은퇴하기 전에 한 밑천 잡아 둘 생각들이지요. 그 목적으로 사는 사람들이에요."

그는 대수롭지 않게 말했지만 내게는 그보다 더 신랄한 저주는 없었다.

모두 지옥에나 가 버려라.

통일궁(대통령궁)의 퇴역군인
조국과 이념을 위해 싸우고 승리했다. 오늘 그 이념은 어디에 있는가.

아시아의 오늘을 걷다

예정보다 일찍 사이공을 떠났다. 육로로 국경을 건널 생각이었기 때문에 수월한 선택이었다. 팜응우라오를 출발한 버스에는 베트남인보다는 캄보디아인들로 북적인다. 베트남-캄보디아 국경을 육로로 넘는 것은 아마도 4년 만이다. 국경은 4년 전과는 비교할 수 없이 혼잡했다. 그 와중에도 빠른 입국심사를 위해 뇌물을 건네는 모습이 보인다. 비교할 수 없이 변한 것은 캄보디아 쪽이다. 목조 가건물이나 다름없던 입국심사소는 손색 없이 멀쩡한 건물로 바뀌었다. 그러나 그뿐이다. 국경에서 프놈펜으로 가는 길의 남루함은 여전하다. 메콩 강의 닉렁 선착장에 이르렀을 때 어린아이들이 구걸을 하는 것도 여전한데 행색은 더욱 안쓰럽다. 1979년 베트남의 캄보디아 침공을 기념하는 석상은 여전히 그 자리에 그대로 서 있다. 베트남 괴뢰정권 출신의 훈센 독재체제가 여전히 부동의 자리를 지키고 있다는 것을 간접적으로 웅변한다.

프놈펜은 여전히 날것이다. 왓프놈 근처 미국대사관 맞은편에선 아침부터 본드를 분 아이들이 비척거리며 손을 벌리고 있다. 해방기념일의 사이공이 축 가라앉아 있었다면 프놈펜은 원시의 야만적 생기로 펄떡이고 있었다. 하지만 밤의 프놈펜은 어느 때보다 축축하고 음험한 네온으로 빛났다. 클럽이란 이름의 도박장들이 우후죽순 늘어서 있는 것은 2년 전 프놈펜을 떠날 때와는 다른 모습이다.

"클럽이라는 도박장들, 어떻게 먹고삽니까?"

프놈펜에 온 지 3년이 되었고 캄보디아 여자와 결혼까지 했다는 싱가포르계 중국인에게 물었다.

"자-알들 먹고살지요. 짭짤한 장사예요."

"손님은 별로 없던데요?"

"모르시는 말씀. 특히 중국에서 돈세탁하러 제법 많이 몰려든단 말이올시다. 수상한 돈을 들고 와 확률대로 잃어 주고 남는 돈은 합법적인 돈으로 세탁해서 나가는 거지요. 한번에 10~20만 달러는 보통이지요."

"하-아!"

프놈펜에서 되지도 않을 것처럼 여겨지는 요상한 인터넷업체를 운영하고 있는 이 싱가포르 사내도 어쩌면 그 짓으로 밤을 지새우고 있는 중인지도 몰랐다.

사이공에서 신실한 공산주의자를 찾았던 같은 이유에서 나는 프놈펜에서 부패한 관리를 찾았다. 사이공과는 달리 얼마간 자신이 있었는데, 부탁할 만한 사내가 있었기 때문이다. 훈센 보좌관의 형이었다. 함께 아침을 먹었는데 슬쩍 본론을 꺼내자 분위기가 보통 이상으로 썰렁해졌다. 형이 은색 벤츠를 타고 사라진 후 나는 원망 아닌 원망을 들어야 했다.

"부정하고 부패한 인간들이 넘친다는 걸 모르는 사람이 어디 있어?"

입맛이 떨어진 내가 퉁명스럽게 이런 말을 내뱉었을 때 대답이 걸작이었다.

"부정부패를 말할 수 있으면 그게 부정부패야?"

우문현답이었다. 부정하고 부패한 보좌관만 입을 다물고 있는 것은 아니었다. 알 만한 친구에게 부정하고 부패한 작자를 찾기는 어려울 테니 그 분야에 정통한 사람을 찾아보라는 부탁을 했더니 이렇게 말했다.

"죽고 싶은 사람이 어디 있어요?"

본질적으로 말한다면 사이공과 프놈펜은 야누스의 두 얼굴이다. 공산주의이거나 자본주의이거나 이름표가 별 의미를 갖지 않는다. 김일성과 박정희가 뭐 그리 다른 인물이었던가. 요즘 같아서는 정말이지 신실한 공산주의가 그리워진다.

프놈펜의 아이들
본드를 마신 아이들이 우기의 비오는 프놈펜 거리를 달리고 있다.

그대 아직도 살아 있다면

후일담과 전쟁을 뛰어넘어:
남한과 베트남문학의 오늘과 내일

1975년 인도차이나의 공산화 이후 베트남은 남한에게는 죽의 장막 너머로 사라져 버렸다. 1972년 유신체제로 접어들었던 박정희 군부독재정권에게 있어 1975년 인도차이나에서 일어난 일련의 사건은 반공주의를 강화함으로써 유신체제를 보위할 빌미가 되었지만 1973년 베트남에서의 철군과 함께 경제적·군사적 의미가 상실된 인도차이나와 남한의 관계는 이미 종언을 고한 후였다. 물론 공산화 이후에도 인도차이나에서는 세계의 주목을 끈 사건들이 있었다. 1979년 베트남은 캄보디아를 침공했으며 뒤이어 중국은 인민해방군을 앞세워 베트남의 국경을 넘었다. 1980년대에 접어들어 발화된 '킬링필드'는 캄보디아를 세계 앞에 벌거벗겼다. 전후 인도차이나를 휩쓴 전쟁과 반공주의적 데마고그(demagogue)는 세계적 사건이었지만 남한에는 별다른 영향을 미치지 못했다.

문학으로 시선을 좁힌다면 남한에는 참전 경험을 가진 작가들의 체험적 작품들이 선을 보였다. 박영한의 『머나먼 쏭바강』, 황석영의 『무기의 그늘』, 안정효의 『하얀전쟁』 등은 미국의 동맹국 중 가장 대규모로 '2차 인도차이나전쟁'에 참전했던 남한의 경험을 소설로 반추했다. 참전규모와 피해, 사회적 파급력, 역사적 의미를 고려한다면 문학적으로 무척 미흡한 성과에 머물렀다고 평가해야 하겠지만, 반공주의적 족쇄가 여전히 작용하고 있었고 남한의 참전에 대한 일체의 평가가 유보될 수밖에 없었던 사정을 고려해야 할 것이다. 남한의 참전에 대한 평가는 오랫동안 보수우익의 전유물이었으며 파시스트적 국가주의와 애국주의, 반공주의, 군사주의가 그 평가의 굳건한 토대였다.

베트남전쟁에 대한 새로운 시각은 참전세대가 아닌 참전 후 세대에 의해 주도되었다. 의심할 바 없이 반제국주의적 관점에서 베트남을 바라보았던 이른바 80년대 민주화운동 세대에게 베트남전쟁은 미제국주의에 맞선 베트남 민중의 항쟁이었고 미제국주의를 패퇴시킨 전쟁이었다. 80년대 남한에 소개된 응웬 반 봉의 『사이공의 흰옷』(『하얀 아오자이』)이 대학가에서 얻었던 폭넓은 인기는 베트남전쟁에 대한 이 같은 시각을 대변한다. 특히 『사이공의 흰옷』은 북베트남이 아닌 남베트남을 무대로 반제반파시스트 학생운동에 투신하는 주인공들을 다룸으로써 당시 이 소설의 주 독자층이었던 대학생들을 사로잡을 수 있었다.

『사이공의 흰옷』에 대한 인기는 당시의 독자들이 베트남을 일종의 모델로 여기고 있음을 의미했다. 1980년대 민주화운동을 주도했던 학생운동은 이념적으로 사회주의적 성향을 띠고 있었고, 소련과 중국, 북한 등의 현실사회주의국가들은 분파에 따라 다르긴 해도 그들에게 모델국가들이었다. 『사이공의 흰옷』은 베트남 역시 그 대열에 포함되었음을 증명한다. 그러나 소련과 중국, 북한과 달리 베트남이 차지하는 위치는 좀더 이입(移入)적이었다. 『사이공의 흰옷』이 그려내고 있는 1975년 통일 이전의 남베트남은 1980년대의 남한과 정치적으로 유사한 친미파시스트정권의 지배 아래 있었고 더욱이 남한과 동일하게 분단된 절반의 국가였다. 때문에 결과적으로 초강대국인 미국과의 장기전에서 승리했고 현실사회주의국가를 수립했던 나라인 베트남산(産) 투쟁소설 『사이공의 흰옷』이 당시 반제반파시스트 투쟁을 지향하던 남한의 학생운동에게 어떤 위치를 차지하고 있었는지를 짐작하는 것은 어렵지 않다.

1990년대에 들어 소련과 동유럽 현실사회주의의 몰락이 남한의 사회주의적 전망을 지향한 운동에 어떤 영향을 미쳤는지는 이미 알려진 바와 같다. 절망과 실망, 혼란이 교차하던 이 시기에 나타난 현상 중의 하나는 진보 세력 일부에게서 친북성향이 강화된 것인데 북한이 여전히 몰락하지 않고 살아남아 있는 현실사회주의국가였던 것과 무관하지 않다. 그러나 여전히 몰락하지 않은 (명목)사회주의국가로 중국과 베트남, 라오스 그리고 쿠바가 남아 있었다. 남한에게는 이들 중 베트남이 가장 특별했다. '미제와의 영웅적 투쟁에서 승리한 베트남'이라는 도식적인 이미지가 일반적인 이유였다면 베트남과 남한의 현대사적 유사성 또는 동질성, 베트남전쟁에 남한이 참전했다는 특수한 역사적 배경이 또 다른 이유였다. 특히 반공체제 아래서 20년 이상 한 번도 온당하게 다루어지지 못했던 남한의 참전이 90년대에 들어서 뒤늦은 주목을 받기 시작한 것도 베트남을 남한에 좀더 가깝게 다가오게 만들었다.

문학에 있어 베트남에 대한 관심의 점증은 90년대에 등장했던 후일담문학과 밀접한 관련성을 맺고 있다. 80년대에 민족·민중문학을 주도했던 작가들의 상실감, 자기연민, 감상적 허무주의 등으로 특징지어지는 후일담문학은 그대로 출구 없는 방황과도 같은 것이었는데 그들 중 일부가 베트남으로 시선을 돌린 것은 바로 그 출구에 대한 모색과 무관하지 않았다. 94년 등장한 '베트남을 이해하려는 젊은 작가들의 모임'은 그 모색을 대표한다. 물론 작품적 성취보다는 남한의 참전에 대한 사죄, 양민학살, 라이따이한 문제 등을 제기하는 사회적 활동에 더욱 힘을 기울였지만, 꾸준히 베트남을 왕래했던 작가들 중 방현석은 2000년대에 들어서 베트남과 관련된 작품을 발표했고 베트남 소설을 국내에 소개하는 데에 직·간접적으로 기여하는 문학적 활동을 벌이기도 했다. 특히 방현석은 『존재의 형식』과 『랍스터를 먹는 시간』 등 두 편의 베트남 관련 중편을 발표하면서 주목을 받았고 뒤이어 이 중편 중 『존재의 형식』에 실명으로 등장하는 반레의 소설인 『그대 아직 살아 있다면』을 국내에 번역·소개하는 데 관여하면서 남한에게 있어 베트남의 의미를 문학적으로 제안했다.

방현석의 두 중편소설은 남한과 베트남이 1975년 종전 이후를 배경으로 문학적으로 조우한 작품으로서 의미를 띠고 있다. 그러나 방현석의 소설을 말하기 전에 반레의 『그대 아직 살아 있다면』을 먼저 살펴보는 것이 남한에 등장한 베트남을 문학적으로 이해하는 데 더 효과적이다. 그건 방현석의 소설과 반레의 소설이 짝처럼 맺어져 있기 때문이기도 하지만 반레의 소설이 해외에 소개된 베트남 소설로는 일반적이지 않은 작품으로서 남한과 베트남의 가교를 자청한 일군의 작가들을 이해하는 데에 보다 직접적이기 때문이다.

해외, 특히 미국에 알려진 대표적인 베트남 소설로는 1991년 발표된 바오 닌(Bao Ninh)의 『전쟁의 슬픔』(*The Sorrow of War*)을 들 수 있다. 물론 그보다 더 폭넓게 알려진 작품으로 1993년 올리버 스톤이 영화로 만들기도 했던 풍티 리리(Phung Thi Le Ly Hayslip)의 『하늘과 땅』(*When Heaven and Earth Changed Places*)이 있지만, 리리의 작품을 일종의 난민문학으로 본다면 베트남을 대표하는 소설로는 『전쟁의 슬픔』을 꼽는 것이 온당할 것이다. 2000년대 해외에 베트남문학을 대표했던 소설로는 2005년에 발표된 응웬옥뜨의 『끝없는 벌판』을 들 수 있다. 바오 닌과 응웬옥뜨의 작품은 미국에 소개되어 반향을 불러일으켰고 두 작가에게 세계적 명성을 안겼지만 그보다 앞서 베트남 국내에서 적잖은 독자들의 반응을 얻었다. 말하자면 해외에 소개되기 전 이 두 작품이 베트남에서 충분한 반응을 얻음으로써 대표성을 획득했던 작품임을 의미했다. 『전쟁의 슬픔』이 1999년 『사이공의 흰옷』 이후 최초로 남한에 소개되는 베트남 소설이 된 것도 따라서 지극히 평범하고 무난한 선택이었다. 그러나 『그대 아직 살아 있다면』은 이미 여러 나라에 소개된 후 남한에 소개된 앞서의 두 작품과는 달리 뜬금없다 싶을 만큼 남한에만 독점적으로 소개되었다. 이 점은 역설적으로 남한에게 있어 베트남이 무엇인지에 대한 문학적 가늠자의 구실을 이 작품이 하고 있음을 의미한다.

　왜 반레이고, 왜 『그대 아직 살아 있다면』이었을까? 이 물음에 답하기 위해서 가장 손쉬운 방법은 『그대 아직 살아 있다면』과 마찬가지로 동일하게 전쟁문학의 범주에 포함되는 바오 닌의 『전쟁의 슬픔』과 『그대 아직 살아 있다면』의 차이를 살펴보는 것이다. 방현석은 『그대 아직 살아 있다면』에 실린 발문에서 그

차이를 이렇게 설명한다.

"전쟁이 안겨 준 한 측면인 황폐의 극점으로 치닫는 바오 닌의 소설과 달리 반레의 소설은 전쟁도 파괴시키지 못한 숭고한 인간의 흔적을 동시에 주목한다."

방현석에 따른다면 바오 닌과 반레의 소설 사이에 놓인 차이는 전쟁에 대한 태도에 있다. 『전쟁의 슬픔』에서 전쟁은 부정해야 할 것인 반면 『그대 아직 살아 있다면』에서 전쟁은 극복의 대상으로 취급된다. 『전쟁의 슬픔』이나 『그대 아직 살아 있다면』은 공히 전후문학이다. 전쟁은 이미 벌어졌고 종결되었으며 작품은 그 전쟁을 반추하고 있다. 모든 전쟁은 극단적으로 반인간적이며 당연히 황폐의 극단을 넘어 인간을 밀어 넣는다. 전쟁이 파괴시키지 못할 숭고한 그 무엇이 있을 수 있는지 지극히 회의적이지만, 있다면 평화의 소중함에 대한 각성일 것이다. 『전쟁의 슬픔』은 대개의 전쟁문학이 그렇듯이 반전(反戰)이라는 보편적인 지점에 위치해 있으며 원천적으로 전쟁은 부정의 대상이다. 그러나 『그대 아직 살아 있다면』에서 전쟁은 불가피하게 벌어진 것으로 능동적으로 맞닥뜨리지 않으면 안 되는 사건이다. 전쟁은 미제가 도발한 침략전쟁이며 베트남 민족에게는 해방전쟁이다. 사회주의 리얼리즘의 관습에 따른다면 이런 전쟁에서 작가가 창조해야 할 숭고한 인간의 흔적이란 영웅의 전형이다. 『그대 아직 살아 있다면』이 여전히 그런 관습에 충실한 작품인 것에 주목할 필요가 있다. 방현석은 전형적인 사회주의 리얼리즘을 따르는 『그대 아직 살아 있다면』이 관습적이지 않다는 것을 시사하기 위해 이 작품이 관료주의를 비판하고 있다고 말하지만 반레가 비판하고 있는 것은 '관료주의'가 아니라 단지 관료주의적 오류에 빠진 개인일 뿐이다. 이런 인물들은 사회주의 리얼리즘 문학에서 흔히 등장하는 기계적 인물의 전형에서 벗어나지 않는다. 요컨대 방현석의 희망과 달리『그대 아직 살아 있다면』과 같은 작품은 멀게는 1954년 이후, 짧게는 1975년 이후 베트남문학의 주류였으며 공장식으로 대거 생산되었던 베트남의 사회주의 리얼리즘 문학에 그 뿌리를 두고 있는데, 당연히 이런 종류의 문학은 베트남 구래의 체제옹호 문학과 차별성을 갖고 있지 않다.

베트남 사회주의 문학에서 전쟁문학은 특별한 위치를 차지하고 있었다. 전쟁은 정통성의 뿌리였으며 전후 체제유지의 근간이었다. 특히 호치민의 사후 그를 대신할 인물이 부재한 가운데 집단지도체제를 구성했던 집권 세력에게 전쟁은 이데올로기적으로 호치민의 우상화와 함께 체제의 정통성을 지킬 중요한 버팀목이었다. 80년대 고르바초프의 페레스트로이카가 소비에트 블록에 편입되어 있던 베트남경제에 치명적 파열음을 낸 이후 체제가 위기적 상황에 직면했음에도 불구하고 생존할 수 있었던 것에는 시장개방 등의 여러 가지 이유가 있었겠지만, 근본적인 힘은 무력과 함께 이데올로기적 강고함에 있었음은 부정할 수 없다. 바로 그 이데올로기적 통치의 핵심을 차지한 것이 사회주의라기보다는 전쟁과 호치민이었다. 전후 베트남 사회주의 문학이 그 충실한 도구였음은 두말할 나위가 없다.

소련과 동유럽의 현실사회주의가 몰락해야 했던 다기한 문제에 베트남 사회주의가 예외였던 것도 아니었다. 아시아 사회주의국가들 중에서 베트남은 중국, 북한과 달리 1954년 이후 급속하게 소련으로 편향하기 시작한 후 중국과의 불화에도 불구하고 적극적으로 소비에트 블록에 편입된 국가로서 그 후유증은 더욱 심각할 수밖에 없었다. 전쟁으로 논의를 좁힌다면 두 번에 걸친 30년전쟁이 끝난 후에도 베트남은 44개월이 지나기 전에 캄보디아를 침공했고 그 결과 중국과도 전쟁을 치러야 했다. 또한 1990년까지 캄보디아에 괴뢰정권을 세우고 군대를 주둔시키고 크메르루주와 전쟁을 치름으로써 베트남은 끊임없이 전쟁으로 각을 세웠다. 그 결과 베트남의 대내적 지배체제는 강화되었지만 전후 사회주의 국가건설은 도외시되었고, 그 대신 독재의 강화와 민주주의의 약화, 경제의 피폐화 과정에서 인민의 고통은 배가되어야 했다. 그 시기 동안 내내 베트남 사회주의 문학은 공산당독재의 도구로서 전쟁과 인간을 사회주의 리얼리즘의 관점에서 파악하는 작품을 양산해 왔다. 반레의 『그대 아직 살아 있다면』은 90년대에 창작되었음에도 불구하고 그 중의 하나였다. 바오 닌 역시 그들 중 하나였지만 『전쟁의 슬픔』은 얼마간 일탈한 작품이었다. 반면 『그대 아직 살아 있다면』은 여전히 전형적 관습을 따르는 작품군에 포함된다. 다만 1994년에 발표된 이 작품은 시장사회주의로의 본격적인 길을 걷고 있는 베트남의 모순된 현실에 대한 상실감과 옅은 환멸을 드러내고 있다는 점에서 90년대 베트남식 후일담문학을 성립시키고 있다. 예컨대 『그대 아직 살아 있다면』의 말미에서 이승으로 돌아온 응웬꾸앙빈의 영혼은 이른바 시장사회주의란 기괴한 이름으로 행해지고 있는 자본주의적 해악에 대해 불편한 심정을 감추지 못하지만 그 원인에 대한 천착이나 고민 없이 고작(!) 과거의 전쟁으로 회귀하는 것이다. 과거의 전쟁에 맹목적으로, 감상적으로 투항하는 한 당과 체제에 대한 비판은 불가능의 영역으로 몸을 숨기게 된다. 당과 체제가 바로 그 전쟁에서 정통성을 구하고 있으며 지배의 이데올로기적 논리와 선전을 생산하는 주체이기 때문이다. 그런데 사회주의라는 이름을 내걸고 자본주의의 도입을 주도한 지배집단, 즉 베트남공산당을 외면하

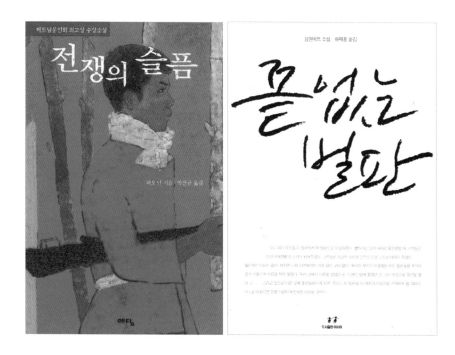

베트남 문학작품

세계에 알려진 베트남 전후문학의 대표작 둘. 『전쟁의 슬픔』과 『끝없는 벌판』.

는 한 문학은 현실을 반영할 수도 미래의 전망을 제시할 수도 없는 것인데 바로 그런 외골수의 관제문학이 1975년 이후 베트남 사회주의 문학의 전통이자 관습이었던 것이다. 도이모이 이후 90년대에 접어들어 정치·경제·사회적 모순의 극단에 직면한 베트남문학이 상실과 무력한 환멸로 전쟁의 과거를 답습하고 있는 것은 기묘하게도 90년대 후일담문학을 등장시킨 남한의 현실을 떠올리게 하는데, 반례와『그대 아직 살아 있다면』은 바로 그 둘을 잇는 가교로 등장했다.

2002년 남한에 소개되었던『그대 아직 살아 있다면』은 90년대 남한에 등장했던 후일담문학의 연장선상에 얹혀 있다. 사회주의적 전망이 배어들었던 이른바 민족·민중문학이 전망을 상실한 가운데 비어져 나왔던 남한의 후일담문학은 그나마 제대로 정착하지도 못했지만 한편에서는 외부로 시선을 돌리기도 했다. '베트남을 이해하려는 젊은 작가들의 모임'은 그런 가운데 탄생했고『존재의 형식』과『랍스터를 먹는 시간』과 같은 방현석의 베트남과 관련된 두 작품은 그 결과물이었다. 80년대에 대한 상실감이 짙게 배어든 전형적인 후일담문학으로서 이 두 작품은 베트남을 출구로 삼고 있으며 그 고리는 남한과 베트남의 불우하고 특별한 역사적 관계성이다. 전쟁을 둘러싼 가해와 피해의 관계에서 생성되는 이 관계성은 나아가 단순히 국가와 국가의 관계를 떠나 자본주의와 사회주의라는 체제의 대립적 관계를 내포한다. 전쟁의 가해자로서 남한은 자본의 진출을 통해 여전히 동일한 가해자로서 행세하는 비도덕적 존재이며 또 다른 전쟁(이라크)에 파병한 국가이다. 그러나 가난한 나라이지만 강대한 적과 싸워 승리했고 여전히 사회주의국가로 존재하는 베트남은 도덕적으로 우월한 존재이며 더 나은 가치를 지켜 내고 있는 존재이다. 그렇게 베트남을 등장시킴으로써 후일담은 마침내 상실을 뛰어넘을 버팀대 중 하나를 마련한 것처럼 보이지만 사실은 전술한 바와 같이 베트남은 이미 오래전에 진보적 전망으로서의 의미와 가치를 상실한 국가라는 점에서 결과적으로 지독하게 절망적인 후일담이 되어 버리는 것이다.

2005년 이른바 도이모이 세대인 응웬옥뜨의 『끝없는 벌판』은 베트남에서 공전의 히트를 기록하고 응웬옥뜨를 세계적 작가의 반열로 올려놓았다. 성공을 떠나서 이 작품은 일반적인 평가처럼 베트남문학이 전후 (소련식) 사회주의 리얼리즘에서 비로소 벗어나고 있음을 시사하고 있는 증거이기도 하다. 또한 이 소설은 베트남체제가 끊임없이 오랜 세월을 강요해 왔던 전쟁의 과거에서 벗어나 오늘의 베트남을, 그것도 가장 억압받고 수탈당해 온 남부 베트남의 메콩델타를 무대로 살아가는 인간을 그리고 있다는 점에서 의미심장하다. 1975년 이후 베트남의 모든 것은 1975년 이전의 북베트남이 주도해 왔다. 베트남공산당이 분단의 상흔을 아물게 하지 못했음은 주지된 사실이다. 문학 역시 마찬가지였다. 예컨대 『사이공의 흰옷』의 작가인 응웬 반봉, 바오 닌과 반레 그리고 당 투이 짬에 이르기까지 모두 북베트남 출신(응웬 반봉은 중부의 꽝남성 출신이지만 1962년 월북 후 기반을 북베트남에 두고 있었다)인 것은 우연이 아니다. 『끝없는 벌판』은 통일베트남의 모든 영역에서 소외되어 왔던 남베트남이 비로소 전면에 나서고 있음을 시사하고 있으며 베트남문학이 현실을 그리는 진정한 리얼리즘 문학을 되찾고 있음을 보여 주고 있다. 물론 같은 해 『끝없는 벌판』과 함께 베스트셀러의 자리에 오른 『당 투이 짬의 일기』(The Diary of Dr. Dang Thuy Tram)가 여전히 베트남문학의 과거를 잇고 있다는 점에서 전쟁이 베트남체제에 기여해 온 이데올로기적 역할은 현재에도 여전히 유효하며 베트남체제가 여전히 그런 문학을 온존

사이공 촐롱의 자전거 수리 행상
도이모이는 베트남 인민을 천민적 강탈자본주의의 지옥으로 빠뜨렸다.

시키고 있음을 보여 주고 있다.

베트남의 도이모이가 중국과 마찬가지로 극심한 자본주의적 빈부격차와 지배집단의 부정과 부패를 조장하고 있다는 것은 주지의 사실이다. 응웬옥뜨는 『끝없는 벌판』에서 바로 그 도이모이 시대의 베트남을 충격적으로 그려 내고 있다. 응웬옥뜨가 베트남문학사에서 도이모이 세대로 불리는 이유는 그 때문일 것이다. 도이모이는 스탈린주의적 개인숭배 사회주의체제의 베트남 인민을 천민적 강탈자본주의의 지옥으로 빠뜨렸다. 『끝없는 벌판』은 정크선에 몸을 싣고 그 지옥의 강을 방랑하는 일가족을 통해 도이모이의 현실을 그려 내고 있다. 『끝없는 벌판』이 정치적 스캔들로 비화한 것은 그 때문이었지만 알려진 것처럼 폭발적인 대중적 인기 속에 제도권은 결국 이 작품을 수용하고 상까지 안김으로써 스캔들을 일단락했다. 『끝없는 벌판』을 둘러싼 정치적 긴장과 해소의 과정은 문학에 대한 당의 장악력이 약화되었고 동시에 전통적 베트남 사회주의 문학이 위기에 직면했음을 의미한다. 도이모이와 함께 이루어진 시장과 정보의 개방은 고답적인 베트남 사회주의 문학의 효용성을 극도로 위축시켰다. 당이 돌보지 않는 당 문학이 생존할 수 없음은 기지의 사실이다. 베트남 사회주의 문학이 소멸의 길을 걸을 것이라는 것은 자명한 사실이다. 그러나 『끝없는 벌판』의 성취가 진취적으로 발전할 수 있을지에 대해 그 평가는 여전히 유보적이다. 그 가능성은 베트남 시장사회주의 체제의 모순을 고발하고 저항할 때에 비로소 열릴 수 있으며 베트남문학이 저항문학으로 자리 잡을 때에만 실현될 수 있다. 일체의 진보적 전망도 일찍이 사산시켜 버린 베트남공산당의 유일한 보루는 독재적 무력에 있으므로 『끝없는 벌판』의 미래는 70년대 박정희 군부독재정권에 대항했던 남한의 민족

문학 이상의 투쟁성을 발휘할 때에만 얻어질 수 있을 것이다.

　남한과 베트남은 특별한 역사적 관계성과 동질성을 공유하고 있다. 식민과 전쟁, 분단을 동일하게 겪었으며 남한은 베트남전쟁에 참전하기까지 했고 참전의 경험은 남한문학에서 한국전쟁과 함께 전쟁문학의 한 줄기를 이루도록 했다. 1975년 베트남의 통일과 공산화 이후 단절된 남한과 베트남의 현실 관계는 1980년대 중반 이후 남한 자본의 베트남 시장진출을 시작으로 국교수립을 이룬 후에야 정상화되었다. 그 시기 동안 남한에서는 반독재민주화투쟁이 일정한 성과를 거두었지만 현실사회주의의 몰락과 함께 진보적 전망의 상실과 혼란을 겪어야 했고 한편으로는 급속한 자본주의적 발달을 경험해야 했다. 같은 시기 소련의 경제적 지원이 끊긴 가운데 몰락의 위기에 직면했던 베트남은 중국식 시장사회주의를 도입하는 것으로 그 위기를 극복했다. 1990년대는 그런 남한과 베트남이 조우한 시기였으며 출구를 잃은 남한의 민족·민중문학 작가의 일부가 베트남으로 눈을 돌린 시기이기도 했다. 그 한편에서 참전의 과거에 대한 반성이 제기되었으며 참전 남한군의 양민학살과 라이따이한 등이 사회적 이슈가 되기도 했다.

　90년대 이후 남한과 베트남의 관계는 선진 자본주의국가와 빈곤한 후진 시장사회주의국가의 관계에서 줄곧 인식되었는데 이는 한편으로는 자본의 진출로, 다른 한편으로는 가해자로서의 양심적 자학으로 나타났다. 진실을 말한다면 군부독재정권 치하의 남한은 미국의 요구에 따라 용병으로 참전했으므로 동일하게 전쟁의 피해자였던 사실은 지나치게 간과되어, 베트남과 남한의 진보적 세력이 연대하여 미국에 그 역사적 책임을 묻는 과정 또한 부재할 수밖에 없었다.

어떤 면에서 베트남전쟁 참전을 바라보는 남한의 시각은 진보 세력에게 있어서도 하위 제국주의적 자의식이 반영된 결과물이었다. 90년대 남한의 후일담문학이 베트남을 사실과 다르게 암묵적으로 미화하고 전쟁 또한 같은 맥락에서 인식한 것은 그와는 반대의 편향으로 보이지만 동일한 뿌리에서 출발한 것이었다.

전쟁을 고리로 하고 있는 남한과 베트남의 관계는 중층적이다. 그러나 그 관계는 한반도나 인도차이나가 아닌 세계사적 의미 위에 서 있다. 1945년 2차 대전 종전 후 한반도는 국제전의 전화에 휩싸였으며 그건 1차 인도차이나전쟁과 2차 인도차이나전쟁에 차례로 휘말린 베트남의 경우도 마찬가지였다. 수백만의 인명이 살상된 이 대규모의 두 전쟁은 2차 대전 후 미국이 주도한 세계체제의 출범과 밀접하게 연관되어 있다는 점에서 '세계전쟁'이다. 그러나 전후 남한의 파시스트적 반공체제와 전후 베트남의 스탈린주의적 소련식 사회주의체제는 공히 각국의 정치·경제·사회·문화적 발전을 심각하게 왜곡시켰으며 문학에 있어서도 지대한 영향을 미쳤다. 세계사적 의미를 함축한 두 전쟁의 문학적 성과가 양과 질에 있어 미흡한 수준에 머물러 왔던 것도 그와 무관하지 않다.

오히려 두 전쟁을 주도했으며 최대의 가해자이기도 한 미국이 전쟁과 관련된 문학적 성과를 양산하고 주도해 왔다는 것은 아이러니이기도 하다. 그 성과를 일방적으로 폄하할 필요는 없다. 예컨대 미국의 반전문학은 시대적으로 진보적이었고 전쟁의 반인간성과 참혹함을 고발함과 동시에 전쟁을 주도했던 미국의 지배 세력들의 호전성과 비도덕성을 고발하기도 한 것이 사실이다. 론 코빅(Ron Kovic)이 『7월4일생』(*Born on the Fourth of July*)을 발표한 것은 종전 직후인 1976년이었고 그 후 미국에서는 참전을 체험한 작가들에 의해 수많은 반전문학이 선을 보였다. 물론 이 성과들은 온전히 미국인의 시선으로 이루어졌다는 점에서 부분적이고 한계적이다. 그러나 그것은 근원적 한계일 뿐이지 일방적으로 비판할 수 있는 것은 아니다. 그 한계를 뛰어넘기 위해서는 전쟁의 또 다른 당사자인 베트남과 남한의 합당한 문학적 성취가 필요할 뿐이다. 같은 맥락에서 잊혀진 전쟁으로 일컬어지는 한국전쟁에 대해서는 더욱 문제가 심각하다.

오늘의 세계체제는 한반도에서 포연이 피어오르던 바로 그 전쟁에서 출발했고 뒤이어 인도차이나를 피로 물들였으며 오늘 이라크를 살육하고 있다. 남한과 베트남은 세계사적 의미를 함축하고 있는 전쟁을 차례로 치러야 했다. 두 나라의 문학에 있어 그 역사적 체험은 무엇과도 바꿀 수 없는 소중한 보고일 것이지만 두 나라 모두 그에 합당한 문학적 성과를 거두지 못했다. 전술한 것처럼 그 성과를 가로막았던 것은 양국의 반민주적 체제였다. 이제 그 한계를 뛰어넘어 미완의 과제를 성취할 역할은 온전히 양국의 전후세대 몫으로 남아 있다. 분명한 것은 과거의 오류를 반성하고 새로운 전망을 고민하지 않는 한 그 성취란 여전히 요원하리라는 점이다. 남한과 베트남 양국의 문학은 바로 그 길에서 만날 수 있을 것이다.

당렉산의 쁘레아 비히어 사원

당렉산의 우울한 총성

캄보디아 서북부 밀림의 당렉 산맥은 태국과의 국경을 이룬다. 1979년 베트남의 캄보디아 침공으로 프놈펜이 함락된 후 민주캄푸치아 혁명군(크메르루주)은 태국과의 국경지대를 중심으로 베트남에 대항한 게릴라전쟁을 벌였다. 중국과 미국, 태국의 지원으로 크메르루주는 서부지역을 해방구로 만들 수 있었다. 민주캄푸치아 수상인 폴 포트(Pol Pot)는 배후에 태국 국경을 두고 남쪽으로는 깎아지른 벼랑을 이루고 있는 당렉산을 거점으로 삼았다. 당렉산의 크메르루주는 타 목(Ta Mok)의 쿠데타와 폴 포트에 대한 인민재판과 연금, 사망 등의 우여곡절을 겪으면서도 1995년 정부군에 투항할 때까지 버텼다.

　캄보디아 현대사에서 가장 최근의 역사적 상흔인 바로 그 당렉산의 절벽 위에는 쁘라삿 쁘레아 비히어라는 이름으로 불리는 앙코르 시대의 사원 하나가 천 년의 세월 동안 묵묵히 비단처럼 펼쳐진 밀림을 내려보고 있다. 서쪽으로는 버마, 동쪽으로는 베트남에 이르렀던 크메르 제국의 융성기인 앙코르 시대의 사원이다. 지난 7월 8일 유네스코 세계문화유산위원회는 캄보디아의 신청을 받아들여 쁘레아 비히어 사원을 세계문화유산으로 지정했다. 2008년 총선을 20여 일 앞두고 있던 캄보디아의 집권당인 인민당으로서는 호재였다. 이로써 캄보디아는 2개의 세계문화유산을 갖게 되었다. 이미 3개의 세계문화유산과 덤으로 2개의 세계자연유산을 갖고 있는 이웃나라인 태국이 이걸 두고 시기했을 것이라고 생각하기는 어렵다. 그러나 일은 그렇게 풀리지 않았다. 7월 15일 태국은 이 지역으로 특수부대 병력을 급파했고 캄보디아 또한 수비병력을 증원해 비상한 군사적 대치가 시작되었다. 10월에 들어 3일과 15일 양국 병사들 간의 교전으로 사상자가 발생하면서 쁘레아 비히어 사원은 세계문화유산으로서가 아니라 적대적 국경분쟁지역의 하나로 등재됨으로써 국제적 관심을 모았다.

모든 국경분쟁이 그렇듯이 이 무력충돌을 동반한 분쟁 또한 고대 사원 하나의 영유권을 두고 벌인 다툼에 그치지는 않는다. 지리적 분쟁의 원인이야 프랑스 제국주의와 태국이 씨를 뿌렸다. 1867년 프랑스는 캄보디아 서부의 바탐방과 시엠립에 대한 권리를 태국에게 양도했지만 1906년에는 국경조약으로 되찾았다 (같은 시기인 1909년 태국은 영국과의 조약으로 지금 현재의 말레이시아 북부에 대한 영유권을 포기했다). 1953년 캄보디아 독립 후 태국은 이 지역을 무력으로 장악해 영유권을 주장했다. 1940년 태국이 독일점령 후 혼란에 빠진 프랑스의 인도차이나 식민지군과 벌인 국지전이 가장 가까운 배경이 되었다. 태국 최초의 군

앙코르 와트

천년의 사원인 앙코르 와트가 숨쉬고 있는 캄보디아의 서북부 지역은 캄보디아와 태국이 벌이고 있는 영토분쟁의 중심이다. 양국의 불온한 정권과 정치 세력은 도토리 키재기로 영토분쟁을 정치적으로 이용하고 있다.

부독재자인 피분(Luang Phibun Songkhram)은 이 전투에서 승리한 후 불과 6개월 만에 방콕에 거대한 오벨리스크 스타일의 전승 기념탑(아눗사와리차이사모라품)을 세워 자신의 권력기반을 다지는 데에 태국 민족주의를 적극적으로 활용했으며, 태평양전쟁의 발발과 함께 인도차이나를 점령한 일본에 협력했다. 1953년 분쟁은 캄보디아의 제소를 받아들인 국제사법재판소가 1962년 캄보디아에게 영유권이 있음을 판결함으로써 일단락되었다.

그러나 2008년의 국경분쟁은, 멀게는 1996년 캄보디아의 훈센 쿠데타에 직접적인 뿌리를 두고 있으며 가깝게는 태국 민주주의 인민연합의 반정부투쟁으로 촉발된 것이다. 당렉산 절벽 위의 고대 앙코르 사원을 나와 분쟁의 밀림 속으로 들어가 보자.

1991년 파리평화협정으로 캄보디아 내전은 멈추었다. 크메르루주와 베트남 괴뢰정권 등이 참여한 협정에 따라 치러진 1993년의 총선은 크메르루주가 보이콧한 가운데 왕자인 라나리드(Norodom Ranariddh ; 시아누크 둘째 아들)가 당수인 푼신펙(FUNCINPEC)의 압도적인 승리로 끝났다. 괴뢰정권을 계승한 인민당(CPP)의 훈센은 무력을 기반으로 푼신펙을 위협해 연정을 구성했다. 푼신펙의 라나리드가 1수상을, 훈센이 2수상을 맡는 기괴한 동거가 시작되었지만 1997년 쿠데타로 붕괴되고 훈센 군부독재가 성립되었다. 이듬해인 1998년 총선은 공포분위기 속에 부정선거로 치러져 인민당의 압승으로 끝났다. 훈센의 철권통치 아래 극심한 부정과 부패, 정치테러, 빈부격차의 심화 속에 민심은 내연했다. 2003년 선거에서 훈센의 인민당은 무력과 금력을 앞세워 전형적인 부정선거로 승리할 수 있었지만 정통성과 도덕성의 결여에 시달렸다.

2003년 1월 18일 프놈펜의 한 작은 일간지에서 태국의 여배우가 "캄보디아가 앙코르 와트를 훔쳤다"고 말했다는 사실무근의 기사를 실었을 때 훈센은 주저 없이 이를 이용했다. 일국의 총리가 이웃나라의 한낱 여배우를 공개적으로 맹렬하게 비난하며 반태국 정서를 고무하는 행태를 서슴지 않았다. 태국 왕인 푸미폰의 초상을 불태우는 대대적인 반태국시위가 벌어졌고, 급기야 1월 29일 프놈펜의 태국대사관은 폭도들의 난입으로 불타올랐고, 태국 기업들이 같은 수난을 당했으며, 프놈펜의 태국인들에 대한 린치도 자행되었다. 습격받은 태국 기업 중의 하나는 당시 태국 총리이던 탁신 시나왓의 회사였다. 프놈펜에서 격렬한 반태국시위가 계속되는 가운데 태국인들의 캄보디아 탈출이 줄을 이었으며 방콕에서는 반캄보디아 군중시위가 벌어졌다.

결과적으로는 조작된 보도를 빌미로 크메르 민족주의 정서를 자극해 반태국 폭동으로까지 발전시킨 훈센의 책동은 캄보디아인들 사이에 만연한 반베트남, 반훈센 정서를 희석시켰다는 평가를 얻었다. 캄보디아인에게 베트남은 역사적으로 캄보디아의 영토를 침탈해 온 존재였다. 1979년 침공 이후 베트남이 세운 괴뢰정권에서 외상과 수상을 역임했고 그 유산을 온전하게 승계한 훈센에게는 자신의 이력이 아킬레스건이었다. 마치 박정희의 만주군 이력과도 같은 것이었으며 도무지 정통성을 주장할 수 없도록 한 오욕의 뿌리였다. 2003년 총선을 앞두고 벌어진 반태국 폭동으로 캄보디아인들은 이제 증오해야 할 이웃나라를 하나에서 둘로 늘려야 했지만 괴뢰정권 수상 출신의 훈센은 앙코르와 크메르 민족주의의 수호자로 이미지 조작의 성과를 거둘 수 있었다.

2003년의 뒤를 이은 2008년의 분쟁은 프놈펜에서 쁘레아 비히어로 무대를

1979년 베트남 침공을 기념하는 메콩 강 닉렁 선착장의 베트남 친선기념상
왼쪽 선전 간판에서 왼쪽부터 차례로 괴뢰정권 수상을 지낸 헹삼림과 훈센, 그리고 국회의장인
체아심의 얼굴이 보인다.

옮겼다. 이번엔 주도권이 태국에게 있었다. 쁘레아 비히어 사원을 두고 벌어진 분쟁을 조약과 국제사법재판소의 판결을 뒤적여 해결하려고 하는 시도는 공허할 뿐이다. 영유권의 뿌리를 그런 식으로 찾으려 한다면 사원 하나가 아니라 시엠립과 바탐방을 포함한 캄보디아 서북부 지역 전체와 말레이시아 북부까지 수렁에 빠져 버린다. 때문에 분쟁이 촉발된 원인을 찾으려면 역사책이나 국제법을 뒤져서는 고작해야 안개 속을 헤매다 돌부리에 차이게 될 뿐이다.

유네스코의 세계문화유산에 대해서라면 캄보디아가 신청서를 접수할 무렵 태국은 이 지역이 국경분쟁지역임을 강조하고 반대의사를 분명히 했다. 2007년의 신청에서는 이의를 제기하지 않았다. 예심이 확정되고 본심으로 넘겨진 것은 2007년 7월이었다. 2006년 9월 쿠데타 후 총선이 실시된 2007년 12월까지 태국은 군정통치 아래 있었다. 세계문화유산 따위에 관심을 둘 때가 아니었을지도 모른다. 그런데 2008년 8월 유네스코 세계문화유산위원회가 이를 확정했을 때 들고일어서 태국인들을 선동한 세력은 일편단심 왕인 푸미폰과 군부에 기대고 있는 민주주의 인민연합인 PAD였다. PAD는 엉뚱하게 탁신계의 현 정권을 영토를 빼앗긴 무능하고 파렴치한 정권으로 매도하고 나섰다. 2003년 프놈펜의 반태국 폭동에 대한 국민적 반감을 정권타도의 도구로 재활용한 것이다. 쁘레아 비히어 사원의 세계문화유산 등재가 확정된 7월 이래 PAD는 틈만 나면 이 문제를 물고 늘어졌다. 현 정권을 비난할 거리 중의 하나이기도 했지만 PAD는 반캄보디아 선동으로 푸미폰의 초상화를 불태운 2003년 프놈펜의 폭동을 환기시킬수록 왕정주의의 깃발을 더욱 높이 치켜들 수 있었다. 어이없게도 세계문화유산으로 불거진 반캄보디아 정서에 태국군은 즉각적으로 반응을 보여 국경으로 병력을 보

방콕의 전승기념탑

일본에 점령된 인도차이나의 프랑스 군과의 전쟁에서 승리한 피분 정권이 세운 기념탑이다. 이 전쟁으로 태국은 일본의 중재에 힘입어 시엠립과 바탐방 등을 자신의 영토로 손에 넣었다.

냈다. 어려운 일도 아니었다. 훈센도 핏대를 올렸다. 10월의 무력충돌에 대해 훈센은 '이 싸움은 죽고 사는 문제'라는 과격한 용어를 구사하며 격렬한 반응을 보였다. 점입가경으로 치닫고 있는 형국이다.

2005년 10월 훈센은 하노이에서 베트남이 꾸준히 요구해 왔던 국경조약에 서명했다. 베트남의 캄보디아 침공 이전까지 단 한 번도 공식적으로 인정하지 않았던 국경을 확정 짓는 조약이었다. 훈센은 이 조약에 서명함으로써 캄보디아인들의 역사적 정서에서는 매국노나 다를 바 없는 인물로 낙인이 찍혔지만 베트남 괴뢰정권 출신의 훈센으로서는 불가피한 결정이었다. 훈센이 캄보디아의 또 다른 이웃나라인 태국에 대해 줄곧 민족적 자존심을 내세우고 호전적 발언을 내뱉는 이유는 자신에 덧씌워진 친베트남의 (캄보디아인에게는) 매국적 이미지에서 벗어나고 독재권력의 부재한 정통성을 호도하기 위해서이다.

군사적으로 캄보디아는 태국과는 비교할 수 없는 약소국이다. 한때 크메르루주 게릴라였으며 베트남의 캄푸치아 구국전선의 장교였던 훈센은 그걸 누구보다 잘 알고 있다. 1950년대부터 미국의 전폭적인 군사지원을 받아 가며 성장한 30만 병력의 태국군과 군사력을 능가할 나라는 동남아시아에서 찾아보기 어렵다. 하물며 녹슨 AK47 소총을 어깨에 메고 슬리퍼를 끌고 다니는 서북부의 캄보디아 정부군이 태국의 무력을 막아 낼 방법은 존재하지 않는다. 군사적으로 훈센이 믿고 있는 유일한 보루는 역시 동남아시아 최강의 군사국가 중 하나인 베트남이다. 태국도 그걸 알고 있다. 태국이 미국의 요청을 받아들여 크메르루주를 지원했던 것은 베트남을 견제하기 위해서였다. 훈센의 치졸한 불장난이 종국엔 지역의 군사적 긴장을 턱없이 높일 가능성이 있다는 걸 시사한다.

분쟁의 씨앗은 독재정권 유지에 눈이 먼 훈센이 민족주의를 빌미로 삼아 뿌렸고 군부를 포함한 태국 왕정주의자들이 민족주의를 내걸고 이를 이용하는 와중에 턱없이 심화되고 있다. 쁘레아 비히어 사원은 전쟁의 피비린내가 가신 지 고작 17년 만에 다시 총성이 울려 퍼지고 지뢰가 터지고 있다. 현대 세계사에서 어떤 지역보다 전쟁이 깊은 상흔을 남겼던 인도차이나의 한구석에 전쟁 도발을 불사하는 야만의 불장난이 벌어지고 있다. 총성을 울리는 자는 누구인가.

미얀마

태국

4.
왕과 군부는
절대 웃지 않는다

ง พระเจริญ

ศาลฎีกาน้อมอาลัย
และรำลึกใน...รุณาธิคุณ

깐야니의 사진이 홍수를 이룬 방콕

왕과 군부 그리고 자본

방콕의 다이애나?

아시아의 허브란 명성에 걸맞게 방콕이야 오면서 한 번, 가면서 한 번 들르게 되는 도시인데 들르면 또 향하는 곳이 타논 카오산(카오산 로드)이다. 이즈음에야 숙박이건 음식이건 별로 저렴하지도 않은 것은 물론 가격 대 성능비를 따진다면 오히려 하급이지만 김유신의 말(馬)이 천관녀의 집을 찾은 건 순전히 습관 때문이다. 한데 이번엔 그 습관 때문에 짜증이 지대루 만발이다.

　카오산 로드가 왕궁 구역에 속한다는 것이야 상식이긴 하지만, 온 천지에 집채만 한 공주님 사진이 만발이다. 안젤리나 졸리나 제시카 알바라도 그쯤 되면 넌더리를 낼 만한데 당사자에게는 퍽 미안한 말이지만 사진 속의 공주님 인상은 유쾌한 쪽과는 거리가 멀어도 한참 멀어 날도 덥고 습도도 높은 우기의 불쾌지수를 급상향으로 조정하고 있었다.

문제의 공주는 다름 아닌 차크리 왕조의 라마 9세, 국왕 푸미폰의 누이인 갈리아니 바다나(깐야니) 공주. 2008년 1월 2일에 사망하여 15일 동안의 국장일을 지냈으며 100일 동안의 애도기간을 이제 막 끝냈고 왕실의 전통적 관습에 따라 2008년 말인 11월 14일에서 19일까지 장례식을 치르기로 5월에 발표되었다. 향년 84살. 솔직히 말한다면 사방 천지에 무시로 나붙은 공주의 사진을 보고 나는 푸미폰이 마침내 운명을 달리한 줄 착각했다. 왕위를 왕세자가 아닌 공주에게 물려준다는 설이 오래전부터 심심찮게 흘러 다니고 있었던지라 오호, 마침내 그날이 오고 태국에 여왕이 탄생하였구나 하였던 것이었다. 이때의 공주는 푸미폰의 둘째 딸인 시린턴(Sirindhorn). 1955년생으로 올해 53살. 방콕에서 심심찮게 볼 수 있는 이 공주의 사진도 20대의 것인데, 포샵이 출중해 실물과 현격한 차이를 두고 있기는 매한가지이다.

여하튼 84살의 나이로 사망한 깐야니 공주의 사진은 연말까지 내내 방콕 시내의 관공서들과 공공기관 그리고 왕실을 흠모하는 사기업들의 앞이나 쇼윈도에서 치워지지 않을 양인데 정말이지 괴로운 일은 이 공주의 사진이 잘 해봐야 30대 즈음에 찍은 사진에 이른바 포샵으로 떡칠을 해두어서 왕의 신민들이 정작 죽은 자의 넋을 기리고 영혼이 천국으로 직행하기를 소망하는 일에 막대한 지장을 초래하고 있다는 것이다.

다른 점을 말해 보자. 깐야니 공주는 평생 한 일이 그저 왕실의 공주로서 호의호식하고 부와 영예를 누린 일밖에는, 그저 숨을 쉬는 일을 빼고는 왕실의 신민을 위하여 도대체 아무것도 한 일이 없는 인물이다. 이 할머니가 단지 왕족이라는 이유만으로 천수를 몽땅 누리고 죽은 날인 1월 2일에서부터 장장 열한 달에 가까운 기간 동안 방콕에서 누리는 이 방탕한 호사 아닌 호사가 개명한 오늘날, 21세기에 정상적인 것이라고 말할 수 있는 것일까. 태국의 모든 신문과 방송들이 평생 백수 공주의 사망에 미친 듯이 전파와 지면을 할애하며 공주의 일대기를 방영하는 등 왕실에 대한 충성경쟁에 일로매진하고, 왕실의 안녕을 목숨을 걸고 수호하기를 마다하지 않는 방콕의 그 명성 높은 인터내셔널 유흥업소의 사장들이 자진해 문을 닫을 뿐 아니라 구멍가게 주인들까지 상점을 철시한 것도 부족해 왕실에 대한 충성을 맹세하는 플래카드를 내걸고 거리마다 세워진 예의 그 공주 추모 사진탑에 꽃과 향을 갖다 바치기 위해 꼬리에 꼬리를 물고 줄을 서는 장면을 눈앞에 두고도, 이런 일이 벌어지는 태국이란 나라에 민주는 뒤로 돌리더라도 근대라는 수식어를 붙일 수 있는 것일까.

어떤 사람들은 영국의 다이애나를 예로 들지도 모르겠지만 영국인들이 다이애나의 사진 앞에 무더기로 꽃다발을 쌓아 놓은 이유 중의 으뜸은 그녀가 생전에 근엄하게 똥폼을 잡으며 자신들의 세금을 축내던 고루한 영국 왕실을 엿 먹인 것에 대한 국민적 성원이었음을 상기하기 바란다.

모독에 대한 군주보안법

차크리 왕조의 라마 9세인 푸미폰 아둔야뎃(Bhumibol Adulyadej). 왕위 재위 62년으로 세계 최장기 국왕의 타이틀을 갖고 있는 푸미폰은 벌거벗은 임금이지만 태국에서는 누구도 그가 벌거벗었다고 말하지 않는(할 수 없는) 임금이다. 아마도 그들 중 누군가는 몹시 용기 있는 자가 나타나 '이것 보쇼. 당신 왜 벌거벗고 다니는 거야?' 라고 묻기를 바랄지 모르지만 무망한 바람이다. 그건 이러기를 바라는 것과 같다.

1970년대 어느 겨울날 삭풍이 몰아치는 서울. 광화문이나 종로에서 누군가가 길바닥에서 냅다 이렇게 외쳤다고 하자.

"박정희 군부독재 타도하자!! 혁명 만세!!"

이 분은 마지막 말이 끝나기도 전에 남산 안기부로 직행해 재수 없으면 그곳에서 목숨을 잃거나 재수가 좋으면 살아남아 국가보안법에 따라 그가 바라는 세상이 올 때까지 철창신세를 면치 못할 것이다.

이 남한의 국가보안법이 태국에서는 왕실모독죄(lese-majeste)로 변주된다.

"왕과 왕비, 왕실의 후계자 또는 왕실을 비방, 모독하거나 위협하는 자는 3년에서 15년의 징역형에 처할 수 있다."

이게 왕실모독죄로 일컬어지는 태국의 형법 112조의 내용이며 태국의 군주제를 보안하는 군주보안법의 실체이다. 이 법은 비방·모독·위협과 같은 모호한 법률적 용어를 보완하는 어떤 단서조항도 두지 않아 광폭의 자의적 해석을 가능하게 하고 있다. 이 법과 막상막하를 이루는 남한의 국가보안법에는 한때 막걸리보안법이라는 별명이 붙어 다녔다. 술에 취해 술김에 한 말이 빌미가 되어 실형을 산 예는 수도 없이 많다. 막걸리보안법은 무지한 자들에게 본때를 보였고 지엄한 법의 무정함과 가차 없음에 대한 공포를 일깨우도록 했다. 코에 걸면 코걸이, 귀에 걸면 귀걸이가 되는 보안법은 언제나 정치적 목적에 의해 제멋대로 악용되었다. 푸미폰을 보안하는 태국의 군주보안법 역시 끊임없이 공포를 주입하

방콕에서 당신은 피할 수 없다. 왕인 푸미폰의 시선을
방콕 도심의 한 건물 외벽에 내걸린 푸미폰의 초상화. 방콕 거리의 쇼핑몰, 백화점, 공공기관 등의 건
물들에는 푸미폰의 초상이 만발한다.

고 제멋대로 이용되는 법이다.

2007년 9월, 쿤 초티삭 온숭이라는 청년이 방콕의 쇼핑센터인 센트럴 월드의 극장에서 영화가 상영되기 전 왕실애국가가 울려 퍼지는 동안에 자리에서 일어서지 않았다. 나와민 위타야쿨이란 열혈 애국청년이 초티삭의 방자함(?)에 분노를 표했지만 초티삭은 왕실과 애국가에 대한 존경은 개인의 선택이라며 자리에서 일어날 것을 거부했다. 닷새 뒤 나와민은 초티삭을 왕실모독죄를 들어 경찰에 신고했고 7개월 동안 이 건을 붙잡고 있던 경찰은 결국 초티삭을 기소했다. 영화를 보기 위해 극장에 간 이 청년은 자리에서 일어서지 않았다는 이유로 바야흐로 실형을 선고받고 젊음을 철창 안에서 보내야 할 위기에 처했다(이 법은 유죄로 인정될 때 무조건 3~15년 사이의 감옥형이 선고된다). 초티삭은 딱한 처지에 빠졌지만 그의 용기 있는 행동은 일각에서 소리 없는 잔잔한 존경심을 불러일으키고 있다.

따라서 태국에서 영화를 보고 싶고, 동시에 초티삭과 같은 궁지에 빠지기를 원치 않는다면 제때에 제꺼덕 일어서야 한다. 물론 일어서야 할 타임은 알아서 알려 준다. 태국어와 영어로 '전하에 대해 존경을 표하시오'(Pay respect to His Majesty the King)라는 문구가 스크린을 채우면 잽싸게 일어서야 한다. 영어로도 표시하고 있는 것으로 미루어 짐작할 수 있겠지만 이 법은 외국인에게도 예외 없이, 그리고 가차 없이 적용된다.

영국의 BBC뉴스 방콕 지국장인 조나단 헤드(Jonathan Head)는 2007년 12월 외신기자클럽에서 '쿠데타, 수도 그리고 왕관'(Coup, Capital and Crown)이란 제목의 공개토론회에서 사회를 보던 중 왕실을 모독하는 발언을 한 혐의로 경찰서장에 의해 고발되었다. BBC뉴스 방콕지부와 런던본사는 본의가 아니었음을 증명하기 위해 진땀을 빼고 있지만 기소를 눈앞에 두고 태국 왕실과 가공할 신경전을 펼치고 있다. 세계 유수의 미디어도 속절없이 당하고 있는 셈이니 국적과 무관하게 모쪼록 조심하는 것이 상책이다. 물론 외국인은 좀 우대받기는 한다. 2007년 3월 푸미폰의 초상에 페인트칠을 한 57살의 스위스 아저씨는 10년의 실형을 선고받기는 했지만 천행으로 국왕의 사면을 받고 본국으로 추방당했다.(전하, 성은이 망극하길 밑도 없고 끝도 없나이다?) 장담컨대 태국인이었다면 15년 실형에 사면이란 언감생심이었을 것이다.

세계에서 가장 고약하기로 악명을 떨치고 있는 태국의 왕실모독죄가 정치적 악용과 무관하기를 바랄 수는 없다. 사막 순다라벳 내각의 총리실 장관인 작라폽 펜카이르가 지금 가장 최근의 피해자 중 하나이다. 2007년 8월 외신기자클럽에서 기자들을 상대로 한 발언이 문제가 되어 2008년에야 뒤늦게 왕실모독죄로 고발당했다. 2006년 군부쿠데타를 다시 뒤집어 버린 2007년 총선으로 집권한 탁신의 사막 정권을 겨냥한 탄압으로 해석되었다. 작라폽은 결국 사임을 선택했다.

언론과 표현의 자유는 당연히 이 법 아래 존재한다. 태국의 모든 미디어는 왕실과 야합하거나 충성을 맹세하는 태국판 조중동이다. 최초로 푸미폰을 제대로 된 도마 위에 올려 센세이션을 일으켰던 폴 핸들리(Paul Handley)의 『왕은 절대 웃지 않는다』(King Never Smiles)는 출간 전부터 판금의 처지를 피할 수 없었다. 출라롱콘 대학의 교수인 길레스 짜이 웅파콘(Giles Ji Ungpakorn)의 『부자를 위한 쿠데타』(A Coup For the Rich)는 배본을 하기로 한 대학서점이 핸들리를 인용했다고 해서 배본을 거부한 이후 판매금지되었다. 웅파콘은 이 책을 통틀어 핸들리의 책에서 단 한 문장을 인용했을 뿐이었다. 군부와 PAD에 비판적 발언을 아끼지 않았던 웅파콘은 결국 『부자를 위한 쿠데타』의 여덟 단락이 왕실모독죄를 위반했다는 혐의로 2009년 1월에 고발되었고 2월에는 영국으로의 망명길에 올라야 했다.

영화도 마찬가지이다. 주윤발의 「애나 앤드 킹」(*Anna and the King*, 1999)은 태국 왕실을 시원치 않게 묘사했다고 해서 상영이 금지되었다. 인터넷이라고 사정이 다르지 않다. 왕이나 왕실을 비난하는 콘텐츠는 태국 국경을 넘어갈 수 없다. 그때그때 유튜브며 웹사이트의 콘텐츠를 차단해 오던 태국은 유튜브에 푸미폰을 조롱하는 콘텐츠들이 끊이지 않자 유튜브 서비스 전체의 접속을 차단했으며, 2008년 10월 깐야니의 장례식을 앞두고 마침내 획기적인 조치를 완성했다. 정보산업부는 무려 205억 원의 예산을 들여서 왕실에 대해 부적절한 콘텐츠의 태국 유입을 막기 위한 국가적 인터넷 파이어월을 구축했다고 발표했다. 2009년 1월 정보산업부는 이 파이어월을 이용해 2천 3백여 개의 웹사이트를 차단했다. 이 중 1천 3백여 개의 사이트가 왕실모독 관련이다.

그러므로 태국 국민들이 왕실에 허리를 굽히는 이유에 대해서 도대체 언어도단의 이유를 주워섬기지 말았으면 한다. 태국왕실의 신민들이 진정으로 왕실을 섬기고 사랑한다면 이런 국가보안법 뺨치는 왕실모독법과 같은 빌어먹을 악법과 언론통제가 도대체 왜 필요하단 말인가. 60년 이상을 이 괴물에 짓눌려 살아온 사람들의 머릿속에 각인되었을 자기최면의 트라우마는 또 어떤 것이란 말인가. 1973년 유혈 학생혁명 후 이 법을 가공할 괴물로 탄생시킨 장본인이 1973

년 혁명을 무산시키고 탐마삿대학을 피로 물들이며 들어선 타닌 독재정권이었다는 사실도 알아주었으면 한다.

말할 것도 없이 태국 사회는 '왕실모독죄'라는 전근대적 괴물에 의해 지위 고하를 막론하고 전전긍긍하며, 푸미폰이란 또 다른 괴물의 발 아래 무릎을 굽히고 발등에 입을 맞추며 반세기를 넘도록 봉건적 군주제의 벽을 넘지 못하고 있다. 그 벽 앞에 근대와 민주주의란 언감생심일 뿐이다.

푸미폰의 발등에 입을 맞춘 민주주의

깐야니 공주 덕분에 짜증스럽기 짝이 없던 방콕의 한편에서는 더불어 경악할 만한 일이 동시에 벌어지고 있었다. 이른바 왕의 길, 랏차담넌 녹(Ratchadamneon Nok)의 마카완 다리 앞에서는 판타밋으로 불리는 민주주의 인민연합(PAD; People's Alliance for Democracy)이 철야농성을 벌이며 연일 집회와 시위를 벌이고 있었다. 카오산 로드에서 터덜터덜 걸어 그 현장으로 가는 길은 지글거리는 태양이 머리꼭지를 달구고 있었다. 그때의 착잡했던 심정은 딱히 필설로 형언할 방법이 없다.

2006년 9월 19일 밤 8시경. 총리인 탁신이 외유 중인 틈을 타 육군참모총장인 손티 분야랏클린이 방콕 인근에 주둔하고 있던 부대의 탱크 14대를 동원해 정부청사의 주변 도로를 봉쇄하는 것으로 18번째 쿠데타를 일으켰다. 태국 역사상 가장 민주적인 헌법으로 평가받고 있는 1997년 헌법이 휴지조각이 되는 순간이었으며 푸미폰이 20번째 총리와 16번째 헌법을 추인하게 될 쿠데타였다. 구태

의연하게 퇴역장군들 따위로 구성된 국가보안위원회가 등장했으며 임시헌법이 1997년 헌법을 찢어 버렸다. 푸미폰은 지금까지의 그 어떤 군부쿠데타보다 적극적으로 나서 이를 사주했다. 이른바 왕실쿠데타였다.

당시 이 쿠데타를 지원한 민간세력들이 PAD였다. 2006년 2월 8일 설립된 PAD는 방콕의 중산층 계급을 기반으로 대대적인 반(反)탁신시위를 주도한 연합조직으로 탁신의 축출과 왕의 개입을 공공연하게 주장하며 방콕에 노란셔츠(왕실의 상징색)의 물결을 만들었다. 2월 탁신은 의회를 해산하고 다시 총선을 치르는 길을 택했다. PAD와 민주당 등은 보이콧을 선언했다. 4월의 총선에서 탁신은 다시 승리했지만 9월의 쿠데타를 피할 수는 없었다. 쿠데타 후 탁신이 망명객 신세가 된 사흘 뒤 PAD는 '임무완료'를 선언하고 자진해산을 발표했다. 세계 군부쿠데타사(史)에서 이처럼 노골적으로 군부쿠데타를 지원한 민간 세력을 찾아보는 것도 쉽지는 않다.

2006년 쿠데타 세력은 15개월 동안 집권했다. 탁신을 축출하는 데 성공했고 1997년 헌법을 무산시켰으며 탁신의 정당이던 '타이 락 타이'를 해산하고 탁신과 그의 인물로 분류된 100여 명에 대해 5년간 정치활동을 금지시켰지만 2007년 12월의 총선에서 또 다시 탁신에게 패배했다. 탁신이 뒤에 버티고 있는 '인민의 힘'이 과반수에 가까운 232석을 얻어 제1당이 되었고 친탁신파 정당들과 함께 연립정부를 구성하는 데에 성공했다. 2008년 2월 탁신은 17개월 동안의 망명객 신세를 청산하고 방콕으로 돌아왔다(그 해 10월 태국 대법원은 탁신의 부패혐의에 대해 유죄를 선고했고 이미 8월 태국을 빠져나갔던 탁신은 망명을 선언했다).

탁신의 귀국과 함께 2006년 쿠데타를 지원했던 PAD의 지도부 5총사가 다시 뭉쳤고 방콕에서는 2006년의 도돌이표 집회와 시위가 다시금 시작되고 있다. 노란셔츠가 다시 등장했음은 두말할 나위가 없다.

랏차담넌 녹의 유엔건물 앞에서 벌어지고 있는 집회에 도착했을 때에는 마침 5총사의 대표 격인 손디 림통쿨(Sondhi Limthongkul)이 선글라스에 노란 스카프를 목에 맨 예의 그 패셔너블한 차림으로 사자후를 토해 내고 있었다. 태국 미디어계의 거물로 신문사와 방송사를 거느리고 있는 인물로 한때 탁신의 강력한 지지자였지만 자신의 회사에 대한 부채를 둘러싸고 벌어진 추문 끝에 2005년 결별한 후 왕과 손을 잡고 반탁신으로 표변했다. PAD의 집회와 시위에서 언제나 외쳐지는 구호는 미디어통인 손디가 만들어 낸 것으로 알려져 있는데 이렇다. '우리는 왕을 사랑해', '우리는 왕을 위해 싸울 것이다', '왕에게 권력을'. 아마도 그는 연설 틈틈이 그 구호를 사용하고 있었을 텐데 태국에서 태국어를 못 알아듣는 것이 그처럼 다행으로 여겨진 적은 이때가 처음이었다.

신자유주의와 '악당 둘'의 혼란

손디와 같은 기회주의적 언론 자본가와 그가 대표하는 방콕의 중산층 세력에 대해서는 그렇다고 하자. 이들이 왕과 군부를 열렬히 흠모하여 쿠데타를 바라마지 않은 것은 오직 그 길이 자신들의 이익을 수호하기 때문이다. 그런데 PAD의 연합에는 또 다른 세력도 참여하고 있었다.

랏차담넌 녹의 PAD집회에서 가장 두드러진 특징은 수에 있어서조차 청년층보다는 장년층이 돋보인다는 것이었다. 말하자면 50대 초반이거나 후반. 서울

PAD의 집회에서 한 사내가 대형 태국 국기를 흔들고 있다

시청앞 광장에 포진했던 고엽제 아저씨 또는 노인들을 떠올리겠지만 분위기가 다르다. 말하자면 인텔리의 아우라가 후광에 드리워져 있다는 걸 쉽게 알아챌 수 있다. 이들이 이른바 태국의 386에 해당하는 1970년대 민주화(또는 공산주의)학생운동의 세례를 받은 세대이다. 1970년대 학생운동을 중심으로 한 민주화운동이 군부쿠데타로 압살당하면서 상당수의 학생들이 태국공산당의 게릴라투쟁에 합류했던 것은 널리 알려진 사실이다. 1980년대 태국공산당이 궤멸의 위기를 극복하지 못하고 청산된 후 밀림에 남아 있던 이들은 이른바 국왕의 사면령에 따라 방콕 등으로 돌아올 수 있었다. 밀림에 들어갔거나 들어가지 않았거나 이들은 태국 현대사에서 민주화운동과 군부쿠데타, 공산주의운동의 경험을 공유한 세대로 특징지어지고 있다. 태국의 70년대 세대들은 밀림에서 돌아온 후 사회 각 분야로 진출했다. 평범한 생활로 돌아가기도 했지만 일부는 정계와 사회운동·빈민운동·노동운동·여성운동 분야의 조직자이자 지도자의 길을 걷기도 했다. 탁신의 집권 이후 이들 중 적잖은 수가 반탁신운동에 참여했다.

좌파로 분류할 수 있는 세력의 일부가 PAD에 참여하고 있는 것을 이해하지 못할 바는 없다. 탁신은 전형적인 대자본가이며 정권을 이용해 부정부패를 일삼았고 시장개방이나 자유무역협정 등에서 신자유주의자로서의 위상을 유감 없이 과시했다. 그는 또 반인권의 상징이었다. 이른바 마약과의 전쟁을 선포한 후에 3천여 명에 달하는 마약거래 혐의자들을 재판 없이 초법적으로 처형하는 만행을 저지른 주인공이 탁신 정권이다. 남부의 무슬림 분리주의를 탄압하는 과정에서 벌어진 민간인 학살로부터도 자유롭지 못하다. 이래저래 탁신은 악당이다.

PAD의 반탁신시위가 방콕을 달구던 2006년 2월 대표적 좌파잡지인 『먼슬리 리뷰』는 시의성을 살려 태국발 기고문 하나를 실었다. 녹노이 뎅(가명)의 「태국에서의 대중봉기」(Mass Uprising in Thailand)란 제목의 글이었다. 이 글은 PAD에 참여한 태국 좌파의 입장은 물론 서구 좌파의 일부가 태국의 반탁신운동을 바라보는 관점을 동시에 대변한다는 점에서 흥미롭다. 일부를 인용해 보자.

'위로부터의 계급전쟁'에 반대하는 민중운동이 태국 전역에서 빛나기 시작했다. 학생과 노동조합 노동자들은 네오콘(Neocon)의 억만장자 총리인 탁신 시나와트라를 축출하기 위한 광범위한 기반의 인민연합 조직을 지원하기 위해 거리의 새로운 힘으로 부상했다. 탁신은 동아시아에서 워싱턴의 지원을 받는 지도자로 남아 있다. 탁신의 독재적 권력남용에 맞서는 현재의 투쟁은 태국의 강력한 금권정치에 의한 민주주의의 실질적 붕괴에 대해 새로운 대중적 인식을 고무하고 또 그에 따른 요구들을 발화하고 있다. …… 탁신을 축출하기 위한 새로운 전국단위 조직인 '민주주의 인민연합'(PAD)이 구성되었다.

그런데 악당은 탁신만이 아니라는 점에서 녹노이의 자가당착은 남한의 386그룹이 과시했던 자가당착쯤은 말석의 구석에 찌그러져 있도록 만들 정도이다. 거리에 등장한 새로운 힘들을 이끈 PAD가 몸을 실은 고속버스는 18번째 쿠데타와 푸미폰의 개입을 향해 직행했다. 이 위대한 반자본 투쟁으로 탁신 정권은 붕괴되었지만 권력은 탁신 못지않게 신자유주의를 갈구해 마지않는 군부와 독점자본의 손으로 넘어갔고 금권정치는 달라지지 않았으며 민주주의는 왕과 군부의 손으로 왕궁과 병영의 뚱통에 내던져졌다. 그들은 워싱턴D.C.의 앞잡이인 신자유주의 정권의 우두머리인 탁신의 목을 베어 워싱턴D.C.의 또 다른 앞잡이이자 또 다른 악당인 왕과 군부의 손에 쥐어 주기를 간절히 희망했을 뿐이었다.

하지만 그게 그놈이니 최소한 본전이라고? 이게 왜 태국 민주주의는 물론 진보적 발전을 최소한 10년 이상 뒤로 돌린 역주행인지를 말해 보자. 탁신은 줄곧 아시아 최대의 반FTA시위를 이끌어 낸(?) 신자유주의의 신실한 기수였지만 동시에 태국 최초로 가난한 자들을 배려한 복지정책을 실현한 이중트랙(Dual Track)정책의 장본인이었다. '30바트로 병원에'로 상징되는 탁신의 의료보장체계는 병원의 높은 문턱을 죽어도 넘지 못하던 빈곤한 농민과 노동자에게 구원의 불빛이었다. 농촌을 대상으로 한 무조건부 자금지원은 이전의 어떤 정권도 거들떠보지 않았던 빈곤한 농민을 겨냥한 것이었다. 농촌지역의 특산물을 개발하고 유통판매할 수 있도록 한 오톱(OTOP)은 탁신의 성공적인 농촌지원 정책으로 평가되고 있다(방콕 수완나품 공항 면세점 코너에는 아직도 오톱 판매점이 남아 있다). 결국 탁신이 쿠데타 이후 첫 선거에서까지 승리할 수 있었던 원동력은 일하는 자들, 가난한 자들을 배려한 정책 덕분이었다. 방콕의 엘리트들은 탁신이 돈으로 표를 샀다고 떠들어 대지만 쿠데타 직전에 의회를 해산하고 실시한 총선과 쿠데타 후의 총선에서 탁신이 금권선거를 자행했다는 증거는 누구도 제출하지 못하고 있다.

왕과 군부를 대변하던 민주당은 탁신이 집권하던 내내 탁신의 의료보장제도와 농민지원을 물고 늘어졌다. 2006년 쿠데타로 30바트 의료보장제도는 일거에 무산되었다. 탁신의 농촌개발 사업은 반발을 무마하기 위해 푸미폰의 충족경제(Sufficiency Economy)로 대체되었다. "욕심부리지 말고 저축하며 살아라"로

방콕 랏차담넌가(街)의 마카완 다리 앞

PAD의 집회는 왕의 대로인 랏차담넌가의 마카완 다리 앞을 거점으로 했다.
바로 그 집회의 단상과 단하.

요약되는 푸미폰의 충족경제는 오직 대다수 가난한 자들에게만 해당할 뿐 세계 상위급 부자인 푸미폰의 왕실과 부자들에게는 해당사항이 없는 기만적인 유사경제 캠페인일 뿐이다.

탁신과 같은 신자유주의자가 왕과 군부독재정권이 엄두도 내지 않던 일련의 민중적 정책을 폈던 이유는 표를 끌어모으기 위한 정치적 목적이 앞섰겠지만 그보다는 태국 사회가 천천히라도 앞을 향해 걸어온 결과이다. 태국의 노동자, 농민, 빈민은 지난 60년 동안 왕실과 탱크의 공포가 드리운 그늘에서 조금씩 벗어나 왔다. 탁신이 그들의 목소리를 일부라도 수용한 것은 이제 더 이상 탱크와 왕관으로 짓누를 수 없는 시대가 도래했기 때문이다. 2006년 쿠데타 후 2년이 지난 지금 지배 세력에게 사정이 도루묵이 되어 버린 이유 또한 마찬가지이다. 바로 그 도루묵 판에 PAD가 재결성을 선언하고 2006년과 마찬가지로 "우리는 왕을 사랑한다"고 외치며 방콕의 거리를 다시금 배회하고 있다. 태국의 정치지형을 고질적으로 지배하고 있는 반민중적 엘리트주의가 노란셔츠를 입고 같은 거리를 어슬렁거리고 있다.

그 거리의 끝에 두 명의 악당이 버티고 있다. 두 명의 악당을 모두 처단할 수 있다면 그보다 좋은 일은 없겠지만 유감스럽게도 역사란 언제 어느 때에도 그런 식으로 충동적으로, 유아적으로 발전하지 않는다. 지금 태국이 필요한 것은 악당 중에 늙은 악당을 때려눕히는 일이다. 늙은 악당을 없애지 못한다면 젊은 악당을 때려눕힐 기회 또한 영영 돌아오지 않을 것이다.

태국은 가까운 시일 내에 역사적 시험대에 놓이게 될 것이다. 푸미폰도 인간이고 그도 죽음을 피할 수는 없다. 손윗 누이인 깐야나가 죽었으니 푸미폰이 죽을 날도 멀지 않았다. 왕정주의자들의 극단적인 저항은 푸미폰을 중심으로 공고하게 다져진 기득권에 대한 위기의식의 표출이다. 푸미폰의 권위를 승계할 인물은 존재하지 않는다. 푸미폰이란 괴물은 꼭두각시에서 미국과 군부의 후원 아래 수십 년의 성장을 통해 완성된 괴물이다. 왕궁에서 또 다른 누군가가 왕위를 물려받는다고 해도 푸미폰의 역할을 대신한다는 건 불가능하다. 아들이건 딸이건 이것만큼은 불변의 현실이다. 태국의 지배 세력은 군주제 최대의 태생적 약점에 직면하고 있다. 왕정주의자들이 목표로 하는 것은 푸미폰이 죽기 전에 태국식 군주제의 기득권을 강화하고 가능하다면 제도적으로 완성시키는 것이다. 그러나 시계를 거꾸로 돌리는 이 시대착오적인 반동의 희망이 성사할 가능성은 희박하기 짝이 없다. 푸미폰과 왕정주의자들의 소망은 시계 바늘에 목이 베일 것이고 이걸 저지할 수 있는 방법은 존재하지 않는다.

군부는 확실히 푸미폰의 편에 서 있지만 쿠데타에 대한 자신감을 상실했다. 육군참모총장 아누퐁 파오친다(Anupong Paochinda)는 "결국은 선거를 해야 할 텐데 선거에서는 이길 수가 없다"는 푸념을 늘어놓고 있다. 설령 또 한 번의 쿠데타가 등장하더라도 지난 60년 동안 태국을 장악했던 지배 세력들의 이익을 예전처럼 지켜 줄 수 없음은 분명하다.

태국은 민중의 시대를 눈앞에 두고 있다. 이 중요한 시기에 민중을 불신하고 조롱하며 랏차담넌 대로에 모여 지배 세력의 이익을 대변하는 왕정주의의 깃발 아래 모여 있는 방콕의 지식인과 중산층은 결국 역사의 수레바퀴 아래 깔려 짓이겨질 것이다. 정부청사를 점거하고 공항을 점거한다고 해서 달라질 것은 없다. 그러나 전근대적 군주제의 그늘에서 태국이 벗어난다고 해도 진보적 지식인의

악령(惡靈)

입헌혁명으로 붕괴한 절대군주제는 불사조처럼 살아 오늘의 태국을 지배하고 있다.

부재는 민중의 현실과 미래를 탁신과 같은 신자유주의 자본가의 손에 헌납하는 꼴이 되고 있다. 이게 태국 민주주의와 역사의 발전을 가로막는 암울한 현실이다. 이 중요한 시기에 노동자와 농민, 빈민과 시민의 정치 세력화가 거듭 외면당한다면 태국 현대사의 시침은 1932년에 머물러 있게 될 것이다.

왕과 나
사법쿠데타로 신임 태국총리의 자리에 오른 아비싯 웨차치와.

태국

왕과 쿠데타의 방콕

2008년 12월 15일 태국 의회가 민주당 후보인 아비싯 웨차치와(Abhisit Wechachiwa)를 신임 총리로 선출함으로써 태국 정국의 혼란은 수완나품 국제공항 청사 점거까지 불사했던 민주주의 인민연합(PAD)의 승리로 일단락되었다. 두 명의 총리를 사퇴시키고 집권여당까지 해산시켰던 최근의 사태는 사법부의 쿠데타로 모양을 갖추었지만 사실상 PAD와 군부의 배후에 있던 태국 왕 푸미폰의 정치쿠데타였다. 결국 태국은 지난 2006년 군부쿠데타의 재난을 다시 겪었다. 영국 태생의 태국 귀족 출신 엘리트인 아비싯은 총리 선출 직후 자신은 푸미폰의 추인을 받기 전까지는 정국운영의 틀을 말할 수 없다는 겸손한 발언으로 왕에 대한 충성을 다짐했다.

그러나 1932년 혁명으로 불타 버린 왕궁을 미국과 군부의 지원 아래 극적으로 되살려 낸 푸미폰의 절대적 권력과 권위는 2006년 PAD의 시위로 의회해산과 함께 이루어진 4월의 총선과 쿠데타 이후 민정이양에 따른 2007년 12월의 총선에서 탁신 측이 승리함으로써 이미 절름발이가 되었다. 더불어 2008년 12월 또 한 번의 쿠데타로 푸미폰은 돌아오지 못할 강을 건넜다. 민주당이 정국의 주도권을 안정적으로 행사하지 못하고 산적한 현안들을 해결하지 못하는 가운데 보궐선거나 다음 총선에서 대중의 불신임이 확인된다면 무소불위였던 푸미폰의 은폐된 권력은 공개적으로 수렁에 뛰어들어야 할 것이다. 그런 만큼 2008년 12월의 쿠데타는 푸미폰에게는 위험한 도박이었다.

세계 최강의 권력과 부를 자랑하는 푸미폰이 도박판에 뛰어들 수밖에 없는 이유는 자신과 왕실이 직면한 위기의식에 있다. 푸미폰의 81번째 생일 직전에 치러진 푸미폰의 누이 깐야니의 성대한 장례식은 태국 왕실에 드리운 위기의 실체이다. 깐야니는 푸미폰보다 고작 3살이 많다. 푸미폰도 곧 누이를 따라가리란 건 자연이 인간에게 적용하는 불변의 법칙이다. 태국 왕실은 여전히 강건한 반석 위에 놓인 것처럼 보이지만 푸미폰이 부재한다면 사상누각에 불과할 뿐이다. 푸미폰이 지금처럼 신적인 존재가 되기 위해서는 최소한 30년 이상의 세월이 필요했다. 미국 태생으로 스위스에서 살다 돌아와 열여덟 살에 왕위를 물려받은 푸미폰은 베트남전쟁을 치르던 미국과 친미군부독재의 육성으로 신이 되었다. 불행하게도 푸미폰에게 왕위를 물려받을 다음 왕은 이런 호사를 누릴 수 없을 것이며 푸미폰의 신격화된 이미지를 물려받을 수 없을 것이다. 태국 왕실이 지난 시간 동안 누려 왔던 정치적 기득권이 극적으로 쇠퇴할 것임은 불을 보듯 뻔하다.

푸미폰과 왕실의 경제적 기득권 또한 불확실한 미래를 눈앞에 두고 있다. 푸미폰의 막대한 재산은 단 한 번도 문제가 된 적이 없다. 문제는커녕 재산의 전모도 파악할 수 없는 형편이다. 다만 공개된 자산으로, 상장기업 중 태국 3위의 기업인 시암 시멘트 그룹(일대주주가 푸미폰)의 주식 30퍼센트를 소유하고 있다. 태국 3위의 은행인 시암 상업은행의 주식 41퍼센트 역시 푸미폰이 소유하고 있으며 데브스 인슈어런스의 주식 87퍼센트는 왕실 소유이다. 이런 식으로 태국 왕실은 태국 증권 시장인 SET 자본의 7.5퍼센트를 소유하고 있다. 그러나 이건 빙산의 일각이다. 태국 제일의 지주인 왕실의 재산은 단 한 번도 공개된 적이 없으며 너무 방대해 푸미폰 자신도 그 전체를 알지 못할 것이란 농담만 돌아다니고 있다. 1932년 반봉건혁명 이후 대부분의 왕실재산이 몰수되다시피 한 상태에서 현재 태국 제일의 부자가 된 푸미폰의 축재과정이 깨끗할 수는 없다. 탁신의 부패 따위는 면구스러운 수준일 수 있다. 이런 막대한 규모의 부는 태국 왕실이 막후에서 경제계와 군부, 언론에 강력한 영향력을 행사하는 초석이다.

푸미폰의 신격화를 지난 30년 동안 제도적으로 보호하고 언론에 재갈을 물린 시대착오적 왕실모독죄는 안팎으로 도전받고 있다. 영국의 경제지『이코노미스트』는 최근호의 커버스토리로 푸미폰에 대한 장문의 폭로기사를 실어 외신의 음험한 카르텔이 마침내 파열음을 내고 있음을 증명했다.『이코노미스트』의 영악한 판단은 푸미폰이라는 잠수함의 토끼가 숨 가쁘게 헐떡이는 소리를 들었기 때문일 것이다. 왕실모독죄의 전근대성은 태국의 젊은 층을 중심으로 반감을 사고 있다. 그렇게 30년 동안 태국에서 폭력적으로 멈추어 있던 시침은 초침보다 빠르게 돌아가고 있다. 강철처럼 완고한 권력과 권위는 언제나 찰나의 순간에 굉음을 내며 무너지는 법이다.

2008년 12월 또 한 번의 (사법)쿠데타에서 푸미폰은 위태롭기 짝이 없는 일시적 승리를 거두었다. 탁신의 집권으로 가시화한 기층민중, 특히 농민과 빈민의 정치적 욕구는 방콕의 중산층 엘리트가 주도하는 PAD의 힘과는 비교할 수 없는 근원적인 힘이다. 포퓰리즘이건 뭐건 탁신의 복지정책은 푸미폰에 심각한 상처를 입혔다. 푸미폰이 재해지역이나 농촌을 돌아다니며 푼돈을 던져 줌으로써 유지해 왔던 가부장적 권위는 이미 해체되었으며 왕을 내세운 우민정치는 지난 10년 동안 급격한 쇠퇴를 거듭해 왔다. 방콕의 왕정주의 엘리트들이 혐오하는 무지한 대중은 이미 자신들의 손에 쥐어진 정치적 잠재력을 확인했다. 엘리트주의자들은 비웃고 있지만 대중의 정치적 각성은 이미 낡은 둑에 구멍을 뚫었다.

반탁신 연합인 PAD는 목적을 달성한 지금 분열을 목전에 두고 있다. PAD의 주 세력 중 하나였던 방콕의 왕정주의자 유한마담 계층들은 여전히 푸미폰과 젊은 미남 귀족 총리가 이끄는 민주당을 전폭적으로 지지하겠지만 예컨대 노동운동 세력들은 왕정주의자들과 결별해 자신들의 요구를 앞세울 것이다. 탁신을 배반하고 민주당의 연정에 참여했던 기회주의 정치 세력들은 권력의 분점을 어느 때보다 강력하게 요구할 것이다. 영국 일간지 『가디언』은 이번 총리선출에서 소수정당들이 한 표에 1백만 파운드(20억 원)를 요구했다고 보도했다. 경제는 파국을 치닫고 있다. PAD의 수완나품 공항 점거는 관광대국인 태국의 내년 경제 성장률의 1퍼센트를 깎아먹은 것으로 평가되고 있다. 금융위기로 휘청거리는 태국 경제는 푸미폰의 정치놀음으로 전례 없는 타격을 입었다. 노란옷을 입은 PAD가 손을 뗀 시위정국은 이제 붉은옷을 입은 탁신지지 시위대인 반독재민주연합전선(UDD)의 손으로 넘어갔다. PAD에 비한다면 자금과 조직력에 있어서 한수

PAD의 힘

방콕의 중산층 가정에 속한 듯 보이는 젊은이들이 PAD의 집회가 열리는 마카완 다리 앞을 향해 걸어
가고 있다. 방콕의 여유로운 중산층 계급은 태국 왕실의 절대적 지지층이다. 방콕의 중산층이란 태국
으로 본다면 상류층에 속한다.

탁신 물러가라
PAD의 집회장 근처에서 한 여인이 탁신의 머리가 담긴 개 밥그릇 그림을 옆에 두고 더위를 식히고 있다. 탁신은 결국 왕의 이름으로 쫓겨났다. 다음은 왕의 차례이다. 민중의 이름으로.

아래이지만 10만 이상을 동원한 전력을 무시할 수는 없는 만큼 정국의 변수가 될 것이다. 민주당이 불안한 권력을 손에 쥔 태국 정국의 시금석은 태국 사법부가 의원직을 날려 버린 29개 선거구에 대한 2009년 1월의 보궐선거가 될 전망이었지만 총리인 아비싯은 보궐선거는 물론 총선에 대한 요구도 무시하고 있다.

왕과 우민정치의 존속과 유지를 갈망하는 세력들의 간절한 소망에도 불구하고 태국은 여하튼 앞으로 가고 있는 것처럼 보인다. 역사란 묘한 것이다. 더딜지라도 다중의 힘에 의해 꾸역꾸역 앞으로 간다. 그걸 막을 재간이란 도통 보이지 않는다. 노란옷을 입지 않은 엘리트들이 이게 진정한 민주주의의 힘이란 걸 깨달을 때 태국 역사는 좀더 빠르게 전진할 것이다.

사이클론 나르기스가 덮친 양곤
마을 주민들이 직접 나서 재해 복구를 하고 있다.

양곤 강변에서

　　　　　　　　　여행을 하다 보면 도착이 너무 힘들어 막상 발을 딛고 난 후에 되려 '내가 여길 왜 왔을까' 라는 생각에 허탈해질 때가 있다. 이번 여행에서는 미얀마가 그랬다. 일은 마닐라에서부터 뒤틀렸다. 물어물어 찾아간 미얀마대사관에서 비자를 받는 데에는 닷새가 필요했고 급행은 당분간 취급하지 않는다고 했다. 지난 9월의 승려시위 덕분이다. 이틀 뒤에는 마닐라를 떠나야 했으므로 까짓 사이공에서 받으면 되지 했던 것인데 사이공에는 미얀마대사관도 영사관도 없었다. 흠. 그렇다면 프놈펜에서. 이번엔 신중을 기하느라 미리 프놈펜의 옛 제자에게 전화까지 해서 준비를 부탁했다. 한데 주말이 끼어 있던 탓에 자카르타에서 예약해 둔 비행기 티켓은 벌써 휴지조각이 되어 버렸다. 환불 불가 티켓이었더랬다. 항공편에 대해서만큼은 '미리미리' 가 비용을 절감하는 지름길이었으므로 사이공에서 다시 예약구매. 한데 프놈펜을 보시라. 마지막 순간에 돌아온 것은 비자 없는 여권. 비자신청서류까지 고스란히 되돌아 내 손에 쥐어졌다. 사실 비자 때문에 프놈펜에 이틀을 더 머물렀던 것이었다. 다시 또 한 장의 티켓이 찢어지는 소리를 냈다. 담당 직원은 이유조차 제대로 설명하지 않았다. 접수된 신청은 모두 거절되었으니 그리 알라는 말만 되풀이한다. 모두 평등하게 거절되었으니 불평은 사양이라니 이게 무슨 사이비 공산주의자들의 발언인가. 그래서 다시 공, 아니 비자는 방콕으로 넘어갔다. 물론 또 한 번의 티켓 예약 및 구매. 방콕에 도착하자마자 나는 프놈펜에서 해주지 않았던 이야기를 그제야 들을 수 있었다.

"거기, 난리 났어요. 비행기도 못 내린답니다."

사이클론 나르기스였다. 또 찢어진 티켓. 양곤으로 날아가지 못하는 것보다 양곤의 친구는 무사한지 걱정이 되었지만 알아볼 방도가 없었다. 생사여부를 확인하는 메일 하나를 보내고 카트만두로 행선지를 바꾸었다.

바쁜 와중에 짬을 내 들른 주네팔 미얀마대사관. "단수여권이구만요?" "그렇습니다만." "뭣 때문에 가십니까?" "……놀러 가지요." "관용여권이시구만요?" "그렇습니다만." "기다려 보시지요." 한참 뒤에 돌아온 직원이 하는 말. "정부발행 확인서를 팩스로 보내셔야 한다는데요." "뭣이라고…요?" 일이 이쯤 되면 이판사판이다. "대사를 만나게 해주쇼." "안 계십니다." "대사 만나기 전엔 못 나가. 세상에 어느 나라가 놀러간다는데 정부확인서를 보내라고 한단 말이야." 이렇게 미친 놈처럼 펄펄 뛰기를 30분. 입맛을 다시며 본관 건물을 들락거리던 직원은 모진 놈 만났다고 신고한 모양이었다. "사흘 뒤에 오셔." "그럽시다." 그러다 번개처럼 머리를 때린 생각. 나흘 뒤에 떠나는데 이러다 물 먹으면 그걸로 끝이지. "급행 있지?" "있지." "그럼 급행으로." 그렇게 해서 다음 날 손에 넣은 미얀마 비자였다.

3년 만에 다시 찾은 양곤 국제공항은 여전히 작은 규모이기는 했지만 말끔한 신 청사로 바뀌어 있었다. 사이클론의 대재앙이 이라와디 삼각주(Irrawaddy Delta)를 덮친 지 20일째가 되는 날이었다. 마음 한구석이 무거웠다. 양곤의 무료병원에서 일하고 있는 친구는 다행히 무사하지만 신이 왜 이토록 자신들에게만 특별히 냉담하고 잔인한 것인지 너무 슬프고 힘들다고 적은 메일을 보내왔다. 공항을 빠져나와 도심으로 향하는 길에는 병력을 가득 실은 군용트럭과 완전무장한 군인들이 끝도 없이 줄을 이었다. 어쩔 수 없이 가슴 한구석에 옅은 분노가 피어올라 이윽고 쐐기처럼 박혔다. 군인들이 있어야 한다면 그곳은 양곤의 공항대로가 아니라 재해로 쑥밭이 된 이라와디 삼각주였다. 정말이지 세상에서 가장 형편없는 군부독재가 아닐 수 없었다.

"도대체 이 작자들은 무슨 생각을 하고 있는 것일까요?"

숙소에 짐을 풀자마자 물어물어 민족민주동맹(NLD) 관계자 한 명을 만날수 있었다. 나는 공항에서부터 늘어선 무장한 군인들에 대해서 먼저 물었다. 그는 뜻밖에도 내게 되물었다.

"그래요? 요즘은 그럴 필요도 없고, 또 그런 일도 없었는데요. 지금 양곤에서 시위는 불가능한 일입니다. 무슨 일일까요?"

무장한 군인들이 공항대로를 따라 도열하다시피 한 것은 그날이 반기문 유

2008년 9월의 민주화시위
미얀마 군정은 또 한 번 이 요구를 짓밟았다.

엔사무총장이 신 수도인 네피도(Naypyidaw)에서 군정의 우두머리인 국가평화발전위원회(SPDC) 의장 탄쉐(Than Shwe)를 면담하기로 한 날이었기 때문이다. 무슨 일이었을까. 유엔사무총장에 대한 경비였을까, 아니면 힘의 과시였을까. 이일은 내가 미얀마에 있던 내내 머리에 남아 떠나지 않았다.

이라와디에서

이른바 미얀마 군정은 이즈음에는 보기 드문 말종의 군부독재정권이다. 1962년 느윈(네윈)의 쿠데타로 시작된 군정은 일체의 민주화 시도도 용납하지 않는 철권통치로 일관해 온 세계 최장의 군부독재정권으로 잔혹하기 짝이 없기로 명성을 드높여 왔다. 1985년부터 싹트기 시작한 민주화시위가 1988년에 이르러 8월 8일의 항쟁으로 발전했을 때 이 잔인한 자들은 3천여 명을 학살하는 만행을 마다하지 않고 독재권력을 수호했다. 그 피의 대가라고 말할 수 있는 1990년 5월 총선은 민족민주동맹이 압도적인 의석수를 차지했음에도 불구하고 없던 일로 만들어 버린 대신 당선된 의원들을 투옥하고 민주화 세력에 대한 대대적인 탄압에 나서는 것으로 총선을 약속한 자신들의 과오를 반성했다. 미얀마는 그렇게 아시아에서 민주주의의 사각지대로 남았다. 2007년 8월 승려들이 주도한 민주화시위 역시 유혈진압으로 무산되었으며 군정은 여전히 철권을 행사하고 있다.

사실상 헌법도 없이 17년 동안 통치하고 있는 무법군정 지배하의 미얀마의 현실은 암울하기 짝이 없다. 일체의 반정부적 활동에 대한 무소불위의 탄압은 물론 엄혹한 언론탄압, 군부의 부정부패, 빈곤 등은 그대로 미얀마인들의 고달프기 짝이 없는 일상이 되어 버렸다. 외부의 시선으로는 아시아에 군부독재정권이 아직도 남아 있다는 것만으로도 뜨악한데 그 원시적이고 야만적인 통치술에 경악을 금치 못할 판이다. 정권의 홍보지랍시고 타블로이드판 갱지에 찍어 내는 일간지는 기사의 문구 하나하나마다 초등학생 수준이다. 모든 방송과 신문은 군정의 직접 관리대상이다. 양곤 시내 가판대의 신문 잡지들은 몇 종 되지도 않지만 첫면부터 벌거벗지도 못한 여자의 사진으로 도배를 하고 있다. 군부독재정권들이 30년 전에 써먹던 3S정책에 이제 막 눈을 뜨는 형국이다. 인터넷은 최악의 속도를 보장(?)하면서도 정보차단에는 최선을 다하고 있다. 구글의 지메일은 접속조차 할 수 없고 비위에 거슬리는 콘텐츠는 접속 불가이다. 사정이 그런데도 인터넷 카페에서는 손님에게 여권 제시를 요구하고 있다. 정보통제의 정점은 이즈음엔 어딜 가나 보편화되어 있는 휴대폰을 구하려면 1천 8백 달러를 지불해야 하는 미얀마의 현실이다. 시장에서 개통된 휴대폰 심(SIM)칩을 구하려면 2천 달러를 지불해야 한다. 인도네시아에서 태국에 이르기까지 20달러면 칩을 구할 수 있었던 나는 기가 막혀 그냥 웃고 말았다.

이 말종의 군부독재정권을 다시금 국제무대의 초점으로 만든 것은 사이클론 나르기스였다. 최대 풍속이 시간당 215km에 달했던 나르기스는 미얀마 남부의 곡창지대인 이라와디 삼각주를 순식간에 폐허로 만들었다. 10만 명의 사망자와 100만 명이 넘는 이재민이 발생한 것으로 추정되는 이 끔찍한 자연재해는 이재민 구호와 관련한 미얀마 군정의 배타적이고 미온적인 비인도적 태도를 도마 위에 올려놓았다. 시급한 국제원조를 받아들이지 않는 미얀마 군정에 대해 세계 여론의 비난이 빗발쳤고 급기야는 유엔사무총장이 미얀마를 방문해 탄쉐를 면담하기에 이르렀다. 1964년 이후 최초라고 하지만 당시의 유엔사무총장은 미얀마 출신인 우탄트(U Thant)였다.

양곤에 머무는 동안 나는 외국인 통제지역인 이라와디 삼각주를 방문하기 위해 최선을 다했다. 그러나 이라와디가 아니더라도 당장 양곤부터 나르기스가 휩쓸고 지나간 후 남긴 흔적이 역력했다. 시내의 대로변에는 아름드리 나무가 뿌리를 드러내고 쓰러져 있는 모습을 흔히 볼 수 있었고 전신주들은 세워져 있었지만 전선이 없는 전신주들이 적지 않게 눈에 띄었다. 대로의 이면은 사정이 더욱 나빴다. 쓰러진 전신주들을 세우고 있는 것은 주민들이었다. 양곤의 상징인 쉐다곤 사원의 맞은편 주거지 골목에서 전신주를 세우고 있던 한 주민은 정부가 전선을 이어 주겠다고 했지만 언제가 될지는 모른다고 말했다. 양곤 외곽에 살고 있는 우탄소에는 아직 전기가 들어오지 않아 촛불과 호롱불 신세를 지고 있다고 말했다. 그러나 쉐다곤 인근의 한 사원에서는 경내의 쓰러진 나무들을 치우기 위해 군인과 경찰 그리고 군용트럭이 동원되고 있었으며 대로변의 전신주와 전선 복구사업에는 중장비와 인력이 동원되고 있었다.

미얀마 군정의 영자 대변지인 『미얀마의 불빛』(*The Light Of Myanmar*)은 연일 국가평화발전위원회 위원장 탄쉐와 군정의 장군들이 재해지역을 방문했다는 기사와 사진들로 도배를 하다시피 싣고 있었지만 양곤의 시민들은 군정이 자신들을 도우리라는 기대는 일찍 버린 것처럼 보였다. 양곤 시내의 병원에서 의사로 일하고 있는 아예는 군정의 재해복구사업은 일반인들을 대상으로는 무(無)에 가깝다고 말했다.

"사이클론이 지나간 후 모두들 스스로 쓰러진 나무들을 베고 날아간 지붕들

사이클론의 가장 큰 피해지역인 이라와디

을 얻고 무너진 담들을 세우기 시작했지요. 도움을 기다리는 사람들은 없었습니다. 이젠 아무도 그런 기대는 하지 않아요."

도착한 첫날부터 나는 한편으로 미얀마 초유의 대재앙이 덮친 이라디와 삼각주 지역으로 들어가기 위해 동분서주하기 시작했는데 사이클론이 휩쓸고 지나간 지 3주가 지난 시점이었지만 양곤 강을 넘는 것부터 만만치 않았다. 양곤의 민간 무상의료기관 한 곳이 일요일에 재해지역으로 진료를 떠난다는 소식을 듣고 따라가기를 부탁했지만 피차 곤혹스러운 일이었다.

"가실 수는 있겠지만 문제가 되면 남은 저희들이……."

보안대 신세를 져야 한다는 말이어서 더는 부탁할 염치가 없었다. 방법을 바꾸어서 이라와디 삼각주 위쪽에 위치한 서부의 파텡으로 간 후 남진할 계획을 세웠지만 그도 무망한 일이었다.

"지금은 외국인에게 차표를 팔지 않는데요."

"내 생김새가 미얀마 사람 같지 않습니까?"

"파텡까지 가는 길에는 검문소가 수도 없는데……."

중국계인 여행사 사장은 내가 검게 그을린 탓에 "미얀마 사람처럼 보이기는 한다"고 말했지만 "당신이 그렇게 운이 극도로 좋은 사람"이냐는 표정을 지었다. 생각해 보니 이번 여행에서 나는 그다지 운이 좋은 편은 아니었다.

그러던 중에 미얀마 군정과 대결하는 가장 좋은 방법은 '돈'이라는 조언을 들었다.

"뇌물을 쓸까요?"

"그만 한 돈은 없으실 것 같고……. 돈 때문에 위험을 불사할 가난한 사람을 찾으세요."

그의 말에 따르면 어차피 생김새는 미얀마 사람으로 우겨도 별 문제가 없을 것 같으니 입만 열지 않으면 된다는 설명이었다. 그러니 대신 말을 해줄 사람이 필요한데 문제가 생기면 보안대 신세를 지기는 마찬가지일 테니 위험수당으로 해결하라는 말이었다.

묵언(默言)의 서약을 가슴에 품고 25일 흐린 탁류가 일렁이는 양곤 강을 넘는 페리를 타고 서안의 달라에 도착했다. 이재민을 수용했다는 달라의 한 불교사원은 고적하기 짝이 없었다. 잠시 뒤에 나타난 동자승은 이재민들은 2주 전에 인근의 달라 고등학교로 자리를 옮겼다고 했다. 그러나 학교도 비어 있기는 마찬가지였다. 한때 300여 명의 이재민이 있었지만 지금은 세 가구만이 교실 하나를 지키고 있었다. 달라 주변지역에서만 2,000~3,000여 명의 이재민이 발생한 것으로 알려져 있다.

"6월에 학기가 시작된다고 비워 달라고 해 모두 고향으로 돌아갔지요."

올해 쉰아홉의 우 흘라 아웅 노인은 지난 3주 동안 정부로부터 네 차례 쌀과 콩을 한 줌씩 배급받은 것이 전부였다고 말했다. 그의 가족은 월말까지는 학교를 떠나야 하지만 돌아간 후 집을 다시 지을 엄두가 나지 않아 아직 머무르고 있었다. 수도인 양곤을 코앞에 둔 달라의 이재민 수용소의 사정은 그랬다.

검문소를 통과하는 데에 절대적으로 유리하다는 이유로 오토바이의 뒷자리에 몸을 싣고 양곤지역에서 5,000여 명의 사망자를 낸 사이클론의 피해가 심했던 곳 중의 하나가 된 남부의 쿵 양곤(Kung Yangon)으로 가는 길은 바람에 휘

사이클론이 쓸어간 집
이라와디 강변의 한 마을 주민이 부서진 집 앞에 망연스레 서 있다.

어지는 야자 나무를 빼고는 온전한 나무들을 찾을 수 없을 만큼 한눈에 피해가 두드러졌다. 콘크리트 전신주들은 하나같이 허리가 부러지거나 쓰러져 굵은 고압송전선들이 길가에 흉물스럽게 늘어져 있었다. 아이들은 부러진 전신주에 매달린 1cm 굵기의 송전선으로 그네를 타고 있었다. 사원의 불탑은 달라 인근에서는 첨탑의 장식물들이 꺾여 있을 뿐이었지만 뒤에는 첨탑이 부러져 있었다. 도로변의 집들은 그나마 온전하게 보였는데 그건 대나무로 뼈대를 세우고 야자잎으로 벽과 지붕을 만든 집들이기 때문에 빠르게 복구할 수 있었다는 설명이었다. 주민들이 모두 길가에 나와 지나가는 차들을 향해 목을 빼고 있는 이유는 가끔씩 나타나는 구호차량들이 던져 주는 옷가지나 식품들 때문이었다.

"양곤에서 개인적으로 구호품을 전달하기 위해 차를 타고 오는 사람들도 있고 기업에서 오는 경우도 있어요. 적십자사 차가 지나간 적도 있었지요."

도로변에 아이를 안고 서 있던 한 아낙은 주민들이 도열하듯 길가에 서 있는 이유를 그렇게 설명하면서 정부구호품이나 외국에서 온 구호품은 아직 구경해 보지 못했다고 말했다.

길가에는 심심치 않게 군인과 경찰들이 진을 치고 있었지만 그들의 임무는 출입을 통제하고 이른바 질서를 유지하는 것이었지 구호와는 무관했다. 양곤에서 쿵 양곤에 이르는 사이 유일하게 나타난 정부 이재민 캠프에 멈추었다. 15개의 텐트가 세워져 있는 캠프는 텐트당 한 가구를 수용하고 있어 고작 15가구를 수용하고 있을 뿐이라 전시용이라는 느낌이 강했지만 여하튼 이재민들을 수용하고 있었다. 정부 이재민 캠프는 군인들이 경비를 서고 있었고 구호물품을 전달한다는 이유로 캠프에 발을 들여놓을 수 있었다. 나의 가난한 가이드는 그나마

장교가 없기 때문에 가능한 것이라고 귀띔했다. 도로 안쪽 마을의 한 사원 역시 이재민을 수용하고 있었지만 사원은 달라의 사원과 마찬가지로 텅 비어 있었다. 그러나 비어 있는 사원은 아니었고 200여 명의 이재민들이 의탁하고 있는 장소였다.

"사람들은 아침이면 나가서 해가 져야 들어옵니다."

사원은 거처를 제공할 이상의 능력이 없어서 사람들은 해가 뜨면 저마다 뿔뿔이 흩어져 끼니를 해결하거나 길가에서 구호품을 기다리고 해가 지면 사원으로 돌아온다는 것이 사원을 지키고 있는 젊은 승려의 대답이었다. 청년임에도 불구하고 기운이 없어 보이는 승려는 그 또한 지난 3주 동안 정부구호품이나 외국 구호물자는 한 번도 구경한 적이 없다고 말했다.

양곤으로 돌아오는 길에 그동안 세 번에 걸쳐 이라와디의 재해지역에서 개인적으로 구호품을 나누어 주었다는 중년의 미얀마 사업가 A를 만났다.

"검문소의 경찰이나 군인들은 자신들이 나누어 주겠다며 구호품을 달라고 하지요. 하지만 그 사람들에게 물건을 넘기면 정작 이재민들에게 돌아가는 몫은 없다는 것이 공공연한 비밀이지요. 난 지금까지 한 번도 그들에게 물건을 넘긴 적이 없습니다. 직접 들어가 음식이나 옷가지들을 나누어 줬지요."

"개인적인 구호활동을 방해하거나 하지는 않습니까."

"최근에는 막거나 하지는 않습니다. 하지만 때때로 물건을 압수한다는 이야기를 들었습니다. 며칠 전 1톤 트럭에 구호품을 싣고 이라와디로 들어가던 한 회사의 물품을 군인들이 압수했다고 하더군요."

해거름이 깔리기 시작했다. 다음날을 기약하고 돌아오는 길에는 곧 어둠이 깔렸다. 배터리를 연결한 형광등과 호롱불들이 희미하게 처마 밑을 밝히는 그 길의 끝, 양곤 강 너머로 휘황한 조명 아래 황금빛으로 빛나고 있는 쉐다곤 사원의 불탑이 칠흑 같은 어둠이 내리깔린 강의 서안과 극명한 대조를 이루고 있었다.

26일 양곤지역을 벗어나 이라와디지역으로 접어들었을 때 도로변의 풍경은 일변하기 시작했다. 길가에는 사람들이 넘쳐나기 시작했고 가까스로 남아 있는 어린 나무의 그늘 아래에는 어김없이 아낙네들과 아이들이 자리를 잡고 있거나 구호품으로 받은 우산과 양산 아래에서 바늘처럼 따가운 햇볕을 피해 무리를 지어 앉아 있었다. 그도 아니면 어디론가 꾸준히 걷고 있는 사람들이 도로를 가득 메우고 있었다. 마치 어디선가 전쟁이라도 벌어지고 있고 그 통에 피난민들이 길로 쏟아져 나온 것처럼 보였다. 그 한편에는 승려들이 간신히 햇볕을 가릴 천막을 치고 길가에 나앉아 있었다. 데데예(Dedaye)의 한 사원에서 나왔다는 냐니따란 승려는 처지를 이렇게 전했다.

"폭풍으로 사원이 모두 파괴되었어요. 복구는 엄두도 못 내고 당장 먹을 것이 없어 여기서 시주를 기다리고 있습니다."

재해에는 사원도 승려도 예외는 아니었다. 그는 정부구호품은 구경도 하지 못했다고 말했지만 별다른 불만을 털어놓지는 않았다. 그건 누구라도 마찬가지였다. 모두 군정에 대해서는 입에 담기를 꺼려하거나 또는 외면했다.

구호는 전적으로 민간의 독지가들의 손에 의존하고 있었다. 데데예 다리를 넘기 전 길가에서는 양곤에서 온 '해인'이란 이름의 회사가 밴에 싣고 온 쌀과 라면을 나누어 주고 있었다. 작은 비닐봉지에 든 1kg쯤의 쌀과 라면 하나를 손에 넣은 한 아낙은 지난 3주 동안 처음 받은 유일한 구호품이라는 말을 전했다.

그러나 부지런한 사람들이나 운이 좋은 사람들은 구호차량이 던져 준 옷가지들을 입고 있어 행색이 훨씬 나아 보였다.

유일한 희망이 길인 사람들은 모두 길로 나와 있었다. 사이클론이 지난 직후 집이 날아간 후 길가로 피난을 나와 쓰러질 듯한 움막을 짓고 6명의 가족들과 기거하고 있는 도 테지는 식량이 바닥이 나고, 있는 물건도 모두 팔아 이제는 지나가는 차들이 던져 주는 물건만을 기다리고 있을 뿐이라고 말했다. 다행스럽게도 그네의 가족들 중에서는 죽은 사람은 없다고 했다. 그 옆에 서 있던 딴수이란 사내는 독신으로 세를 들어 살고 있었지만 집이 폭풍에 날아간 후 마찬가지로 길가에 천막보다 못한 작은 움막을 짓고 지내고 있었다. 이라와디의 피아폰(Pyapon)으로 향하는 길에는 그렇게 이재민들이 지은 움막들이 줄을 지어 서 있었고 그들의 유일한 희망은 양곤에서 온 차들이 던져 주는 구호품에 있었다.

이재민들의 가장 큰 걱정은 무너지거나 날아가고 침수된 집을 복구하는 일이었다. 도로변에 임시 움막을 짓고 나와 있는 이재민들은 모두 집을 짓거나 수리할 대나무를 구할 돈조차 없는 사람들이었다.

도로변에는 또 침수된 벼들을 널어 말리는 모습들이 간간이 등장했다. 거무스레 색이 변한 벼들은 이미 썩어 가면서 고약한 냄새를 풍기고 있었다. 사이클론 나르기스가 이라와디를 덮친 것은 추수 철인 4월 말 직후여서 수확한 벼들의 대부분은 사이클론과 함께 범람한 강물과 폭우로 수물의 처지를 피하지 못했다. 물이 빠진 후 농민들은 추수했던 벼들 중에서 그나마 먹을 수 있는 것들을 길가로 옮겨 와 말리고 있었다. 솔직히 말한다면 이재민들의 사정은 그보다 나쁠 수 없어 보였지만 아직 기근이 닥친 것은 아니었다. 미얀마 최대의 곡창지대인 이라

도로변의 이재민
모두 도로변으로 쏟아져 나온 이라와디의 재해민들이 민간구호의 손길을 기다리고 있다.

와디에는 적어도 3주 동안 농민들이 입에 넣을 식량은 있었다. 그러나 한철의 농사를 모두 망쳐 버린 지금 외부의 식량지원이 없다면 앞으로의 기근 사태는 전염병과 함께 피할 수 없는 또 다른 재앙이었다.

피아폰 다리를 넘었을 때 지금까지와는 달리 군용트럭까지 옆에 세운 검문소가 출입을 통제하고 있었다. 병사들은 모든 차량을 통제하고 있었고 오직 군용트럭과 특별한 허가를 받은 차량만이 검문소를 통과하고 있었다. 말하자면 피아폰 다리 서쪽의 이라와디는 더욱 특별한 봉쇄지역이었다. 그것이 의미하는 바를 짐작하는 데에는 별다른 어려움이 없었다.

피아폰 선착장에서 보트를 구해 강변의 마을로 향했다. 메콩 강 하류만큼 넓은 폭의 피아폰 강 주변은 사이클론이 덮쳤던 당시의 흔적을 여실히 드러내고 있었다. 급작스럽게 물이 불었던 까닭에 육지 위에 올라앉아 있는 배들이 부지기수였고 침몰되어 앞머리만을 간신히 물 위로 내놓고 있는 모습도 눈에 띄었다.

"오전 9시에 누군가 보트를 타고 다니면서 확성기로 폭풍이 온다고 말하기 시작했어요. 하지만 아무도 별 관심을 가지지 않았습니다. 오후 2시부터 바람이 불기 시작했는데 처음에는 몰랐지만 2~3시간이 지나고부터는 생전 처음 겪는 폭풍으로 변했지요. 지붕이 날아가고 나무들이 꺾이기 시작했지요. 그러곤 저녁 8시쯤부터 갑자기 강 쪽에서 물이 들어오기 시작했어요. 해일처럼 말이지요. 순식간에 사방이 물이었어요. 사람들은 지붕 위로 올라가거나 나무 위로 올라갔지만 폭풍 때문에 지붕도 날아가고 나무도 부러져 수영을 할 수밖에 없었어요. 밤 11시부터는 폭우가 쏟아지기 시작했어요. 한밤중이어서 그때 사람들이 많이 죽었습니다."

피아폰의 지류인 놋이얀또 강변의 한 마을의 사원에서 만난 이재민은 당시의 참상을 그렇게 전해 주었다. 3,200명의 지역 주민들 중에 191명이 목숨을 잃었고 100여 명은 실종되었다고 말한 그는 그런 바람은 생전 처음이었다고 절레절레 고개를 저었다. 그는 또 나무 위로 대피한 사람들 중에서도 독사에 물려 죽은 사람도 많았다고 말했다. 그는 천행으로 폭풍이 4~5시간 강 쪽에서 불다가 갑자기 3~4분 정도 멈추더니 바다 쪽으로 방향을 바꾸는 바람에 희생자가 많이 줄었다고 말했다.

"바람은 다음 날 오전 6시에야 멈췄습니다. 물이 얼추 빠지는 데에 하루가 걸렸죠. 그동안 아무도 오지 않았습니다. 5월 5일에야 하늘에 헬리콥터 몇 대가 나타났지만 그저 맴돌다가 없어졌죠. 물하고 쌀, 응급치료약을 얼마간 받은 건 이틀이 지난 다음이었습니다."

마을의 사원에는 300여 명의 이재민이 수용되어 있었지만 지금은 100여 명이 남아 있었다. 남은 이재민 중에는 일찍 아버지가 죽고, 홀어머니와 형과 함께 살아가던 열네 살의 뗏투아웅이란 아이도 있었다. 이번 재해로 그는 어머니와 형을 잃어 고아가 되었다. 사원의 기둥에 기대어 멍한 표정을 짓고 있던 그는 그저 입을 다물고 있을 뿐이었다.

사이클론이 삼켜 버린 마을은 거의 모든 것이 휩쓸려 있었다. 사원에 의탁하고 있던 마을 주민인 올해 마흔여섯의 아웅아웅떼는 완전히 무너져 버린 집 앞으로 나를 안내하고는 그 앞에서 암울한 표정을 지었다.

"우리 집은 나무로 지은 집이었지요. 우리 마을에서 제일 좋은 집 중의 하나였거든요. 이걸 다시 지으려면 돈이 있어야 하는데 지금 수중엔 한 푼도 없단 말입니다."

그의 이웃이기도 한 도께띠의 집은 이엉과 대나무, 판자로 지은 낮은 집이어서 물이 빠진 후에도 형체를 유지하고 있었지만 그녀는 이번 재해로 남편과 시동생을 잃었다. 남은 7명의 자식들과 함께 살아가야 할 그녀의 미래는 암울하기 짝이 없었지만 그래도 살아가야 한다는 의지를 흐린 미소로 보여 주었다.

두번째 들른 피아폰 강변의 한 마을의 입구 회관에서는 한 사내가 기둥에 물이 들어온 흔적을 손으로 가리켰다. 한 길에 가까운 높이였다. 아름드리 나무가 길을 막고 있어 주민들이 나무 등걸 위에 사다리를 놓고 오가고 있는 이 마을 역시 피해는 별로 다르지 않았지만 지대가 조금 높은 탓에 85명이 목숨을 잃고 10여 명이 실종되었다.

"묶여 있던 소(버팔로)와 염소들은 모두 물에 빠져 죽었습니다. 다음 농사를 지을 일이 걱정이지요."

그는 하구 쪽의 지역은 소금물이 들어와 한동안 농사는 엄두도 못 낼 것이라고 말했다.

피아폰에서 돌아온 다음 날 『미얀마의 불빛』은 신 헌법이 92.48%의 찬성으로 통과되었다는 기사를 1면에 싣고 있었다. 경악스럽게도 불과 사흘 전에 재해지역인 양곤과 이라와디지역을 대상으로 실시한 투표는 93.44% 참여에 92.93% 찬성을 기록하고 있었다. 난 그 지역에서 투표에 관심을 갖고 있는 이재민을 단한 명도 만나지 못했다. 그들 모두는 기거할 집을 다시 짓거나 복구하고 내일의 끼니와 마실 물을 걱정하는 데에 여념이 없는 재해민들이었다. 그들은 국가가 없는 난민이나 다름없었다. 아무도 국가가 자신들을 도울 것이라 생각하거나 기대하지 않았다. 지난 3주 동안 양곤과 이라와디의 재해지역을 봉쇄한 군정은 이렇다 할 구호사업은 외면한.채 군과 경찰을 동원해 눈을 부라리고 있을 뿐이었다.

　피아폰을 오가는 길에서 나는 데데예에서 방금 전시용으로 지어진 듯한 텐트 40개 규모의 이재민 캠프를 보았다. 다음 날 『미얀마의 불빛』은 스웨덴의 국제개발협력기구의 위원인 구닐라 칼손(Gunilla Carlsson) 일행이 데데예의 이 캠프를 시찰했다는 기사를 두 장의 사진과 함께 실었다. 유엔사무총장의 방문과 탄쉐 면담, 25일 양곤에서 열린 유엔-아세안 국제원조회의의 성과라면 성과였다. 사진에서조차도 그 캠프의 텐트에는 사람의 흔적을 엿볼 수 없었지만 멀리 스웨덴에서 날아온 손님들은 그 앞에서 어디선가 불려 왔음이 분명한 아낙과 아이 앞에서 최선을 다해 귀를 기울이는 코미디를 연출하고 있었다. 미얀마 군정은 국제사회를 농락하고 있지만 국제사회는 그렇게 미얀마 군정과 함께 엇박자로 기꺼이 춤을 추고 있었다. 여전히 머리 위에서 놀고 있는 것은 유엔을 비롯한 국제사회가 아니라 미얀마 군정이었다.

군정과 제국주의

이라와디 삼각주에서 벌어진 일은 참혹했다. 사이클론 나르기스는 인력으로는 어쩔 수 없는 자연재해였다. 그러나 그 이후는 인간의 손에 쥐어져 있었다. 이라와디의 참극은 자연재해가 인간의 손으로 넘어갔을 때 빛을 발했다. 미얀마 군정은 하루아침에 부모와 형제, 집은 물론 가진 모든 것을 잃고 굶주림에 직면한 이재민들을 내팽개쳤고 국제원조를 요청하기는커녕 뿌리치고 조건을 매다는 적반

남은 것은 아이들과
이라와디 이재민이 살아남은 닭 한 마리를 소중하게 가슴에 품고 있다.

하장의 태도를 취하고 있었다.

이건 무슨 배짱인 것일까. 이 말종의 미얀마 군정이 그나마 일부 들어온 원조물자로 제 배를 채우기에 급급했던 것을 보면, 애초에 물자를 마다하고자 했던 것은 아니었다. 때문은 이 자들은 물자는 받겠지만 그 밖의 것, 예컨대 구호요원은 받지 않겠다고 줄기차게 주장했던 것이다. 또한 이 자들은 촌각을 다투는 이재민 구호에 감격스럽게도 태평양 함대 소속의 군함 4척과 22대의 헬리콥터, 상륙함, 수륙 양용차, 5천 명의 병력을 보낸 미국의 자애로움과, 역시 구호물자를 실은 해군의 상륙함 미스트랄호를 보낸 프랑스의 인도주의를 또한 단호히 거부했다.

재난 직후 태국과 중국, 인도네시아 등의 아세안 국가들의 구호물자 지원 등이 별다른 차질 없이 진행되었던 것을 고려한다면 미얀마 군정이 문을 닫았던 것은 세계가 아니라 이른바 서방을 대상으로 했던 것임을 알 수 있다. 절망적 상황에 처한 이라와디의 이재민들을 볼모로 벌인 미얀마 군정과 서방이 벌인 긴박한 구호게임의 이면을 살펴보자.

사이클론 나르기스의 대재앙 직후 미국은 가장 먼저 구호의 손길을 뻗치며 안다만 해(海)로 달려왔다. 미 국무장관 콘돌리자 라이스는 미얀마 정부는 자신들의 국민을 위해 즉각적으로 국제사회의 도움에 문을 열어야 하며 '이것은 정치가 아니라 인도(人道)의 문제'라고 못을 박았다. 물론 이것은 유럽과 북미의 공통된 입장이었고 세계여론을 선도했다. 그러나 적어도 미얀마 군정에게는 그것이 인도가 아니라 정치의 문제로 받아들여진 것이 분명했다. 1997년 미국이 인권유린을 이유로 내세워 미얀마에 대한 경제봉쇄를 선언한 이후 서방은 군사적인 방법을 배제한 가운데 미얀마 군정을 약화시키기 위해 최선의 노력을 게을리하지 않았다. 그러나 상식 있는 사람들은 미국을 주축으로 하는 서방이 미얀마의 인권을 위해 엠바고를 실시하고 있다고는 생각하지 않는다. 예컨대 미국이 자신들의 이익을 위하여 이른바 인권을 휴지조각보다도 못하게 취급한 사례는 밤하늘의 별처럼 찾아볼 수 있다. 미국에게 인권이 다른 무엇보다 중요한 가치로 여겨졌던 때는 존재하지 않았다.

미얀마에서의 대표적인 인권유린 사태인 미국 유전회사 우노칼(Unocal) 사건은 그런 미국의 본질을 폭로하는 사례이다. 미얀마에서 가스관을 가설하는 12억 달러 규모의 사업에 군정과 결탁해 노예적 강제노동을 자행했던 우노칼은 1997년 미국이 엠바고를 선언했던 이유인 인권유린 중 최악의 사례에 속한다. 우노칼의 강제노동에 끌려갔던 미얀마 노동자들은 강간당하고 살해당하고 폭행당해야 했다. 1996년 우노칼의 인권유린은 인권단체의 고발로 법정에 섰지만 미국무부는 재판과정에서 우노칼을 적극적으로 옹호했고 결국 테러와의 전쟁에 대한 미국의 외교정책을 이유로 무죄를 선고받았다. 미국의 미얀마에서의 인권은 우노칼의 인권에 불과하다. 가혹한 엠바고에도 불구하고 우노칼을 합병한 세브론텍사코는 여전히 가스관의 이권을 지키며 사업을 계속하고 있다.

미국과 유럽의 미얀마에서의 인권은 무엇을 의미하는가. 제대로 고쳐 쓰면 그건 인권이 아니라 '이익'이다. 세계 10위의 천연가스 매장량, 광물과 목재 등의 풍부한 천연자원에 군침을 삼키고 있을 뿐이다. 미국이 원하는 미얀마는 텍사코와 같은 글로벌 자본에 문을 열고 마음껏 이윤을 챙길 수 있도록 허락하는 정권이다. 유감스럽게도 미얀마 군정은 미국이 원하는 종류의 정권은 아니다. 이게 미국이 미얀마 군정을 붕괴시키기 위해 온갖 노력을 경주하고 있는 첫번째 이유이다. 다른 이유는 존재하지 않는다. 프랑스 역시 자국의 석유 자본인 토탈(Total)의 이익을 챙기고자 할 뿐이다.

나아가 군사적·경제적 가치가 뛰어난 인근의 말라카 해협, 태평양과 인도양을 잇는 항로를 보장받기 위해 미얀마에 친서방 정권이 들어서야 한다는 제국주의적 이익도 이면에 존재한다. 그러나 미국과 유럽에 대한 미얀마 군정의 고립은 성공하고 있는 것일까. 현실은 퍽이나 동떨어진 것처럼 보인다.

세계에서 가장 고립된 것으로 비치고 있는 미얀마는 관광객들에게는 그럴지 몰라도 이미 세계자본주의체제에 하위이나마 충분히 편입된 상태이다. 중국, 태국 심지어 남한도 미얀마의 유전과 가스전 개발에 참여하고 있거나 모색하고 있음은 널리 알려진 사실이며 이들 모두 우노칼과 마찬가지로 미얀마 군정의 돈줄 역할을 하고 있다. 우노칼이 가설했던 가스관은 태국으로 향하고 있으며 하루에 7억 입방피트의 가스를 운송하고 있으며 우노칼을 합병한 세브론텍사코는 여전히 막대한 이익을 챙기고 있다. 미얀마 군정 또한 꿀물에 입을 축이고 있다. 1989년 이후 15억 달러의 군수물자를 미얀마 군정에 공급했던 중국은 가스전, 광물, 목재 사업 등에 손을 내밀어 이익을 챙기는 동시에 군정의 최대 돈줄을 자임하고 있다. 말하자면 미얀마 군정은 미국과 서유럽 없이도 세계화 시대, 세계자본주의체제의 은덕으로 알아서 잘 먹고 잘 살고 있다. 그 와중에 경제봉쇄는 물론 미얀마 군정 지도부의 자국 내 자산동결 등 강수를 취해 왔던 미국과 서유럽은 유쾌할 리 없었다.

미군함의 상륙 시도, 또 일방적인 공중투하 방식의 구호 등 미국 일각에서 흘러나온, 재난에 빠진 미얀마 이재민 구하기는 굳이 국제법을 들지 않더라도 전쟁을 불사하겠다는 각오가 아니면 시도할 수 없는 방법이다. 말하자면 미국은 인도주의를 앞세워 구호를 하고 싶은 것이 아니라 전쟁이나 협박을 하고 싶은 것이었다. 아프가니스탄과 이라크의 경우에서 알 수 있지만 여건이 조성된다면 미국이 군사적 침공을 마다할 이유도 별로 없다. 약삭빠른 미얀마 군정은 미국의 침공에 대비해 수도를 양곤에서 내륙 깊숙한 곳에 위치한 네피도로 옮겼다. 외신들은 이를 두고 숫자로 운을 따지기 좋아하는 탄줴와 그의 동료들의 미신으로 이유를 돌리며 비아냥거렸지만, 미얀마 군부는 현재 미얀마 최고의 엘리트 그룹으로 자타가 인정하고 있으며 군바리답게 군사 분야에서는 당연히 전문가들이다. 사정이 이럴진대 군함을 들이밀었을 때에는 서로 알고 치는 고도리라고밖에는 딱히 할 말이 없어진다. 둘 다 인도주의와 구호에 관심이 없기는 매한가지였던 것이다.

미국이 원하는 것은 인권이나 인도주의가 아니라 글로벌 자본의 시장개방을 가로막고 있는 미얀마 군정의 붕괴이다. 인권과 인도주의뿐 아니라 당연히 민주주의도 등장한다. 미국의 민주주의를 위한 국가원조기금(NED ; National Endowment for Democracy)은 미얀마 군정에 적대적인 세력을 육성하기 위해 한 해 250만 달러 이상을 지원하고 있다. 이 지원에는 반군정 잡지, 라디오 방송국, 망명 인사에 대한 지원 등의 활동이 포함되어 있다. 미국이 바라마지 않는 미얀마의 민주주의가 무엇인지는 새삼스럽게 설명이 필요하지 않을 것이다.

말종의 미얀마 군정과 역시 말종의 서방 제국주의 틈에서 피를 흘리고 있는 것은 미얀마 민중이다. 그리고 그 한편에 아웅 산 수치로 상징되는 민족민주동맹(NLD)이 존재한다. 아웅 산 수치(Aung San Suu Kyi)와 NLD는 미국과 유럽이 전폭적으로 지원을 아끼지 않는 가운데 지난 20여 년을 버텨 왔다. 미얀마 군정의 야만적인 탄압 아래 그래도 아웅 산 수치가 양곤의 자신의 집에서나마 목숨을 부지하고 있고 또 NLD와 조직을 형체나마 보존하고 있는 이유는 그 때문이다. 아웅 산 수치는 어쨌든 자신을 지원하고 있는 미국과 서유럽의 이익을 대변해 왔다. 미얀마에 대한 경제봉쇄를 줄기차게 주장해 온 것이 아웅 산 수치와 NLD라는 것을 상기할 필요가 있을 것이다.

아웅 산 수치가 가택에 연금되어 있는 동안 사실상 미얀마 민주화운동의 대중적 근거는 황폐화되다 못해 멸절해 버린 것과 마찬가지이다. 2007년 8월의 민주화시위가 승려들에 의해 촉발되고 또 확산되었던 현실은 이제 미얀마에는 승려들밖에는 시위를 주도할 세력이 없다는 것을 의미한다. 1990년대 민주화운동을 주도했던 학생세력은 이제 껍질밖에는 존재하지 않는다.

"미얀마의 대학은 이제 통신대학 같아요. 90년대 민주화운동 이후 그렇게 바뀌었죠. 대학생이 되어도 학교에 나가 수업하는 일이 별로 없습니다. 집에서 공부하는 시간이 더 많아요."

그렇게 학생운동의 거점인 대학을 껍데기로 만들 정도로 미얀마 군정은 야만적이다. 덕분에 학생운동은 초토화되었다. 노동자·농민·빈민 등 기층민중의 운동에 대해서는 두말할 나위가 없다. 이제 존재하는 것은 '미얀마의 불빛'이 영도하는 위대한 군정의 유일한 전진뿐이다. 그 한편에서 외부세력의 지원을 받는 아웅 산 수치와 NLD만이 그저 존재하는 것만으로 싸우고 있을 뿐이다. 나는 양

부서진 집을 수리하고 있는 이라와디 주민
"아무도 정부의 도움을 바라거나 기다리지 않았어요. 모두들 다음 날부터 팔을 걷어붙이고 날아간 지붕을 다시 얹고 무너진 벽을 세웠지요."

곤에서 두 명의 NLD 관련자를 만날 수 있었다. 둘 중의 하나는 1997년 선거에서 의원에 당선되었지만 뒤이어 6년의 옥고를 치렀고 또 다른 한 명도 NLD 관련으로 6년 동안 철창에 갇혀 있어야 했다. 그 중 한 명은 내게 이렇게 말했다.

"이런 상황에서 그 밖에 뭘 하겠습니까. 뭘 할 수 있는지 한번 말해 보세요."

그는 오히려 적반하장으로 나를 다그쳤다. 내가 할 일은 아니지 않은가. 그러나 또 다른 NLD 멤버는 내게 전혀 다른 말을 털어놓았다.

"난 아웅 산 수치와 NLD에 대한 희망을 버렸어요. 그들은 아무 일도 하지 않아요. 그저 기다리고 있다고 말할 뿐이지요. 난 지쳤어요. 하지만 난 희망을 보았습니다. 우린 민중에게 다가가 무슨 일이라도 그들과 함께 해야 합니다."

그가 본 희망은 나르기스가 남긴 가혹한 상처에 맞선 민중의 모습이었다.

"아무도 정부의 도움을 바라거나 기다리지 않았어요. 모두들 다음 날부터 팔을 걷어붙이고 날아간 지붕을 다시 얹고 무너진 벽을 세우고 골목의 전신주를 세웠지요. 전신주의 전선은 언제 가설될지 몰랐지만 그래도 사람들은 쓰러진 전신주를 세웠어요. 뭐랄까. 그건 마치 코뮌을 보는 것과 같았단 말이지요."

그는 그 현장에서 민중의 위대함을 느꼈다고 했다. 그들에게로 가서 손을 잡으면 무엇이든 할 수 있을 것처럼 느껴졌다고 말하기도 했다.

자발적인 복구사업이 이루어지는 현장을 보고 그가 느낀 것이 나에게는 아주 의외였다. 그러나 늦지 않게 그가 느꼈던 그 위대함을 깨달을 수 있었다. 아웅 산 수치에게 목을 빼고 있는 NLD와 같은 양곤의 노쇠한 엘리트들은 군정의 압도적인 탄압을 빌미로 그들의 폭력적 우민정치에 동조하고 있는 것이다. 그들은 서방의 봉쇄에 군정이 허약해지고 서방의 전폭적인 지원 아래 권력이 자신들의 손에 굴러 떨어지는 그날을 기다리고 있을 뿐이었다. 어쩌면 그들이 목매어 기다리던 그날이 언젠가는 올 수도 있겠지만 그날이란 미얀마 민중의 그날이 아니라 미국과 서유럽의 탐욕스러운 자본과 그들의 그날이 될 것이었다.

미얀마의 극단적인 저개발 상태와 봉쇄는 군정에게 완전한 군부독재통치를 선물하고 있었다. 서방의 경제봉쇄는 천연자원에 의존하고 있는 말종의 군정에게 아무런 타격도 미치지 못하고 오직 민중들의 고통만을 배가시키고 있다. 더욱 심각한 것은 봉쇄로 인해 심화되고 있는 군사적 탄압과 경제적 빈곤, 정보의 폐쇄가 민중적 역량의 조직과 발전에도 또한 장벽이 되고 있다는 점이다. 미얀마 군정의 종식은 미얀마 민중이 스스로를 조직할 수 있을 때 도래할 것이다. 서방의 봉쇄에 대한 NLD의 맹목적 지지는 그 길을 가로막고 있다.

야만적 군부독재 통치의 억압 아래 승려들이 앞장서 미얀마 민중의 자생적 투쟁의지를 증명했던 2007년의 민주화항쟁이 일주년을 맞았다. 그 1년은 다시금 전과 같은 침묵의 1년이었다. 항쟁이 멈추지 않으려면 미얀마 민중 스스로의 조직된 목소리가 웅얼거림일지언정 미얀마의 논과 야자나무 너머의 밀림에서부터 울려야 한다. 국제사회의 양심은 오직 그 울림에 발을 맞추어 고동쳐야 할 것이다.

그래도 살아야 할 이유

이 아낙의 남편은 아내와 6명의 아이를 남겨 두고 사이클론 나르기스에 휩쓸려 실종되었다.

티베트

네팔

홍콩

5.

문제는 민주주의야

낫 그리고 망치
카트만두 거리에 선거 때 사용되었던 네팔공산당(M)의 종이 깃발이 여전히 걸려 있다.

21세기 최초의 실험

카트만두의 트리부반 공항으로의 착륙은 퍽이나 인상적이다. 활주로의 길이가 짧아 조종사들에게는 유쾌하지 않다고 하지만 창문 밖으로 손에 잡힐 듯 다가오는 카트만두 밸리의 조감(鳥瞰)은 점점이 흩어진 봉우리들과 계단식 논들이 만든 등고선이 펼치는 기하학적인 향연으로 착륙하는 내내 시선을 빼앗는다. 봉우리들에는 예외 없이 집들이 빼곡하고 가끔씩 덤으로 사원들도 모습을 드러낸다. 이즈음 아시아의 국제공항 중에 창밖으로 이만큼 아기자기하게 볼 만한 풍경을 선물하는 경우가 내가 알기에는 없다. 서울의 인천이나 방콕의 수완나품, 홍콩의 첵랍콕, 자카르타의 수카르노-하타와 같이 바다 위를 날다 그대로 활주로로 내려꽂히는 경우가 대부분이고 내륙에 위치한 공항이라고는 해도 대개는 평지에 자리 잡고 있어 무미건조하기 짝이 없다. 트리부반 공항은 그런 점에서 더 없이 인간적이고 색다르기 짝이 없지만 다랑이 논배미가 이렇게 지천으로 깔려 있는 것을 볼 때에는 살림살이 형편이 어떨까 싶은 생각이 들기는 한다. 물론 널리 알려진 사실이지만 네팔은 가난하다. CIA의『월드 팩트 북』(*World Fact Book*)에 실린 2007년 네팔의 일인당 GDP는 333달러로 방글라데시(469달러), 라오스(615달러), 캄보디아(593달러), 미얀마(289달러), 신생 동티모르(435달러)와 함께 아시아 최빈국 중에서도 아래를 차지하고 있다.

히말라야를 향한 이른바 고어텍스(Gore-Tex) 관광의 베이스캠프인 카트만두의 트리부반 국제공항. 비수기인지라 한산하다. 엉겁결에 집어탄 공항택시는 일본산인 것을 빼고는 가문과 태어난 해를 가늠하기 어려울 만큼 낡았다. 오래전 라오스의 위엥찬에서 만났던 80년대산 도요타의 아버지쯤이 분명하다. 숙소가 있는 타멜(Thamel)로 가는 길은 그나마 번듯한 4차선 순환도로를 벗어난 후로는 곡예에 가깝다. 만들어진 지 천 년은 되었음 직한 좁은 길에는 사람과 차들로 넘쳐나고 노점들의 리어카가 즐비한 데에다 매연과 흙먼지들로 숨조차 쉬기 어려운 길을, 차는 멀미가 날 만한 속력으로 달린다. 그 길의 주변을 차지하고 있는 건물들은 고풍스럽거나 남루하기 짝이 없다. 아시아의 모든 도시들을 휩쓸고 휘젓고 있는 개발과 발전이 저만치 멀리 비껴갔음이 분명한 고도(古都)이다.

카트만두의 카오산 로드로 불리는 타멜, 아마도 카트만두에서 가장 북적이는 곳일 이 지역은 "네팔이 가진 것이라곤 히말라야밖에 없다"는 속설의 현장이다. 공예품과 등산용품 상점·여행사·식당·게스트하우스와 호텔이 밀집한 타멜은 히말라야를 향하는 여행객들의 전진기지와 다름없다. 여행객들은 이곳에서 하루 이틀을 머문 후 트래킹 패키지를 손에 들고 카트만두를 빠져나가 히말라야로 향하고 보름 또는 한 달의 산행 뒤에 다시 돌아와 하루 이틀을 머물곤 네팔을 빠져나간다. 물론 카트만두에 머무는 동안 2천 년의 역사를 가진 이 고도에 남겨진 쉬엄부나트 사원(Swayambhunath)이며 더르바르 광장(Durbar Square)과 같은 유적들을 기웃거리겠지만 가슴에 남는 것은 눈 덮인 히말라야의 그 신비한 연봉들일 뿐이다. "그곳에 산이 있기 때문에 오른다"는 조지 말로이가 남긴 그 심오한 철학 대신 "내려올 걸 뭣 때문에 올라가냐"를 내심 신봉하는 게으른 인간으로서 내가 그동안 꾸준히 돌아다니면서도 네팔을 등한시했던 이유 중의 하나이기도 했다.

언젠가 히말라야를 향하는 그 길에서 마오주의 네팔공산당〔네팔공산당(M)〕 반군이 나타나 통행료를 뜯는다는 소식을 들었을 때 그 스토리의 참신함에 마음이 조금 움직이기는 했다. 적어도 내게는 히말라야보다 더 솔깃할 관광상품이었다. 하지만 그보다 더 마음을 끄는 곳이 아시아에는 천지로 널려 있었기 때문에 곧 잊고 말았다. 관광객들에게 통행료를 뜯는 공산주의 게릴라가 오죽할까 싶기도 했을 것이다.

아마도 별일 없었으면 자카르타에서 시작한 이번 여행 또한 미얀마쯤에서 끝이 났을지도 모른다. 그런데 인도네시아에 머무르는 동안 네팔에서는 그야말로 아시아 초유의 사태가 벌어지고 있었다. 2006년 11월 21일 평화협정 후 정부 구성에까지 참여한 네팔공산당(M)이 지루하게 밀고 당기던 제헌의회 선거는 내가 인도네시아를 떠나기도 전인 4월 10일 실시되었고 놀랍게도 이 당이 승리했다는 소식을 들을 수 있었다. 결국 카트만두는 이번 여행에서 슬며시 다크호스로 떠올랐다. 관광객들에게 통행료를 뜯으며 무장투쟁을 벌이다 '10년' 만에 수도

카트만두 빈민촌의 네팔공산당(M) 사무실

아시아의 오늘을 걷다

(首都)로 진출해 '선거'로 권력의 중추를 장악한 공산당. 요약하자면 이게 네팔공산당(M)에 대한 나의 선입견이었는데 필리핀공산당의 60년 투쟁에 비하면 조족지혈이라고 할 수밖에 없는 10년이란 짧은 기간과, 선거를 통해 승리했다는 당연히 비공산당적인 성공 스토리가 역설적으로 나의 호기심을 자극했다. 그리고 인도네시아를 떠나기 전에 이런저런 자료들을 뒤지다 발견한 다음의 이 말은 결정적으로 내 등을 카트만두로 밀었다.

"20세기에 어떤 일들이 벌어졌습니까? 21세기에 그걸 다시 반복할 수는 없습니다."

네팔공산당(M)의 이데올로그이며 당내 2인자로 널리 알려진 바부람 바타라이(Baburam Bhattarai)가 2005년 인도의 한 잡지와의 인터뷰에서 자신들의 이념을 설명하면서 슬쩍 끼워 넣은 말이었다. 90년대 벽두에 찾아온 현실사회주의의 몰락 이후 개도 물어가지 않을 것처럼 여겨졌던 공산주의에 대한 21세기적 대안이란 말이었을까? 짧은 인터뷰였던 만큼 반복할 수 없는 일이 무엇인지, 무엇이 반복을 대신하고 있는지에 대한 설명은 없었다. 하지만 상관없는 일이었다. 어차피 바타라이가 무슨 말을 했더라도 나는 믿지 않았을 것이다. 직접 내 눈으로 보고 냄새라도 맡기 전에는.

10년 만에 뒤집힌 세상

제헌의회 선거가 치러진 지 딱 한 달 만에 도착한 카트만두의 벽과 거리의 하늘에는 낫과 망치가 펄럭이고 있었다. 벽들에는 선거 당시의 포스터들이 여전히 남아 있는데 적어도 타멜의 거리에서는 네팔공산당(M)의 포스터가 압도적이었다. 라인초르로(路)에 인접한 게스트하우스에 짐을 풀자마자 나선 둘러보기에서 마침 터미널 근처의 라트나 공원에서 열리고 있는 네팔공산당(M)의 집회를 볼 수 있었다. 연단의 한편에서 앰프가 흘리는 연주에 맞추어 가수가 구슬프고 처량하게 들리는 노래를 부고 있었고, 그 반대편에는 아래위로 보랏빛 옷을 입은 사내가 머리를 바닥에 대고 물구나무를 서고 있었다. 함께 동행했던 카지만은 마음을 다잡는 집회라고 설명한다. 물구나무서기는 그래서 등장한 것일까. 요가의 왕으로 불리는 물구나무서기는 세상을 뒤집어 역지사지(易地思之)한다는 자세이기도 하다. 연단에 바싹 다가서 물구나무서기를 하고 있는 사내를 살폈다. 지그시 눈을 감고 무념무상에 빠져 있을 것으로 짐작했던 사내는 의외로 멀쩡히 눈을 뜨고 미동조차 없이 세상을 바라보고 있었다. 뒤집힌 세상을.

물구나무를 선 사내를 뒤로 하고 타멜로 돌아올 때 나는 길을 돌아 나라얀히티 궁전을 지나쳤다. 239년을 이어 온 힌두 왕조의 종장을 눈앞에 둔 궁전의 철문은 굳게 닫혀 있고 마침 너머에서는 왕실 근위병들이 교대를 하고 있다. 격식을 갖추고는 있지만 어쩐지 맥이 풀려 버린 기색이 역력하다. 지구상 마지막 힌두 왕조의 마지막 왕이 된 갸녠드라(Gyanendra)는 철문 너머 궁의 어느 구석에서 비탄이나 회한에 잠겨 있을 것이다. 자신이 쌓은 악업을 돌아본다면 비탄이나 회한이거나 사치스럽기는 매한가지이지만.

1768년에 지금의 네팔을 하나로 통일하면서 등장한 샤(Shah) 왕조가 갸녠드라에 이어 폐업에 이른 것을 두고 세간에서는 2001년 6월 나라얀히티 궁전에서 벌어진 희대의 왕궁 살인극을 망조의 원인으로 지목한다. 왕세자인 디펜드라

역지사지

카트만두의 네팔공산당 집회. 물구나무의 역지사지. 인민의 눈으로 세상을 본다.

(Dipendra)가 술과 약에 취해 한 손에는 우지 소총과, 다른 한 손에는 M16 소총을 들고 아버지인 비렌드라(Birendra)는 물론 어머니인 왕비와 가족들을 몰살한 후 자살했다는 세계 왕궁사에서 사례를 찾아보기 힘든 이 엽기적인 사건은 공식적으로는 자신의 결혼을 반대한 왕에게 분노한 왕세자가 술과 약의 힘을 빌려 벌인 살인극으로 발표되었지만 이걸 액면 그대로 믿는 사람이 적어도 네팔에는 존재하지 않는다. 가장 폭넓은 설로 인정되고 있는 것은 왕가의 궁중암투설이다. 갸넨드라가 왕의 자리를 탐내 벌인 일이라는 것이다. 비렌드라의 동생이면서 잠시 왕의 자리에 오르기도 했던 갸넨드라는 공교롭게도 참극이 벌어지던 날 궁을 떠나 치트완의 별장에 가족과 함께 머무르고 있었는데, 바로 이 것이 이 설을 뒷받침하는 정황 증거이다. 결국 왕관은 혼수상태에 빠져 있던 디펜드라에게 잠시 씌워진 후 사흘 뒤 숨이 끊어진 다음 유일한 왕위계승권자인 갸넨드라의 손에 들어왔다. 또 다른 증거는 디펜드라의 혈액을 검사했던 의사의 증언인데, 그의 검사에 따르면 디펜드라의 혈액에서는 알코올은 물론 어떤 종류의 마약성분도 검출되지 않았다고 한다. 부모와 형제를 람보식으로 몰살한 왕궁 잔혹극의 주인공이 적어도 생의학적으로는 정신이 멀쩡했다는 말이다. 하나 더. 현장을 목격했던 궁정하인의 증언에 따르면 디펜드라가 자신의 머리에 겨눈 총의 방아쇠를 당기고 쓰러진 후에도 총소리는 한동안 끊이지 않았다고 한다.

왕국의 왕이 바뀐 사건을 두고 당연히 음모론도 제기되었다. 친중국 노선을 모색하던 비렌드라를, 누군가 갸넨드라를 내세워 제거했다는 설이다. 살인교사범으로는 인도와 미국의 정보기관이 등장한다. 물론 이 부문의 역량으로 본다면 인도의 정보기관이 미국의 CIA를 당해 낼 재간이 없다. 네팔공산당(M)은 아예

공식적으로 미국을 지목하고 있다. 흥미롭게도 갸넨드라의 등장 이후 네팔에서 벌어진 변화는 네팔공산당(M)의 주장을 전적으로 뒷받침했다. 딱히 가진 것 없는 히말라야 산맥 밑의 소국인 네팔에까지 손을 뻗칠 만큼 미국의 오지랖이 넓을까 싶은데 나라얀히티 왕궁 바로 앞에 요새처럼 높은 담에 둘러싸여 내부를 감추고 음침하게 길게 늘어선 미국대사관의 담장을 보고 있노라면 그 점은 별로 의심하고 싶어지지 않는다.

갸넨드라가 왕위에 오른 후 미국은 네팔의 전통적 외세인 인도를 멀리 젖히고 존재감을 급격하게 확대했다. 이때 등장하는 인물이 카트만두의 궁중 살인극 직후인 2001년 4월 임명된 미 국무부 남아시아 담당 차관보인 크리스티나 로카(Christina Rocca)이다. CIA 출신으로 아프가니스탄과 티베트통인 로카는 이후 네팔에 대한 미국의 군사적 개입을 총괄한 인물로 알려져 있다. 2001년 6월 카트만두의 미 대사관에는 '국방협력사무소'가 개설되었고 갸넨드라가 비상사태를 선언한 두 달 뒤 국무장관 파월이 카트만두를 방문했다. 그 직후 제공된 2천만 달러의 군사원조와 군사고문단 파견으로 시작된 네팔 역사상 최대규모의 군사지원은 미국이 테러리스트로 지목한 네팔공산당(M)과 인민해방군의 섬멸을 목표로 하고 있었다. 가장 두드러진 것은 병력의 확대였다. 2001년 3만 5천 명이던 보안병력(왕립군과 경찰)은 2005년이 되었을 때에는 10만 명으로 늘어 있었다. 미국이 군수물자와 자금을 지원하지 않았다면 불가능한 증강이었다. 마오주의 공산반군의 인민전쟁(Jana Youdha)에 경찰을 젖히고 왕립군(RNA)이 총대를 메고 전면에 나선 것도 미국이 군사개입을 시작한 2001년부터인 것 역시 주목할 만하다.

뙤약볕 아래 네팔공산당(M) 집회에 참가한 군중들

네팔공산당(M)의 투쟁이론에 따른다면 주적은 봉건왕정과 제국주의 세력인데 애초에 제국주의로 지목되던 세력은 인도였지만 이를 계기로 갸넨드라 이후 그 앞자리를 미국이 차지하게 되었음은 두말할 나위가 없다. 한데 결과를 놓고 본다면 갸넨드라도 CIA도 신통한 능력을 발휘하지 못했음이 분명하다. 만약 미국이 갸넨드라를 내세워 뭔가를 도모했다면 점잖게 말해서 패착이요, 직설적으로 표현한다면 닭질이었다. 왕실 살인극으로 왕정의 권위는 단번에 밑바닥까지 곤두박질쳤고 카트만두의 중산층까지 왕정에 등을 돌리는 계기가 되었다. 달러와 무기만으로 매사를 해결할 수 없다는 교훈은 2차 대전 이후 특히 아시아에서 여러 차례에 걸쳐 미국이 몸으로 경험한 바였는데도 2000년대의 네팔에서 미국은 예의 그 행태를 반복하고 있었다. 반군소탕의 주역을 경찰에서 군으로 바꾸고 최신식 군수물자를 공급했으며 휴전협상을 노골적으로 방해하는 공작을 벌이기도 했지만 결과는 신통치 않았다. 역설적으로 미제 군수물자로 무장한 왕립군이 인민전쟁에 뛰어들면서 공산반군의 무력은 더욱 강화되었다. '적의 무기고를 내 것처럼' 은 마오의 가르침이다. 네팔공산당(M) 의장인 프라찬다는 사정을 이렇게 설명하고 있었다.

　전쟁을 수행하는 과정에서 우리는 경찰로부터의 소총 노획을 조직해 왔다. 이제 우리는 왕립군으로부터 최신의 기관총을 노획하고 있다. 네팔 인민을 억압하기 위해 조지 부시가 보낸 무기들은 제국주의와 투쟁하는 네팔 인민의 수중에 들어오고 있다.

물론 이런 일이야 너무도 흔하게 벌어지는 CIA와 게릴라 스토리여서 이야깃거리가 되기도 쉽지 않다. 여하튼 그 과정에서 인민전쟁은 여전히 네팔공산당(M)이 주도했고 세력은 줄어들기보다는 확대되었다. 2002년 갸넨드라는 내각을 해산하고 직접 행정부를 장악했지만 2003년에 이르면 전 국토의 70퍼센트가 해방구가 되었고 마침내 네팔공산당(M)이 2004년 8월 31일 인민전쟁의 '전략적 공세기로의 이행'을 선언하는 지경에 이르게 되었다. 궁지에 몰린 갸넨드라의 마지막 닭질은 2005년 2월의 왕정쿠데타였다. 의회를 해산하고 국가비상사태를 선포한 후 절대왕정을 선언한 갸넨드라에 맞서 카트만두에서는 대대적인 민주화시위가 벌어졌고 때를 맞추어 네팔공산당(M)의 인민해방군은 8월 7일과 8일 이틀 동안 칼리콧의 군진지를 공격해 승리하는 전과를 거뒀다. 그나마 왕정과 동침하던 부르주아 세력과 지식인, 중산층은 완전히 이반했고 광범위한 저항 속에 군주제 폐지에 대한 요구가 드높아졌다. 갸넨드라는 이른바 민주화 로드맵으로 2006년 2월 지방선거와 2007년 4월을 시한으로 한 총선 실시를 내놓고 사태를 무마하고자 했지만 시위는 수그러들지 않았다. 2006년 3월 치러진 지방선거는 하나를 뺀 모든 정당이 보이콧하는 초유의 사태가 벌어졌다. 2006년 2월 계엄령을 선포했지만 시간을 뒤로 돌릴 수는 없었다. 무장한 군대를 동원했지만 사상 최대 규모의 시위는 수그러들지 않았고 4월 총파업으로 이어졌다. 결국 총파업 19일 만인 4월 24일, 갸넨드라는 4월 대중투쟁(Jana Andolan) 앞에 손을 들었고 헤어 나올 수 없는 수렁의 밑바닥으로 가라앉았다. 절대왕정은 무력화되었다.

2006년 11월 21일 네팔공산당(M)은 마침내 평화협정에 서명했고 10년의 무장투쟁을 일단락지었다. 내전은 종식되었고 카트만두는 평화를 찾았다. 네팔공산당(M)과 인민해방군은 최대의 승리자였다. 1996년 2월 13일 제목만 그럴 듯했지 가진 거라곤 두 자루의 구식 소총밖에 없던 인민해방군이 중서부의 롤파(Rolpa)와 루쿰(Rukum), 신둘리(Sindhuli)의 경찰 검문소 세 곳과 고르카(Gorkha)의 농업은행 하나를 급습하는 것으로 시작했던 인민전쟁이 11년 만에 거둔 승리였다.

마오주의 공산당의 이상한 마오주의

2006년 평화협정은 네팔정부군과 인민해방군의 무장해제와 적대행위 금지, 왕정폐지, 공화국으로의 이행, 해방구의 인민정부 해산, 과도헌법과 과도정부의 구성에 관한 내용을 담고 있었다. 협정에 따라 인민해방군은 카일랄리(Kailali)와 치트완(Chitwan)을 비롯한 7개 지역에 지정된 막사에 수용되었고 정부군과 인민해방군의 무기는 유엔 네팔임무단(UNMIN ; UN Mission In Nepal)의 감시 아래 별도로 보관되었다. 양측의 병력은 영외에서는 전투복을 입을 수 없었으며 무기를 소지할 수 없었다. 총을 소지할 수 없었던 것은 경찰병력도 마찬가지여서 나무막대기를 들고 다녀야 했다.

　이 평화협정은 진짜 평화협정이었다. 2007년 4월에는 과도정부와 과도의회가 구성되었는데 네팔공산당(M)에서도 상임위원인 크리시나 바하두르 마하라(Krishina Bahadur Mahara) 등 4명이 내각의 각료로 참여했다. 과도의회에서도 7개 정당연합(SPA)의 기존 의석인 209석에 더해진 73석을 할애받았다. 네팔공산당(M)은 총을 내려놓고 대신 4명의 각료와 73개의 의석을 받아들고 의회정치

총을 내려놓은 인민해방군

평화협정은 인민해방군과 정부군 모두 총기 휴대를 금지시켰다. 치트완의 인민해방군 부대원들.

에 진출했던 것이다.

　어쩌다 이런 일이 벌어졌을까. 당연히 이건 신실한(?) 마오주의자들이 취할 전술도 태도도 아니었다. 마오주의의 인민전쟁이란 농촌을 근거로 무장투쟁을 벌이며 해방구를 조직하고 확대하며 적들의 근거지인 도시를 포위해 좁혀 들어가다 마침내 숨통을 끊는 것이다. 이게 인민전쟁의 지구전 전략이고 신 민주주의 혁명은 그로써 승리를 거두는 것이다. 일찍이 마오쩌둥이 그렇게 중국혁명을 승리로 이끌었고 적어도 1994년 등장한 후 1996년 인민전쟁을 선포한 네팔공산당(M)의 투쟁전략도 다른 것이 아니었다. 네팔의 마오주의자들은 마오의 가르침을 따라 농촌을 근거지로 인민전쟁을 선포했고 해방구를 늘렸으며 해방구를 통치할 인민정부를 구성했다. 왕정은 장제스의 국민당 정부와 별로 다를 것이 없었다. 봉건적이고 반민중적이었으며 제국주의자들에 의존했고 총을 앞세워 민중을 억압했다. 부정과 부패는 양념이었다. 네팔 인민은 억압자인 왕정을 혐오했으며 마오주의자들의 편이었다. 인민전쟁 5년 만에 마오주의자들은 전 국토의 70퍼센트를 통치하고 있다고 선언했다. 인민전쟁은 극도로 성공적이었다. 그런데도 네팔의 인민전쟁은 전통적인(또는 고전적인) 결말로 나아가는 대신에 전혀 새로운 길을 택하고 있었다. 그렇다면 일찍이 마오의 중국공산당이 그랬던 것처럼 적의 심장부인 카트만두로 진공을 펼쳐 숨통을 끊을 만한 능력(무력)이 네팔공산당(M)에게는 없었던 것일까? 2005년에 이르러 전 국토의 80퍼센트를 수중에 넣었다고 자타가 공인하고 있던 네팔공산당(M)의 인민해방군이 여세를 몰아 왕정쿠데타의 실패로 아수라장이 된 카트만두로 진공하는 것이 불가능한 일이었을까? 더욱이 네팔공산당(M)이 마오주의 인민전쟁에 있어 지구전의 3단계, 즉

전략적 방어기와 전략적 대치기, 전략적 공세기 중에서 전략적 공세기로의 전환을 선언한 것은 2004년이었다. 전략적 공세기에 맞게 인민해방군은 당연히 적극적 공세에 나섰고 전투에서 줄곧 승리를 거두어 왔다. 왕립네팔군은 미국의 막대한 군사적 지원에도 불구하고 번번이 패배를 거듭했다. 그러니 마지막 순간에 모든 것을 포기하고 의회로 직행한 네팔공산당(M)의 행동은 전통적 마오주의 상식에서는 이해 불가능에 가까웠다. 네팔공산당(M)의 친애하는 마오쩌둥 동지는 일찍이 "권력은 총구에서 나온다"는 말을 남기지 않았던가.

네팔의 마오주의자들이 본격적으로 기묘한 행적을 시작한 것은 평화협정을 체결하기 이전부터였다. 2005년 2월 갸넨드라의 왕정쿠데타는 카트만두를 들끓게 만들었다. 갸넨드라가 해산한 의회의 대부분(205석 중 190석)을 구성하고 있던 7개 정당이 연합을 결성했고 이 시위를 이끌고 있었다. 9월 4일에는 왕정쿠데타 이후 최대인 5천 명의 시위대가 카트만두 시내로 쏟아져 나와 반왕정, 공화국 구호를 외치고 있었다. 같은 날 네팔공산당(M)은 갑작스럽게 3개월간의 휴전을 선언했다. 물론 휴전은 2001년과 2003년에도 있었다. 그러나 두 번의 휴전과 달리 2005년의 휴전은 네팔공산당(M)의 일방적 휴전이었다. 절대왕정의 복고를 선언한 갸넨드라 정권에 대한 대중적 저항이 들불처럼 번지고 있던 이 시기에 네팔공산당(M)이 선택할 수 있는 경우는 두 가지였다. 말하자면 인민해방군은 이 시기에 카트만두로 진공해 전략적 공세기를 끝내거나 아직 조건이 성숙하지 않았다는 판단 아래 인민전쟁의 공세적 고삐를 죄는 편을 택할 수 있었다.

그러나 네팔공산당(M)은 마오주의 교과서에 등장하지 않는 세번째 방법을 선택하고 있었다. 그게 도시봉기 전략이었다. 일방적으로 휴전을 선언한 네팔공

프라찬다

네팔공산당(M)의 의장이며 이데올로그인 프라찬다는 21세기 민주주의를 내걸고 새로운 노선을 걸었다.

산당(M)은 카트만두의 SPA와 반왕정 공동전선을 형성하고 전제왕정에 대한 공동투쟁, 제헌의회 구성 등을 항목으로 하는 12개항 각서에 서명한 것은 물론 카트만두의 대중투쟁을 확대하고 봉기로 이끄는 데에 전력을 다하고 있었다.

2005년의 그 뜨거웠던 시기에 네팔공산당(M)의 전술은 '인민전쟁을 잠시 멈추고 도시봉기에 역량을 집중한다'는 것이었다. 그런데 농촌을 근거로 무장투쟁을 벌이던 마오주의 공산당이 원한다고 해서 갑작스레 도시봉기를 조직하거나 참여할 수 있는 것은 아니다. 당연히 준비가 필요했고 준비를 위해서는 노선의 전략적 변화가 있어야 했다. 바로 그 변화가 2001년 2월 당대회에서 의장으로 선출된 프라찬다의 이름을 빌린 프라찬다 노선(Prachandapath)이었다.

프라찬다의 길

1996년 시작한 인민전쟁은 괄목할 만한 성과를 거둔 것이 분명했다. 2001년 2월 비밀리에 열린 2차 당대회는 네팔공산당(M)에게 지난 5년의 인민전쟁을 평가하고 앞으로의 방향을 정비하는 자리였다. 이 자리에서 중앙위원회가 맑스-레닌-마오주의를 네팔의 조건에 맞게 해석하고 향후의 투쟁노선으로 제출한 것이 이른바 프라찬다 노선이었다. 그 핵심적 내용 중의 하나가 마오주의의 인민전쟁과 도시봉기의 결합이었다. 5년의 인민전쟁은 괄목할 만한 성과를 거두었지만 전망이 밝은 것은 아니었다. 마오쩌둥의 지구전적인 인민전쟁은 농촌의 근거지를 중심으로 실질적인 권력을 창출하는 것이며 이를 통해 지구전으로 나아간다. 그러나 5년 동안의 인민전쟁으로 광범위한 해방구를 획득하고 인민정부의 수립을 선포했음에도 불구하고 명실상부한 근거지를 확보하고 안정적인 농업적·사회적 인프라를 구축하는 데에는 적잖은 어려움을 겪고 있었다. 특히 공습에 대한 방책을 세울 수 없었고 보안경찰의 일상적인 토벌과 탄압도 지구전을 수행할 수 있는 안정적 근거지를 확보할 수 없는 이유였다. 또한 네팔과 같은 고도로 중앙 집중적인 국가에서는 도시(카트만두)에서의 봉기를 통하지 않고 농촌에서의 활동만으로는 불충분하며 국가권력이 집중된 카트만두에서 투쟁할 수 있는 새로운 전술이 모색되어야 한다는 것이 프라찬다 노선의 배경이었다. 그 대안으로 도시봉기 전략이 제출되었고 다음과 같은 전술이 제시되었다.

국가정책에 대한 지속적인 개입
(도시에서의) 파업과 가두시위를 가능하게 할 조직 구성
왕립군에 대한 반란 선동
동조 세력과 반대 정치 세력의 분리 모색

이 전술들이 인민전쟁과 달리 도시봉기를 목적으로 하는 비폭력 전술이라는 것에 주목할 필요가 있다. 프라찬다 노선은 마오주의의 전통적 인민전쟁과 도시봉기를 결합하는 노선으로 20세기에는 그 예를 찾아볼 수 없는 노선인 것은 분명하다(혹자는 이 노선을 두고 레닌의 도시봉기인 10월혁명과 인민전쟁인 마오의 중국혁명이 결합된 것으로 평가하기도 한다). 2005년의 일방적 휴전과 카트만두에서 이루어진 정치 세력과의 공동투쟁은 2001년 프라찬다 노선의 정식화 이후 네팔공산당(M)이 꾸준히 독자적인 도시사업을 벌여 왔음을 시사한다.

문제는 민주주의야, 고루한 자들아

2001년 9월 협상의 결과로 성사된 휴전은 확실히 이 새로운 노선의 첫번째 실험이었다. 휴전으로 얻어진 공백기에 네팔공산당(M)은 같은 해 9월 카트만두에서 대규모 시위의 조직을 시도했으며 학생과 청년, 여성을 중심으로 당조직의 확대에 본격적인 시동을 걸었고 역량을 집중했다. 인민전쟁에 도시봉기를 결합하는 이 노선은 도시에서의 대중조직 확대, 그리고 기존 정치 세력과의 연합으로 이어졌다. 당면 목표는 왕정의 붕괴와 공화국의 수립이었으므로 연합전선의 형성이 새로운 것은 아니었다. 그러나 네팔공산당(M)은 확실히 계급적 주도권에 전통적 수준으로 연연하지 않았다. 마오주의의 신 민주주의혁명은 부르주아혁명의 성격을 띠고 있지만 여전히 노동자, 농민의 계급적 주도권이 보장되는(되어야 하는) 혁명이었다. 프롤레타리아 독재를 통한 계속혁명은 레닌과 마오의 이념적 보루 중의 하나이다. 그러나 네팔공산당(M) 상임위원회 위원이며 당 대변인인 크리시나 바하두르 마하라는 프라찬다 노선에 대해 이렇게 말하고 있었다.

프라찬다 노선은 러시아와 중국, 그리고 다른 지역에서의 경험을 반영한 것이다. …… 우리는 맑스와 레닌, 마오를 포기하지 않았지만 그들을 도그마로 받아들이길 원하지도 않는다. 우리는 인민이 스스로 관리함으로써 부유한 자들이 선거를 좌지우지할 수 없는 21세기의 민주주의를 지향한다. 우리는 모든 정당에게 투명하고 평등한 기회를 원한다.

말하자면 다당제 의회민주주의를 받아들인 것이 프라찬다 노선의 또 다른 핵심인데 프라찬다 자신은 2006년 11월 뉴델리에서 열린 '지도자 회담'의 연설에서 이렇게 설명하고 있다. 넉넉하게 인용해 보자.

······ 그러나, 사회주의적 민주주의가 그 동력을 잃어버리고 점차 관습적이고 기계적인 민주주의로 탈바꿈하는 동안 국가의 실천에 있어 인민대중의 주도권과 실천은 결국 사망선고를 받았다. 국가를 운영하는 데에 있어 오직 한줌의 지도자들만이 능동적이고, 대다수 대중은 침묵 속으로 빠져들어야 했다. 상황은 스탈린 시대에 들어 더욱 악화되었다. 마오쩌둥이 사회주의적 민주주의를 되살리고 발전시키고자 담대한 실험(문화혁명)을 시도했지만 그의 노력도 질적인 진전을 거두지 못했다.

사회주의적 민주주의는 왜 결국 실패한 것일까? 왜 그들의 적으로부터 전체주의라는 오명을 얻어야 했던 것일까? 21세기의 혁명적 공산주의자들이 맑스와 엥겔스가 『공산당 선언』에서 선언했던 것처럼 '민주주의를 위한 전투에서 승리'하고자 한다면 우리는 반드시 사회주의적 민주주의의 지난 오류가 던져 준 이 질문에 답을 구해야 하고 대담하게 (다시) 시작해야 한다.

우리 당은 '21세기 민주주의의 발전'에 대한 결의를 받아들이고 몇 가지 새로운 테제를 제출했다. 이 중에서 가장 중요한 테제는 심지어 미래의 사회주의 국가에서도 헌법에 다당(多黨) 경쟁을 인정하고 그것의 조직을 명시하는 것이다. 사회주의국가의 프레임워크에 있어서 다당 경쟁의 사상은 사회주의적 민주주의의 발전과 새로운 활력에 있어서 거대한 일보전진이다. 오직 이 방법만이 권력을 손에

크리시나 바하두르 마하라
네팔공산당(M) 중앙위원회 상임위원이며 내각의 정보통신부 장관을 맡았다.

넣은 공산당의 독점적·관료적 경향에 대한 고유한 속성을 억누를 수 있으며 사회주의적 민주주의를 제도화할 수 있다. 나아가 국가적 실천에 있어 인민대중의 개입과 감시, 일상적인 통제의 보증을 실현할 수 있는 제도적 장치가 반드시 마련되어야 한다. 오직 이런 경우에만 '인민이 통치한다'는 의미에서의 참된 민주주의가 실현될 것이다.

프라찬다와 같은 21세기 공산주의자의 말에 따른다면 '문제는 민주주의'이다. 20세기 공산주의의 파탄은 민주주의 파탄에 따른 당연한 귀결인 것이다. 그러므로 문제의 핵심은 이렇다. 독재가 필연적으로 야기할 관료화, 혁명의 부패와 타락을 어떻게 방지할 것인가. 20세기 현실사회주의의 몰락은 프롤레타리아 독재가 공산당의 관료주의적 독재로 변질되고 민주주의가 실종되었으며 그 결과 당이 인민대중과 철저하게 유리되었던 것에 기인했다. 요컨대 참된 (인민)민주주의가 존재하지 않는다면 당의 부패를 방지할 수 있는 어떤 방법도 가능하지 않다. 프라찬다와 네팔공산당(M)의 '21세기 민주주의 발전'은 바로 그 민주주의를 유지하고 공산주의로 나아갈 수 있는 방법으로 '다당제'를 제시한다.

그런데 이게 정말 새로운 것일까. 이게 정말 프라찬다에게 특허를 부여해야 할 독점적 아이디어일까. 그렇다고는 할 수 없다. 1949년 혁명 후 중국의 헌법은 다당제를 명시했다. 멀리 갈 것도 없이 북한도 1972년 이른바 사회주의 헌법을 도입하기 전에는 다당제를 인정하고 있었다. 1917년 10월혁명 후의 소련도 다를 것은 없었다. 다만 현실적으로 그것을 무시하거나 외면하고 공산당 일당독재를 확고하게 실현했으며 그 일당독재 속에서 민주주의는 질식하고 관료주의의 독버섯이 꽃을 피웠으며 때로는 일인독재로까지 나아가기도 했다. 그 과정에서 이론적 명분이 되었던 것은 언제나, 어떤 나라에서나 레닌의 '프롤레타리아 독재'였다. 그것은 스스로 사회주의 단계로의 이행을 선언하고 프롤레타리아 독재를 헌법에 명시하기 전이나 후나 마찬가지였다. 따라서 문제는 민주주의를 보장할 아무런 장치가 프롤레타리아 독재에는 없었던 것이다. 이 점에서 프라찬다 노선의 '경쟁' 개념은 파격적이다. 다당제는 '투명하고 평등한' 경쟁을 전제하며 이 경쟁에서 공산당은 아무런 불편부당한 권리도 갖고 있지 않다. 물론 부르주아 의회민주주의에서 사실상 돈으로 선거를 구매하는 따위의 불투명한 경쟁 또한 배제된다. 말하자면 이것이 프라찬다 노선이 제시하는 '21세기 민주주의 발전'의 내용이다.

다당제 의회민주주의를 받아들이고 제헌의회 소집을 내세워 SPA와의 협상을 실현시킨 네팔공산당(M)의 행진은 과도정부와 과도의회에의 참여에 뒤이어 제헌의회 선거로까지 이어졌다. 선거에서 승리를 점칠 수 있는 근거는 어디에서도 찾아볼 수 없었다. 네팔국민회의당(NC; Nepali Congress)과 네팔공산당(UML)은 자신들이 네팔공산당(M)에 패배할 것이라 예측하지 않았고 그건 또 이 선거를 바라보던 국제사회의 일반적인 관측이었다. 그러나 네팔공산당(M)은 자신들의 노선에 따라 제헌의회 선거로 나아갔고 또한 투명하고 평등하게 경쟁했다. 그런 프라찬다 노선의 21세기적 실험정신이 갖는 의미는 '프롤레타리아 독재' 이론의 폐기 여부와 상관없이 그것을 (21세기의) 민주주의로 대체했다는 것이다.

카트만두의 번다
이날의 번다는 네팔공산당(M)에 반대하는 번다이다.

선거 이후, 카트만두의 마오주의자들

평화협정 후 카트만두의 사람들은 오랜만의 평화를 만끽하고 있었다. 사실 네팔의 시위는 다른 나라와 달리 좀 독특한 측면이 있어서 너나 할 것 없이 최대의 불편을 감수해야 한다. 네팔 말로 번다(Bundha)라고 하는 이 시위는 우선 길을 막는다. 그러곤 엔진 달린 물건은 모두 공격의 대상이 된다. 말하자면 시위라기보다는 파업에 가깝고, 도시의 기능을 일시에 정지시키는 효과를 가져온다. 어떤 사람들은 이걸 두고 네팔공산당의 시위방식이라고 하는데 그건 모함일 뿐이고 주체가 누구든 모두 이런 방식을 취한다. 예컨대 교통사고의 피해자들도 사고현장의 길을 막고 '번다'를 한다. 길게는 2001년 갸넨드라의 왕위 계승 이후 짧게는 2005년의 왕정쿠데타 이후 카트만두에서는 이런 번다가 쉬지 않고 계속되었다. 인력을 동력으로 삼는 자전거나 릭샤는 봐준다고 하지만 오토바이부터 버스에 이르기까지 모두 정지해야 하는 번다가 카트만두 사람들의 일상에 얼마나 큰 불편이었을까는 충분히 짐작할 수 있다.

평화협정 후 번다는 크게 줄었고 카트만두 사람들은 말 그대로 평화를 만끽하고 있었다. 그렇게 카트만두는 아래로부터 평화를 찾은 것처럼 보였지만 위에서는 날로 열기를 더해 가고 있었다. 카트만두에 도착한 것은 (2008년) 5월 10일. 정치일정으로는 마침내 제헌의회 소집을 눈앞에 두고 있었고 새로운 정부구성을 두고 정파 간에 신경전이 한참이었다. 신문에는 네팔공산당(M)의 1, 2인자인 프라찬다와 바타하리의 발언이 매일처럼 오르내리고 있었는데 그 즈음엔 총리인 코이랄라(Girija Prasad Koirala)와 갸넨드라에게 방을 빼라는 발언이 한참이었다. 갸넨드라에게는 왕궁에서 자진해 나오라는 요구였고 네팔국민회의당 소속으로 과도정부의 총리 자리에 앉아 있던 코이랄라에게는 자진사퇴 요구였다. 갸넨드라에게는 방을 빼지 않으면 무력을 동원해 쫓아내겠다는 협박까지도 등장했다. 두 세기 반 만에 자신들의 힘으로 이룩한 왕생무상(王人無常)의 자부심을 만끽하고 있는 카트만두에는 정치적 긴장 또한 높아지고 있었다.

다른 한편으로는 새로운 정부구성을 두고 정파 간의 신경전이 벌어지고 있었다. 네팔공산당(M)은 정부구성에 있어서 네팔국민회의당과 UML 등과의 연립정부 구성을 받아들이겠다는 입장인 반면 네팔국민회의당과 UML 쪽에서는 참여하지 않을 수도 있다는 발언이 튀어나오고 있었다. 사실 UML 쪽에서는 정부 참여를 결정하려면 당총회를 거쳐야 했으므로 결정을 발표할 수 있는 단계는 아니었다.

네팔국민회의당과 UML이 정부구성에 참여하지 않을 수 있다는 발언은 현재의 정국을 상징적으로 드러내고 있었다. 예컨대 2008년 4월 10일의 선거는 제헌의회 선거였고 의회의 목적은 새로운 (공화국) 헌법을 제정하는 것이었다. 주어진 시간은 2년. 여러 가지 발생 가능한 변수로 다음 총선이 지연된다 해도 3년을 넘을 수는 없다. 네팔국민회의당과 UML이 정부구성에 참여하지 않거나 또는 명백히 소극적으로 참여한다면 그것은 네팔공산당(M)의 제헌의회선거에서의 승리로 조성된 현재의 정치적 국면에 대해 책임지기를 원치 않는다는 의미이다. 최근의 태도를 보면 UML은 선거에서의 패배로 어수선해진 당 내부를 수습하고 다음 선거에서 이전 수준의 의석을 회복하는 데에 골몰하고 있는 것처럼 보인다. 네팔국민회의당은 자신들이 대표하고 있는 부르주아 계급의 이익을 지키는 데에 신경을 곤두세우고 있는 듯하다. 결국 둘 모두 현재의 정국을 직시하기보다는 팔짱을 끼고 있는 태도를 보이고 있었다. 정치적으로 네팔국민회의당과 UML의 소극적 태도는 현명한 판단의 소산이기도 했다. 어떤 정치 세력도 이즈음의 과도기적 정국에서 계산기를 두드려 이익을 내기란 지극히 어려운 때였다. 그러니 오히려 후일을 도모하는 것이 정치적 최선일 수도 있었다. 정부구성에 참여하지 않거나 극히 일부만을 참여한다면 네팔국민회의당과 UML은 제헌의회라는 안전지대에서 그 시간을 보내며 후일을 기약할 수 있을 것이다.

21세기 초유의 사태를 현실화시킨 네팔공산당(M)은 20세기의 어떤 공산당도 걸어 보지 못했던 그 길을 총총걸음으로 바삐 걷고 있었다. 그들에게 주어진 시간은 새로운 공화국 헌법에 따라 치러지게 될 다음 총선까지의 2년이다. 정부구성을 책임지고 주도하게 될 카트만두의 마오주의자들은 산적한 정치적·경제적·외교적 현안과 맞닥뜨리고 있다. 프라찬다 노선의 '경쟁'은 정부운영에서도 예외일 수는 없다. 그들은 이 경쟁에서 성공할 수도 있고 패배할 수도 있다.

가장 중요한 현안은 경제이다. 오랜 왕정독재와 지난 10년의 내전으로 피폐해진 경제를 두고 인민이 인정할 만한 성과를 거두지 못한다면 정치적 위상은 추락할 것이다. 네팔공산당(M)의 경제정책은 아직 뚜렷한 윤곽을 드러내고 있지 않지만 자본주의적 경제발전에 중점을 두고 있는 것으로 보인다. 프라찬다와 바타하리는 거듭해서 외국자본과 국내자본에게 공히 투자할 수 있는 여건을 조성하겠다고 약속하고 있다. 미국과 인도, 중국에 대해서도 유화적인 태도를 보이고 있다. 더 이상 이 나라들을 제국주의와 팽창주의, 수정주의로 수식하지 않고 있다. 외국자본의 유치에도 적극적인 의지를 표명하고 있다. 이건 입장의 변화라고

네팔의 미래
히말라야의 은둔국인 네팔은 세계 공산주의사에 새로운 일획을 긋고 있다. 네팔은 어디로 갈 것인가.

볼 수 있다. 그동안 네팔공산당(M)의 경제정책 노선은 1998년 바타하리가 『네팔 인민전쟁의 정치-경제적 정당성』(*Politico-Economic Rationale of the People's War in Nepal*)에서 밝힌 다음과 같은 다섯 가지 방침을 기본으로 해왔다.

1. 생산관계의 변화 : 봉건 계급으로부터 토지, 매판 관료 계급으로부터 자본 몰수.
2. 혼합소유 : 농민에 의한 토지의 개별 소유. 주요산업과 금융기업의 국가소유. 생산적 사적 자본과 국가와의 조인트 벤처. 사적 개인에 의한 중소기업의 소유.
3. 보호 통제 경제 : 독립적·자립적 발전의 지원.
4. 계획발전 : 마오쩌둥 시대의 중국에서 실현되었던 중앙집중적 지도부와 지도. 분산적 주도와 관리 아래 작동하는, 소비에트 스타일의 계획경제가 아닌, 진실로 인민에 의해 추동되고 효율적인 경제.
5. 균형발전 : 도시와 농촌, 산악과 평야, 농업과 산업 …… 간의 지역적·경제적 균형. 그러나 농업은 기초이며 산업이 주도 부문이다. 종합목표는 "농촌의 도시화이며 도시의 농촌화가 아니다."

1998년에 발표되었던 이 경제발전 정책에 관한 방침이 10년이 지난 지금 여전히 유효한지에 대해서는 의문이다. 바로미터는 토지개혁과 국유화 정책인데 상당히 후퇴한 느낌을 주고 있는 것이 사실이다.

당 대변인이며 정보통신부 장관인 크리시나 바하두르 마하라는 인터뷰에서 주요산업에 대한 국유화가 추진될 가능성은 없다고 밝혔으며 자유경쟁을 실현할 것이라고 말했다. 토지개혁에 대해서도 무상몰수, 무상분배의 가능성은 없을 것으로 잘라 말했다. 물론 토지개혁은 어떤 형태로든 실현한다는 것인데 그는 이른바 과학적 토지개혁(Scientific Land Reform)이라는 용어를 동원해 당 차원에서 정책을 연구 중이라고 밝혀 우회적으로 고충을 토로하고 있었다.

토지개혁이 뜨거운 감자가 되리라는 것은 의심할 여지가 없다. 10년간 인민전쟁을 벌인 네팔공산당(M)을 지원하고 제헌의회 선거에서 표를 던진 세력은 농촌의 빈곤한 무토지 농민과 불가촉천민이었다. 그들에게 네팔공산당(M)이 '땅'을 약속했음은 두말할 나위가 없다. 제헌의회 선거를 통해 카트만두에 입성한 그들이 지주들과 그들을 대변하는 정치세력들의 압력으로 제대로 된 토지개혁을 추진하지 못할 경우 지지 세력의 이반은 불을 보듯 뻔한 일이며 그 결과는 다음 총선에 반영될 것이다.

토지개혁과 국유화를 둘러싼 네팔공산당(M)의 딜레마는 자신들이 받아들인 '다당제 의회민주주의'의 필연적 결과이다. 네팔공산당(M)은 제헌의회 선거에서 그 누구도 예상하지 못했던 승리를 거두었지만 선거에서의 승리는 제한적이었다. 다수대표제에서 120석, 비례대표제에서 100석을 확보한 네팔공산당(M)의 의석수는 220석으로 총 575석 중 38퍼센트를 조금 웃도는 제1당에 불과할 뿐이다. 네팔공산당(M)에 뒤이은 제2당인 네팔국민회의당과 제3당인 UML의 의석을 합치면 단지 10석이 뒤질 뿐이다. 그러나 제헌의회에서 중요한 결정을 통과시키기 위해서는 2/3의 찬성이 필요하다. 네팔공산당(M)의 전체의석에서 좌파가 차지하는 의석은 2/3에 달한다고 하지만 당장 UML부터 그다지 협조적이지 않다. 네팔공산당(M)은 UML을 포함하는 모든 공산주의자들의 단일한 네팔공산당의 탄생을 제안하고 있지만 성사여부는 불투명하다. 결론적으로 네팔공산당(M)의 '21세기 민주주의의 발전'은 그들 스스로를 의회민주주의의 함정에 빠뜨려 고사시킬 수도 있다.

어떤 사람들은 최후의 보루로 다시 인민전쟁으로 돌아갈 수도 있다고 말하지만 네팔공산당은 이미 돌아갈 수 없는 강을 넘어 카트만두로 진출했다. 사실상 인민전쟁은 끝났고 단계는 이행되었다. 경쟁에 뛰어든 네팔공산당(M)에게는 승리 또는 패배만이 남아 있다. 물론 한 번의 패배가 경쟁에서의 퇴출을 의미하지는 않을 것이다.

그렇게 네팔은 21세기 초유의 실험을 벌이고 있다. 의회민주주의와 선거가 진정한 민주주의를 반영할 수 있는 형태인지, 투명하고 평등한 다당 경쟁이 신민주주의 실현은 물론 진정한 사회주의 또는 공산주의로의 이행을 실현하고 담보할 수 있는 방법이 될 수 있는 것인지, 이른바 '21세기 민주주의의 발전' 깃발 아래 이루어지고 있는 이 실험의 결과를 예측하기란 쉽지 않지만 20세기의 실패에 대한 통절한 비판과 근본적인 문제제기를 담고 있음은 의심할 여지가 없다.

카트만두의 티베트 난민들이 24시간 릴레이 단식농성을 벌이고 있다

샹그리라의 신권과 시장사회주의

카트만두에 도착한 지 사흘째 되는 날인 5월 12일 주네팔 중국대사 정샹링(鄭湘玲)이 화가 나서 기자회견을 자청했다. 그건 그럴 만했다. 1959년 티베트 무장봉기 49주년을 맞아 벌어진 3월 10일의 시위가 14일 중국의 유혈진압으로 '3·14 티베트 사태'로 발전한 후 카트만두에서는 3월 말부터 중국대사관과 영사관을 겨냥한 반중시위가 거의 매일같이 벌어지고 있었다. 정샹링의 분노는 네팔경찰이 체포한 시위대조차도 다음 날 방면하는 등 단속에 불성실한 점에 초점이 맞춰졌다. 또한 카트만두의 유엔 관계자들이 이들의 시위에 관련되어 있다고 주장하며 유엔헌장을 위반하는 사태는 좌시하지 않겠다는 협박성 발언도 남겼다. 그는 마치 중국이 네팔에서 외교적으로 고립된 것처럼 말하고 있었는데 그렇게 과장할 것은 아니겠지만 티베트와 관련된 중국의 고질적인 강박관념, 말하자면 국제사회가 티베트를 이용하고 있거나 달라이 라마에 놀아나고 있다는 피해의식의 단면을 보고 있는 것처럼 여겨져 흥미로웠다.

이번 여행에서 나는 원래 카트만두에서 인도의 다람살라(Dharamsala)를 다녀올 계획이었고 내친 김에 사정을 보아 가능하다면 라싸(Lhasa)에까지 가 볼 생각이었다. 베이징 올림픽과 맞물린 3·14사태로 티베트가 다시금 국제적 조명을 받고 있었으므로 그건 자연스러운 계획이었는데 미얀마행이 번번이 좌초했던 까닭에 프놈펜과 방콕에서의 일정이 턱없이 늘어져 라싸는커녕 다람살라행도 여의치 않아졌다. 그렇다고 해서 카트만두에서의 일정을 단축할 수는 없었다. 그러나 연일 계속되는 반중국 티베트 지지시위에서 볼 수 있듯이 카트만두는 말하자면 축소판 다람살라였다. 인도에는 10만, 네팔에는 2만 명의 티베트 난민들이 있었다. 또 인도와 중국 사이의 중립지대로서 네팔은 오히려 다람살라에서는 찾아볼 수 없는 티베트 문제의 특별한 흔적이 남겨져 있는 곳이기도 했다. 결국 나는 다람살라와 라싸를 포기하고 틈틈이 카트만두와 포카라(Pokhara)에서 티베트를 찾아보는 길을 택하기로 했다.

중국과 네팔 그리고 티베트

지정학적으로 중국과 인도라는 두 대국의 틈바구니에 끼어 있는 네팔은 역사적으로 그 영향에서 자유롭지 못했다. 영향력으로 치자면 중국보다는 인도가 압도적이다. 중국과는 험준한 히말라야 산맥으로 가로막혀 있지만 3면을 접하고 있는 인도와는 팔을 벌리고 열려 있는 형국이다. 길은 인도를 향해 열려 있기 때문에 석유를 포함한 모든 물자는 인도를 통하지 않으면 들어오는 게 불가능한 형편이다. 길이 열려 있으면 물자만 왕래하는 것이 아니다. 경제뿐 아니라 정치·문화·외교 등 모든 분야에서 네팔은 인도의 강한 영향력 아래 놓여 있다.

인도가 영국의 식민지였던 90년 동안은 네팔로서는 오히려 인도의 영향력에서 비교적 자유로운 시기였다. 네팔은 영국과의 전쟁으로 1816년 수골리조약을 맺고 테라이와 식킴의 방대한 영토를 빼앗겼지만 여하튼 남은 영토는 독립을 유지했다. 그 후의 네팔은 영국에게는 별 가치 없는 땅이었다. 그러나 1857년 인도에서 벌어진 반식민지 세포이 항쟁은 네팔이 가진 독특한 가치를 제국주의자들에게 보여 주었는데 네팔의 이른바 구르카 용병은 세포이 항쟁을 분쇄하는 데에 지대한 도움을 주었다. 구르카 용병은 이후에도 영국이 인도의 식민지통치에 필요한 병력을 조달하는 데에 요긴하게 쓰였다. 구르카 용병은 인도뿐 아니라 말레이시아와 보르네오, 홍콩 등 영국군이 등장하는 곳에는 어김없이 함께 모습을 드러냈다. 1차 대전과 2차 대전에서 영국은 인도에 자치를 미끼로 협력을 받았지만, 네팔 왕조는 자발적으로 영국에 협조했다.

1949년의 중국혁명은 독립 인도로서는 달가운 일이 못되었는데 무엇보다 중국혁명에 고무된 자국 공산주의자들의 반란과 중국의 영향을 우려하지 않을 수 없었다. 인도가 1950년 네팔과 체결한 '평화우호조약'은 전형적인 불평등조약으로 인도의 군 병력이 네팔에 상주하거나 군사작전을 벌일 수 있었다. 인도에게 이 조약은 네팔에 대한 정치적·군사적·경제적 영향력의 확대를 통해 중국을 견제하는 의미를 가졌다. 그러나 네팔이 국경을 마주하고 있는 것은 중국이라기보다는 티베트였다.

1951년 중국 인민해방군은 라싸에 진주했고 티베트 역시 혁명의 물결을 피할 수 없었다. 이후 티베트에서 간헐적으로 발생하던 무장투쟁은 1955년과 1959년 두 번의 무장봉기로 발전했다. 1959년 무장봉기가 무위로 돌아가자 달라이 라마는 라싸의 포탈라궁을 탈출, 인도의 다람살라로 망명해 그곳에서 망명정부를 구성했다. 무장봉기와 달라이 라마의 망명으로 8만 명으로 추산되는 티베트 난민이 발생했다. 1980년대 이 수는 다시 늘기 시작해 2008년 현재 13만 명의 티베트 난민이 인도와 네팔, 그리고 부탄을 비롯해 세계 각지에 흩어져 거주하고 있다.

3월의 티베트 사태로 시작한 카트만두의 반중국시위에는 승려도 있고 민간인도 있지만 그들 모두는 이미 반세기를 넘기고 있는 티베트 난민이었다. 49년을 넘기고 있는 티베트 난민은 60년을 넘기고 있는 팔레스타인 난민과 함께 세계 최장을 기록하고 있는 난민 중의 하나이다. 세월이 이쯤 되면 난민은 1세대에서 2세대, 3세대로 세대를 거듭하게 된다. 그런 당사자들의 시위이니만큼 절절하지 않을 수 없고 보는 입장에서는 착잡하지 않을 수 없다. 카트만두에 머물면서 틈틈이 시위 현장과 단식농성 현장을 기웃거리거나 난민촌을 찾고 또 포카라의 난민촌까지 찾게 되었던 것은 어쩌면 세상의 누구보다 가장 불안한 삶을 받아들여야 하는 난민의 처지에 대한 인지상정의 관심이었을 것이다.

포카라의 티베트 난민촌에서 만난 쿵가는 생후 2개월의 젖먹이로 히말라야 산맥을 넘어와 올해 마흔일곱이 되었다. 말하자면 1.5세대에 해당하는 그는 안나푸르나의 배후도시인 포카라의 티베트 난민캠프에 살고 있다. 그의 어머니는 티베트에 거주하고 있다. 1959년 무장봉기가 일어난 후 네팔로 피난 온 그의 가

포카라 티베트 난민촌의 티베트인들

족은 생계를 잇기 어려운 혹독한 조건에서 외조부가 어머니를 데리고 다시 중국의 티베트로 돌아가는 바람에 이산가족이 되었다. 아버지와 함께 네팔에 남아야 했던 젖먹이 퉁가는 그 뒤 양젖과 찌아(차)를 먹고 자랐다. 불과 3년 전에야 그는 어렵사리 연락이 닿은 어머니를 네팔 상인으로 가장하고 무스탕의 국경지대에서 상봉할 수 있었다. 그의 어머니는 그에게 형편이 어려울 테니 자신의 아이들을 중국으로 보내라고 말했고, 자신은 어머니에게 네팔로 와 함께 살자고 말했다며 쓸쓸한 미소를 흘렸다.

"그때 처음 어머니를 만났을 때를 떠올리면 지금도 눈시울이 무거워집니다. 어머니는 중국으로 돌아간 후 평생을 혼자 사셨답니다……."

티베트 망명정부의 그늘

그런 쿵가의 오토바이에는 '프리 티베트'(Free Tibet)라고 적힌 스티커가 네 장이나 붙어 있다. 그에게 지난 3월 티베트에서 벌어진 독립시위는 다른 티베트 난민들에게도 마찬가지이겠지만 남의 일일 수 없었다. 한때 카트만두의 음식점에서 웨이터로 일했다는 그는 지금은 포카라의 호수변에서 작은 기념품점을 운영하고 있지만 만사를 젖히고 포카라의 난민들이 조직한 모든 티베트 연대시위에 빠짐없이 참여했다.

"네팔정부가 발급하는 난민 아이디로는 땅도 집도 가질 수 없지요. 사업도 내 이름으로 할 수 없고 여권도 가질 수 없지만 사는 건 그럭저럭 문제가 없습니다. 하지만 결국 평생을 난민으로 살았지요. 나뿐 아니라 내 자식들도 마찬가지입니다. 아이들도 결국은 난민이지요. 네팔에서 사는 것이 큰 문제가 없다고 해도 결국 우린 뿌리 없는 이방인입니다. 아버지로서 아이들에게만큼은 나라를 찾아주고 싶고 또 기억도 할 수 없지만 나도 어머니가 계신 고향에 돌아가고 싶습니다."

3월의 티베트 사태가 중국의 유혈진압으로 끝난 후에도 그는 꾸준히 항의시위와 행진에 참여하고 있다.

네팔의 망명정부 조직인 '네팔 티베트 연대포럼'(Nepal Tibetan Solidarity Forum)은 3·14 티베트 사태 이후 꾸준히 지지행동을 조직해 왔다. 지난 4월 13일 이후 카트만두의 티베트 불교사원인 쉬엄부나트로 통하는 입구의 길가에서 한 달이 넘도록 '24시간 릴레이 단식농성'(24 hour Relay Fasting)을 벌이고 있었다. 그동안에도 중국대사관과 영사관 앞에서의 시위가 연이어 벌어져 네팔경찰이 진압에 나서고 80여 명의 시위자들을 체포하는 일이 벌어지고 있었다. 그러나 의외로 연대포럼은 그 시위들과 선을 긋고 있었다.

"티베트 난민들이 자발적으로 참여한 시위로, 연대포럼이 조직한 것은 아닙니다."

쉬엄부나트의 농성 현장에서 만난 연대포럼의 간부는 중국대사관과 영사관 앞에서의 시위가 평화시위였음에도 불구하고 연대포럼이 조직한 시위가 아니라 자발적 시위라는 말을 몇 번이고 강조했다.

사흘 뒤 연대포럼이 말한 그 자발적 시위는 난관에 봉착하고 있었다. 주네팔 중국대사는 다시금 기자회견을 자처해 중국 쓰촨에서의 지진으로 수많은 사상자가 발생했음에도 불구하고 티베트 난민들이 인도적인 반응을 보이기는커녕 중국

카트만두의 티베트 난민집회
쓰촨 지진 희생자 위령집회가 열리고 있다.

공관 앞에서 극렬한 시위를 벌이고 있다며 격렬한 비난을 퍼부었다. 이틀 뒤 연대포럼은 쓰촨 지진 희생자를 애도하는 티베트불교 전통의 애도 집회를 카트만두 시내의 만달레이 가든에서 열었다. 다음 날 카트만두의 티베트 난민캠프에서 쉬엄부나트 사원으로의 평화행진은 네팔경찰의 저지로 이루어지지 못했다.

달라이 라마가 "아마도 티베트인들에게 마지막 기회가 될 것이다"라고 말했던 베이징 올림픽을 계기로 한 티베트인들의 투쟁은 쓰촨 지진이라는 불가항력적인 돌발적 변수의 등장으로 그렇게 모멘텀을 상실한 것처럼 보였다. 내가 카트만두를 떠날 때까지 티베트인들의 시위는 이전의 활력을 되찾지 못하고 있었다.

연대포럼의 주장과 달리 내가 접할 수 있었던 티베트인들의 시위는 당연히 조직적이었다. 시위의 때와 장소는 하루 전에는 미리 연락을 받을 수 있었고 집회에는 버스들이 난민캠프에서 참가자들을 실어 날랐다. 시위를 조직하고 있는 것은 다람살라의 망명정부였다. 쉬엄부나트의 릴레이 단식농성을 기웃거리고 있을 때 나는 취재인 것을 빌미로 대표를 만나고자 했는데 그는 망명정부 의회의 의원이었다. 물론 망명정부가 이런 일에 무관하다면 망명정부란 딱지가 무색할 터였다. 그 자리에는 다람살라에서 온 망명정부 여성 인사도 있었는데 그녀도 의원이었다. 옷차림과 장신구가 화려하고 얼굴빛이 허여멀건해 농성장에 모여 있는 다른 티베트 난민들과 한눈에 두드러진 차이를 보이는 것이 꽤나 인상적이었다.

다람살라의 티베트 망명정부. 1959년 달라이 라마의 망명과 함께 구성된 정부이다. 달라이 라마가 수반의 자리를 차지하고 있으며 40명으로 이루어지는 대표의회와 7개 부처로 이루어진 내각(Kashag) 그리고 사법부를 두고 있어 외견상 3권 분립 구조를 취하고 있다. 1991년 '망명 티베트 대표자 의회'가 통과시킨

'망명 티베트인 헌장'은 헌법과 같은 역할을 하고 있는데 "달라이 라마 성하께서 티베트인들에게 민주적 체제를 제안하시어……"로 시작하는 서문을 가진 이 헌장은 넘치는 민주적 미사여구에도 불구하고 달라이 라마의 신권정치를 인정하는 시대착오적 조항들이 숨통을 조이고 있는 헌장이다. 예컨대 달라이 라마 성하께서는 유권자의 2/3의 반대가 없는 한 언제라도 이 헌장을 개정할 수 있다. 헌장은 또 달라이 라마 개인에게 신권의 권력을 부여하고 있다. 의회의 결정을 승인하는 것도 의회를 소집하거나 연기하는 것도 그의 권한이며 심지어 해산할 수 있는 것도 그의 권한이다. 의회뿐 아니라 내각도 마찬가지이다. 내각을 해산하거나 장관을 해임할 수 있는 것도 그의 권한이다. 이 모든 내용을 담은 헌장의 개정을 승인하는 것도 그의 권한이다. 근대국가에서는 상상조차 할 수 없는 이 무소불위의 일인독재를 보장하고 있는 헌법은 유엔 세계인권선언을 준수하고 법 앞의 평등과 종교·인종·언어·출신에 의해 차별되지 않는 인권과 자유를 강조하고 있지만 결국은 모든 멋진 조항들이 단지 농담에 불과하며 1951년 이전의 법왕 달라이 라마가 통치하는 신권정치의 또 다른 버전이라는 것을 말해 준다. 만약 티베트인들의 모든 투쟁이 달라이 라마의 이 사려 깊은 '민주적 체제'를 구현하기 위한 것이라면 나는 단언하건대, 중국공산당이 탄생시킨 최악의 자본주의 체제도 그보다는 낫다고 할 것이다.

망명정부 내의 (완전한) 자치와 독립을 둘러싸고 벌어지는 내연 또한 탐탁지 않기는 매한가지였다. 다람살라의 망명정부는 1959년 달라이 라마의 망명 직전의 권력형태와 딱히 다를 바가 없다는 점에서 포탈라를 다람살라로 옮겨 온 것이다. 티베트의 전통적 지배구조는 라마승과 대지주인 귀족 계급의 연합이었다. 다

제14대 달라이 라마
세계 역사상 가장 성공적인 망명정부를 이끌고 있는 달라이 라마. 그 신화 뒤에는 신권정치가 버티고
있다.

람살라의 망명정부 또한 다를 바가 없다. 달라이 라마를 정점으로 한 승려 계급과 귀족 계급의 연합이다. 내각을 구성하고 있는 장관들의 면면을 보면 달라이 라마의 친족이거나 고위직 승려, 귀족 출신 망명객들이다. 달라이 라마의 (완전한) 자치는 승려 계급의 이해를 대변하고, 독립은 귀족 계급의 이해를 대변한다.

달라이 라마와 망명정부가 쿵가와 같은 평범한 난민들의 꿈을 이루어 줄 수 있는 세력인지, 나아가 티베트인들의 더 나은 미래를 약속할 수 있는 세력인지는 지극히 회의적이다. 오늘의 티베트, 그 시작으로 돌아가 보자.

달라이 라마의 평화 또는 비폭력

텐진 가초(Tenzin Gyatso), 제14대 달라이 라마인 그가 처음부터 배타적인 비폭력주의자인 것은 아니었다. 1959년 무장봉기는 그가 정교일치의 티베트에서 최고 지도자인 달라이 라마의 자리에 앉아 있을 때 벌어진 일이다. 물론 사람들은 당시의 달라이 라마가 충분히 어렸다고 말하거나 또는 그가 무장봉기를 반대했다고 말한다. 1950년 15살의 나이로 달라이 라마로 선택된 텐진 가초는 1959년에는 24살의 청년이었다. 세종이 임금의 자리에 오른 것이 22살, 그가 집현전을 설치한 것이 25살이었다. 정치적 책임을 묻기에는 여전히 어린 나이였을까. 그럼 다람살라로 망명한 후의 달라이 라마는 어땠을까. 그가 망명한 직후 무장투쟁을 포기하도록 지시(또는 설득)했다는 이야기는 그의 비타협적인 비폭력 평화 노선을 말할 때 흔히 들곤 하는 예이지만 이건 날조에 가깝다.

포카라의 티베트 난민촌에서 나는 1959년 이후 네팔과 중국의 국경지대인 무스탕에서 캄파 게릴라(반중국 티베트 게릴라)로 싸웠던 노인을 만났다. 그는 무장투쟁을 끝내라는 달라이 라마의 연락이 다람살라로부터 온 것은 사실이라면서 이렇게 증언했다.

"하지만 그건 우리가 항복한 다음이었다네."

노인이 언급했던 항복이란 무스탕으로 파견되었던 네팔 정부군에 대한 캄파 게릴라의 항복을 말한다. 캄파 게릴라의 반중국 무장투쟁의 종장으로 기록되는 이 항복이 이루어진 때는 1974년이었다. 말하자면 1959년 이후에도 15년 동안 티베트의 망명정부는 무장투쟁을 벌인 셈이다. 물론 다람살라의 망명정부는 이 사실을 인정하지 않지만 부인할 수 없는 또 다른 증거가 있다. 1998년 티베트 망명정부는 자신들이 1969년까지 미국 CIA로부터 연 1백 70만 달러의 자금을 지원받았다고 시인했으며 미국 콜로라도의 록키산맥에서 CIA가 티베트인들에게 게릴라 훈련을 시킨 것도 사실임을 인정했다. 바로 그 CIA가 네팔 서부의 무스탕과 동부의 왈랑충-골라에서 무장투쟁을 벌였던 캄파 게릴라를 지원한 장본인인 것을 고려한다면 망명정부와 캄파 게릴라의 존재가 무관하다는 것은 어불성설에 가깝다. 달라이 라마는 그 망명정부의 수반이자 최고지도자로서 최소한 1974년까지 티베트의 반중국 무장투쟁의 최고 책임자였다. 물론 게릴라 무장투쟁은 티베트의 망명 세력이 취할 수 있었던 최고 수준의 폭력투쟁이다.

또한 CIA가 티베트의 반중국 게릴라 투쟁을 지원한 것은 이미 1950년대 중반부터였다. 1997년 1월 『시카고 트리뷴』은 특종 하나를 실었는데 「티베트에서의 CIA의 비밀전쟁」(The CIA's Secret War in Tibet)이라는 제목이 시사하듯 중국혁명 이후 CIA가 에스티 서커스(ST Circus)란 공작명으로 티베트와 네팔에서

펼친 반중국 비밀공작을 폭로한 기사였다. 물론 티베트만은 아니었다. 같은 시기 CIA는 윈난과 산주에서 국민당 잔당을 대상으로 반공 게릴라투쟁을 교사하고 군수물자와 자금을 지원하는 비밀공작을 펼쳤다. 티베트에서 바로 그 CIA와 손을 잡은 것이 달라이 라마의 형인 갈로 통굽과 투탄 노부였다. CIA는 이들과 손을 잡고 1956년에는 6명의 티베트인을 선발해 사이판에서 게릴라훈련과 유격훈련을 시킨 후 티베트로 돌려보냈고 뒤에는 본토인 미국 콜로라도의 록키산맥에 만든 비밀훈련기지에서 259명의 티베트인들에게 게릴라훈련을 시켰다. 이 사실은 당시 미국에서 훈련받은 게릴라 중의 한 명인 텐진 소남(Tenzin Sonam)이 만든 다큐멘터리 「서커스의 그늘」(The Shadow Circus: The CIA in Tibet)이 1999년 최초로 영국 BBC의 전파를 타면서 세간에 알려졌다.

1959년 달라이 라마의 다람살라 망명과 망명정부의 구성을 직접적으로 지원한 것도 CIA였다. CIA는 훈련시킨 게릴라 부대를 이용해 달라이 라마의 다람살라행을 호위했으며 인도의 수상이던 네루에게 달라이 라마의 망명처 제공을 요청했다. 네루는 이를 받아들였고 다람살라에서의 티베트 망명정부 구성을 지원했다.

1959년 이후 무장투쟁은 CIA의 지원 아래 네팔의 무스탕과 왈랑총-골라의 국경산악지대에서 계속되었다. CIA의 캄파 게릴라 지원은 1969년 군수물자의 공수를 마지막으로 종료되었는데 1971년 핑퐁외교를 전후로 한 중국과의 화해 무드는 캄파 게릴라에게는 재앙이나 다를 바가 없었다. 결국 키신저의 방문과 뒤이은 닉슨의 중국 방문 뒤 캄파 게릴라의 투쟁은 완벽하게 고립되었고 뒤이어 중국의 압력을 받은 네팔이 정부군을 무스탕에 보내 항복을 받으면서 막을 내려야 했다. 인도와 중국 사이에서 네팔은 게릴라들을 체포했지만 난민 자격을 부여한 후 곧 석방하는 것으로 일을 마무리했다.

달라이 라마 : 세계로의 도약과 완전한 자치

티베트의 캄파 게릴라와 윈난과 쓰촨주의 국민당군 잔당에게 미국이 걸었던 기대는 기실 별다른 것이 아니었다. 이른바 변방을 집적이는 비밀공작이었다. 중소분쟁이 시작되고 1970년대 미국과 중국이 국교수립으로 나아갈 때 이들의 운명은 결정된 것이나 마찬가지였다. 네팔 북부 산악지대의 캄파 게릴라 투쟁은 그렇게 소멸되었다. 그러나 다람살라의 달라이 라마와 망명정부는 캄파 게릴라와 운명을 같이하지는 않았다.

다람살라의 티베트 망명정부와 같이 50년 동안 명맥을 유지하고 있는 망명정부는 세계사에서 예를 찾아보기 힘들다. 물론 그 이면에는 미국과 인도의 지원이 버티고 있었다. 1970년대 게릴라 투쟁에 대한 CIA의 지원은 중단되었지만 그렇다고 해서 미국이 공산주의 중국에 대한 적금 하나를 해약한 것은 아니었다. 특히 국경분쟁 이후 중국을 잠재적 적국으로까지 여기게 된 인도는 티베트 망명정부에게는 더할 수 없는 축복이었다. 그러나 50년을 버티려면 그것만으로 충분하다고는 할 수 없다. 게다가 다람살라의 망명정부는 단지 명맥만을 유지해 온 것이 아니었다. 그 50년 동안 티베트 망명정부가 거둔 성과는 다른 어떤 망명 세력들과도 비교할 수 없이 혁혁한 것이었다.

티베트는 늘 세계의 관심을 벗어난 적이 없었다. 버마와 태국의 국경지대에서 도륙당하던 카렌족과 후세인의 화학탄에 신음하거나 터키 군의 살인적인 공격을 받던 쿠르드족에 대해 냉담하기 짝이 없던 이른바 세계의 여론은 티베트에 대해서는 그렇지 않았다. 1970년대 이후 티베트 망명 세력은 언제나 세계여론의 따뜻한 배려와 관심 속에 성장할 수 있었다. 그리고 그 중심에는 달라이 라마가 있었다.

1967년은 다람살라의 망명 세력들에게 전기(轉機)가 된 해였다. 이 해에 달라이 라마는 일본과 태국의 방문을 시작으로 세계를 향해 첫걸음을 내딛었다. 다람살라의 망명 세력에게는 암울하기 짝이 없는 시기였다. 무스탕과 왈랑충-골라의 게릴라 무장투쟁은 별 성과를 거두지 못했고 누구의 눈에도 전망은 암울했다. 반면 티베트에서의 중국의 통치는 대다수 티베트 인민들에게는 달라이 라마와 귀족과 지주들이 통치하던 티베트보다 월등히 진보적이며 민중적인 것이었다. 티베트의 티베트인들이 다람살라의 망명정부를 흠모하고 지지할 어떤 이유도 찾아볼 수 없었다. 중국의 문화혁명은 또 다른 측면에서 위기의식을 고조시켰다. 문화혁명이 야기한 티베트에서의 종교적 위기는 망명 세력과 티베트가 공유하고 있는 유일한 가치에 대한 위기이기도 했다. 망명 10년을 앞두고 있던 다람살라의 망명 세력에게는 위기적 상황을 돌파할 수 있는 대안이 필요했다. 달라이 라마의 세계 순방의 시작은 그 시점에 이루어진 것이었다. 달리 말하자면 메아리 없는 티베트를 향해 손짓하기를 멈추고 세계를(사실은 서구를) 향해 호소하는 것으로, 중국과의 대결전략을 바꾼 셈이었다.

달라이 라마의 세계 순방은 기대 이상의 성과를 거두었다. 탕가와 만다라를 앞세운 달라이 라마의 세계 여행은 티베트에 대한 뿌리 깊은 서구인들의 오리엔

탈리즘적 신비주의를 고무시켰다. 어눌하지만 여하튼 의사소통이 가능한 영어를 구사하고 안경을 쓴 재기발랄한 생불인 달라이 라마는 신비주의적 라마교와 샹그리라, 반공, 마하트마 간디의 이미지를 겸비하고 있었으므로 요가와 크리슈나무르티를 능가하는 인기를 얻을 수 있었다. 초기의 성공으로부터 달라이 라마가 깨달은 것은 중국과 싸우는 데에 있어 무장투쟁과는 비교할 수 없는 종교적 비폭력투쟁의 유용성이었을 것이다. 그와 함께 자신의 종교적 권위와 지위를 끌어올리기 위해 전력으로 질주했다. 그는 바티칸에서 요한 6세, 요한 바오로 2세, 베네딕트 16세 등과 회동했으며 남아프카공화국의 데스몬드 투투(Desmond Mpilo Tutu) 대주교를 만났을 뿐만 아니라 동방정교, 무슬림, 유대교, 기독교 지도자들과 회동했다. 그 결과 달라이 라마는 세계적으로 가장 유명한 불교 지도자의 반열에 오를 수 있었다. 성과는 눈부셨다. 북미와 유럽에 그는 헤아릴 수 없는 추종자들을 거느릴 수 있었고 동시에 티베트는 세계의 동정적 여론을 구할 수 있었으며 마침내 중국의 뽑히지 않는 눈엣가시가 될 수 있었다. 1989년 노벨평화상 수상은 마침내 부동이 되어 버린 달라이 라마의 권위를 증명했다.

그런 달라이 라마의 정치노선은 1987년 워싱턴D.C.에서 열린 미의회 인권의원총회에서 처음 밝힌 이래 기회가 있을 때마다 언급하고 있는 '5개항 평화계획'(Five Point Peace Plan)에서 출발한다. 이 계획은 다음과 같다.

1. 캄(Kham), 암도(Amdo)와 같은 동부 지역을 포함해 티베트의 전 지역을 비폭력 지대로 전환할 것.
2. 중국의 인구이동 정책의 포기.

3. 티베트 국민의 근본적 권리와 민주적 자유에 대한 존중.

4. 티베트의 자연 환경을 복원하고 보호하는 것.

5. 티베트인들과 중국인들의 관계 그리고 티베트의 미래 지위에 대한 진지한 협상 시작.

협상을 시작하자는 것 외에는 실현방도가 없다는 점에서 달라이 라마다운 변죽인데 1988년의 스트라스부르그에서의 연설에서는 이 계획을 실현시킬 구체적인 제안을 내놓았다. 그것이 중국과의 협상에 따른 '민주적 티베트에 대한 자치의 성립'(Creation of Self-governing Democratic Tibet)이다. 이게 바로 지금까지 변함없는 달라이 라마의 '완전한 자치' 노선이다. 적어도 다람살라의 망명정부에게 달라이 라마의 (중국을 대상으로 한) 이 제안은 폭탄선언과 다를 바가 없었다. 이 제안은 망명정부에게는 마치 일본 식민지 지배 아래 있던 조선을 두고 상해의 임시정부가 독립 대신 총독부를 폐지하고 자치권을 달라는 것과 다를 바가 없었다. 1991년 망명정부는 '중국공산당이 이 제안에 부정적이고 협상에 응하지 않을 것'이란 단서를 달아 달라이 라마의 스트라스부르그 제안이 유효하지 않다고 선언했지만 달라이 라마 자신은 요지부동이었다. 달라이 라마의 절대적인 권위에 도전할 수 없었던 망명정부 내각은 이내 불만을 감추고 침묵을 지켰다. 망명정부 내각의 주장과 달리 달라이 라마의 '완전한 자치'는 독립보다는 중국이 받아들일 수 있는 현실적 가능성이 당연히 높은 제안이었다. 왜냐하면 중국은 일찍이 티베트의 자치를 인정했고 그것은 또 시짱 자치구(西藏自治區)라는 이름으로 여전히 존재한다. '완전한 자치'가 연방공화국 수준을 요구하지 않는다면 협상의 가능성은 열려 있다는 점에서 제안은 달라이 라마답게 실용적이었다.

이 제안을 받아들일 수 없었던 망명정부 내각의 입장은 명분이나 원칙 때문이 아니라 자신들의 이해를 현저하게 해치고 있었기 때문이었다. 다람살라의 망명정부는, 최고지도자는 달라이 라마였지만 내각은 망명한 귀족 계급이 장악하고 있다는 점에서 1951년 이전 포탈라의 신권정치를 그대로 옮겨 온 것이었다. 달라이 라마의 스트라스부르그 연설에서의 제안은 일종의 종교적 자치의 뉘앙스가 강한 것으로 세속적 권력을 배제하는 제안이나 다를 바가 없었다. 성사여부를 떠나 망명정부 내각의 일부와 그들의 중요한 정치적 기반인 청년회의의 반발은 당연히 예상되는 것이었다.

2008년 베이징 올림픽을 두고 신경전이 치열했던 다람살라와 중국의 대결은 라싸에서의 격렬한 대중시위(그것도 1959년 무장봉기 49주년인 3월 10일에)의 확대 그리고 뒤이은 유혈진압으로 아마도 1959년 이후 최대의 정치적 격돌을 야기했다. 달라이 라마가 대표하는 승려 세력과 내각이 대표하는 귀족 세력의 갈등은 다시금 내연했다. 달라이 라마는 예의 '비폭력 평화'를 들어 티베트에서의 폭력시위를 명백하게 반대했다. 그러나 다람살라 내부의 반발은 전과 같은 수준에 그치지 않았다. 특히 독립을 주장해 왔던 티베트 청년회의는 달라이 라마의 권위에 정면으로 도전했고 '티베트 독립'의 구호를 내세웠다. 달라이 라마 역시 망명정부 수반을 사퇴할 수도 있다는 협박에 가까운 발언으로 배수의 진을 쳤다.

그런데 독립과 자치를 둘러싼 망명정부의 갈등보다도 비교할 수 없을 만큼 중요한 변화는 중국영토인 티베트(시짱)에서 드러나고 있던 유혈을 불사한 저항이었다. 1987년 라싸의 시위 이후 확실히 티베트는 이전과 같지 않다.

1949년의 중국혁명
혁명을 승리로 이끈 중국공산당은 계급제도를 철폐하고 토지개혁을 실시했다. 사진은 혁명 직후 축하
행진을 벌이는 중국 인민.

시장사회주의와 신권

지난 50년 동안 티베트에게 중국은 무엇이었을까. 모든 일의 출발점인 1951년으로 돌아가 보자. 1949년 혁명을 승리로 이끈 중화인민공화국에게 티베트는 혁명의 중심에서 멀리 떨어진 변방이었다. 그러나 티베트 역시 중국의 일부였고 혁명의 대상이었다. 1951년 인민해방군은 라싸로 진주했다. 그 뒤에 벌어진 일들은 말 그대로 혁명이었다.

티베트가 서구의 맹목적인 달라이 라마 신봉자들의 믿음과 달리 90퍼센트의 인구를 차지했던 농노들을 한줌의 라마승과 봉건 귀족(지주)들이 지배하는 끔찍한 봉건적 노예사회였다는 것은 의심할 여지가 없다. 예컨대 예일대학의 교수인 마이클 파렌티의 『낯익은 봉건주의 : 티베트의 신화』(*Friendly Feudalism : Tibet Myth*)는 읽는 것만으로도 마음이 심하게 불편해질 만큼 신왕(神王)에 해당했던 법왕(法王) 달라이 라마가 통치하던 티베트에서 벌어진 참상들을 적나라하게 증언하고 있다. 말하자면 그 시대는 짐승보다 못한 처지에서 착취당하고 고통받아야 했던 농노들을 라마승과 지주들이 자신들의 교리에 따라 처형하는 대신 눈알을 뽑고 손을 자른 다음 동토에 내버려 얼어 죽도록 한 야만의 시대였다. 이걸 인정하기 싫다면 달라이 라마의 거처였던 라싸의 그 웅장한 포탈라궁을 떠올려도 좋다. 히말라야의 설산을 눈앞에 둔 해발 3천 500미터의 언덕에 만들어진 이 그림 같은 궁전은 누가 만든 것일까. 베르사유 궁전은 누구의 손으로 지어졌을까. 이집트의 피라미드는 누가 쌓은 것일까. 이제 인류의 문화유산으로 남은 그것들을 두고 감탄을 금하거나 못하거나는 우리 모두의 자유이지만 어느 누구라도 노예들의 비탄이 핏빛으로 물들어 있는 그 시대를 신비화하거나 복고를 주장할 자유는 없다. 그건 인류사에 대한 범죄일 뿐이다.

1949년의 중국혁명은 10년 만에 티베트를 봉노제로부터 해방시켰다. 라마승과 대지주의 혹독한 착취 아래 인간 이하의 삶을 영위하던 대다수 농노들이 그 압제로부터 해방되었다. 1959년 라싸에서의 무장봉기가 용두사미식으로 끝났던 것은 인민해방군의 등장이 티베트인들의 종교와 민족감정을 자극했음에도 불구하고 그들이 더 나은 세상을 약속하고 있었기 때문이었다. 비참한 농노의 삶을 영위하던 인간들이 바로 그 체제와, 체제를 만들고 유지하던 자들을 위해 싸울 것이라고 믿는 것 자체가 가증스러운 일이다.

반세기가 지났다. 티베트도 50년 전의 티베트가 아니며 중국도 50년 전의 중국이 아니다. 중국혁명 이후 반세기 동안 티베트는 중국의 영토였다. 소수민족 문제를 둘러싼 복잡미묘한 주장과 이견들을 인정한다고 해도 현재 중국에 거주하고 있는 255만 명의 티베트인들이 중국 인민이라는 점에는 이견이 있을 수 없다. 따라서 유혈사태를 빚은 3월의 티베트 사태를 옳게 평가하려면 중국정부(공산당)에 대한 중국 인민의 저항이라는 관점이 더욱 중요하다. 달라이 라마와 다람살라의 망명정부를 중심으로 한 망명 세력 또는 난민 세력들이 이 사태에 중요한 영향을 미쳤다고 해도 문제를 해외의 망명 세력과 중국공산당의 대결로 보는 것은 주객이 전도된 것이다. 다람살라의 망명정부는 50년 동안 자신들이 원하는 어떤 것도 실현하지 못했다. 게릴라전쟁은 실패했고 독립은 물론 자신들이 원하는 자치마저 실현하지 못했다. 1959년 티베트에서 도망나온 후 망명정부는 적어도 1980년대 중반 이전까지는 티베트의 티베트인들에게 별다른 신뢰와 동조를 얻지 못했다. 그들은 유럽과 북미의 서구인들에게는 라마교의 환상을 선물했지만 티베트의 동족들에게는 미래의 전망을 포함해 중화인민공화국보다 나은 그 무엇도 선물하지 못했다.

2008년에 이르러 상황은 일변한 것으로 보인다. 티베트의 티베트인들은 오늘의 중화인민공화국 통치에 대해 분노하고 있다. 이른바 시장개방 이후 개발의 미명 아래 티베트 지역의 풍부한 광물과 가스, 삼림, 수자원 등을 수탈하는 대신 중국공산당이 티베트인들에게 돌려준 것은 빈곤과 차별이었다. 가공할 현실은 고작 4퍼센트를 차지하는 외지인 한족 인구가 95퍼센트에 달하는 토착 티베트인들을 식민통치를 방불케 할 만큼 지배하고 있는 현실이다. 농업과 목축 중심의 티베트인들의 생활은 개발을 앞세운 토지와 삼림의 수용으로 황폐화되고 있으며 상하이와 베이징은 물론 홍콩과 대만 등에서 몰려든 외지 개발자본과 상업자본이 이윤을 독점하고 있는 가운데 종속되고 있다. 또한 티베트로 이주한 한족들이 장악하고 있는 기업과 공공기관, 경찰, 군의 상부는 민족갈등을 극대화시키고 있다. 이른바 시장사회주의의 등장 후 중국 전역을 지배하기 시작한 개발과 자본의 논리가 뒤늦게 변방인 티베트로 확장하면서 빚어내는 갈등이 티베트인들을 벼랑 끝으로 밀어넣고 있다. 물론 이런 고통은 티베트인들뿐 아니라 중국 전역의 대다수 노동자, 농민들이 겪고 있는 고통과 다르지 않지만, 티베트에 이르러 인종적·경제적 식민화의 양상을 빚음으로써 민족주의를 자극하고 강화하고 있고, 덧붙여 민족모순을 심화시키고 있다. 중국혁명 후 중국공산당의 민족문제에 대한 근본은 '민족평등은 민족단결의 전제'이며 '민족단결은 민족평등을 실현하는 담보'라는 정책에서 출발했다. 또한 궁극적인 목표는 민족의 소멸이었다. 시

안나푸르나의 이편
히말라야 너머의 고향으로 돌아갈 수 없는 티베트 난민들은
안나푸르나가 보이는 포카라의 난민촌에서 반세기를 살고 있다.

장개방 이후 덩샤오핑의 중국에서의 민족문제는 역주행을 거듭해 왔다. 그 결과가 오늘의 티베트 사태이다. 다람살라의 달라이 라마와 망명정부는 반세기를 분투하며 기다린 끝에 비로소 중화인민공화국의 중국 인민이 아닌 달라이 라마의 티베트인을 얻었다.

달라이 라마가 꿈꾸고 주장하는 평화와 비폭력으로 충만한 티베트는 중세적 신권정치가 약속하는 평화이다. 달라이 라마의 티베트란 1951년 이전으로 돌아간 티베트, 히말라야의 라마왕국이다. 2008년 3월 라싸의 대중시위는 바로 그 시대착오적인 신권정치가 시장사회주의 20년 만에 중국 인민인 티베트인들의 지지를 받고 있다는 증거이다. 사정이야 다르지만 다람살라는 소련이 몰락한 후 연방공화국이 앞을 다투어 독립했던 상황을 꿈꾸고 있을지도 모를 일이다. 중국에 변화가 없다면 달라이 라마는 계속된다. 사정이 그렇다면 14대가 아니라면 15대에서라도 달라이 라마의 꿈이 이루어지지 못할 것도 없다.

홍콩 빅토리아 항구 인근의 중국인민해방군 홍콩주둔 군영

팍섹과 까울룽씽차이씽
그리고 오늘의 홍콩

역사에 대해서라면 홍콩은 세계의 어느 도시 못지않게 과거에 대해 인색한 도시일 것이다. 어쩌면 홍콩에서 역사란 남중국해의 심연 아래로 가라앉아 버리는 그 무엇인지도 모른다. 이런 느낌이 절절했던 이유는 홍콩에 도착한 다음 날 서둘러 찾았던 팍섹(白石, Whitehead)이 준 허탈함 때문이었다. 홍콩에 베트남 난민수용소가 생기기 시작한 것은 1975년 5월로, 베트남에서 흘러나온 보트피플들을 가장 먼저 수용한 곳이 홍콩이었다. 그 뒤 연인원 1백만 명의 베트남 난민이 거쳐갔던 홍콩의 난민캠프가 폐쇄된 것은 2000년에 와서였다. 그동안 홍콩에 올 때마다 둘러보고 싶었지만 여의치 않았다. 핑계에 불과했겠지만 누구에게 물어도 위치에 대해 시원한 대답을 들을 수 없었다. 이번 여행에서는 만반의 준비를 갖추었다. 인도네시아를 떠나기 전에 홍콩의 친구에게 부탁했고 난민캠프 중 하나였던 팍섹으로 가는 약도까지 얻어두었다. 송환심사가 본격화된 1996년 팍섹은 대규모 폭동이 터졌던 캠프였다. 전철과 버스, 택시를 갈아타면서 도착한 팍섹은 허무했다. 해안에는 골프연습장이 들어서 있었고 그곳이 한때 난민캠프였다는 걸 짐작할 만한 흔적은 공유지에 둘러진 철조망 너머에 있던 건물 폐허 하나뿐이었다. 주거시설도 아니고 골프연습장이라니. 팍섹뿐 아니라 홍콩에는 모두 10여 개의 베트남 난민캠프가 있었는데 나머지의 운명도 팍섹과 다르지 않을 것이었다.

인도네시아 바탐에서 나는 하루의 시간을 마련해 갈랑(Galang)에 다녀올 수 있었다. 바탐은 발레랑 군도 중의 하나이고 나머지 둘인 람팡 섬과 갈랑 섬은 지금은 다리로 연결되어 있다. 1975년 이후 베트남 난민문제가 수면 위로 불거졌을 때 유엔난민기구(UNHCR)의 조정 아래 아시아에서는 태국과 인도네시아, 말레이시아, 홍콩에 난민캠프가 만들어졌으며 마지막으로는 필리핀에도 난민캠프가 등장했다. 인도네시아에서는 갈랑 섬이었다. 1980년대 남중국해로 흘러나온 난민들은 주로 해적이 들끓는 태국 쪽을 포기하고 홍콩과 인도네시아로 흘러들었다. 갈랑의 베트남 난민캠프는 한동안 방치되어 있었지만 지금은 보존을 목적으로 관리되고 있었다. 아마도 갈랑이 바탐과는 달리 개발과는 무관한 섬인 것도 이 역사적 유적에 대한 보존을 도왔을 것이다. 자신들이 수용되었던 캠프를 다시 방문한 북미의 베트남인들이 관리들에게 항의하고 읍소한 것이 보존에 도움이 되었다는 말도 들을 수 있었다. 불과 10년 만에 깨끗하게 흔적을 지워 버린 홍콩과 비교한다면 문화적 선진국은 홍콩이 아니라 인도네시아라고 해야겠다.

홍콩의 현대사의 흔적 말소에 대해서라면 구룡성채(九龍城寨)로 불리는 까울룽씽차이씽(九龍寨城)을 빼놓을 수 없다. 한때 마굴(魔窟)이란 별명을 갖고 있던 까울룽씽차이씽은 고작 8천여 평의 네모난 공간에 3만 3천~5만여 명이 들끓었던 지독한 빈민가였으므로 철거가 당연하다고 생각할지도 모르겠다. 그러나 1860년을 기점으로 하는 까울룽씽차이씽의 역사란 그렇게 쉽게 지워 버릴 만큼 간단하지 않았다. 1차 아편전쟁에서 패배한 청은 난징조약으로 영국에 홍콩 섬을 할양한 후 2차 아편전쟁의 패배로 까울룽 반도의 남단과 공슈엔차우로 불리던 섬 하나를 빼앗겼다. 신계(新界)가 99년 기한으로 넘어간 것은 1898년이다. 오늘의 홍콩은 그렇게 완성되었다. 그러나 청군의 주둔지였던 까울룽씽차이씽은 일련의 할양조약에서 예외였다. 까울룽을 넘긴 1860년 베이징회담에서 청은 이 지역을 제외했으며 영국은 이를 받아들였다. 청군은 한동안 이 지역에 주둔했지만 곧 철수했고 까울룽씽차이씽은 무주공산(無主空山)이 되었다. 그러나 조약에 따라 이 지역은 여전히 청의 영토였고 뒤에는 청의 국제법상 권리를 계승한 중화인민공화국의 영토가 되었다. 영국에게는 치외법권 지역이었다. 그러나 내륙의 정권도 무심하기는 마찬가지여서 까울룽씽차이씽은 잊혀지거나 버림받은 미아의 성이었다. 까울룽씽차이씽은 오랜 세월 동안 광둥과 푸젠 등지의 내륙에서 밀려든 빈곤한 중국인들의 보금자리가 되었다. 영국의 식민통치의 손길이 미치지 못하는 그곳은 밀입국자에게는 천혜의 안식처였다. 인구가 급증하는 가운데 까울룽씽차이씽의 건물들은 하늘을 향해 치솟았다. 경계를 벗어날 수 없어 직사각형의 네모난 구역 안에서 남루한 건물들이 하늘로 치솟으면서 까울룽씽차이씽은 홍콩의 카스바(Kasbah)로 불렸지만 인구로는 카스바가 애초에 당해 낼 재간이 없어 단일지역으로는 세계 최고의 인구밀도를 자랑했다. 까울룽씽차이씽의 통치권은 영국이 아니라 범죄조직인 삼합회가 행사했으며 매춘과 마약제조, 밀매, 불법의료 등이 까울룽씽차이씽의 일상이었다. 까울룽씽차이씽은 1992년 철거가 발표되었고 1993년 철거완료되었다.

때때로 나는 홍콩이 결국은 곽색이나 까울룽씽차이씽과 다를 바가 없는 거대한 난민캠프였다는 생각을 할 때가 있다. 홍콩시와 까울룽의 화려한 현대식 마천루들과 현란한 불빛들, 국제적 금융센터, 세계 최대의 중계무역지, 아시아의 허브, 쇼핑의 천국이라는 화려한 수식어에도 불구하고 그렇다. 국제도시란 미명은 뿌리없음을 의미할 뿐이다.

홍콩 섬과 까울룽, 신계를 모두 합해 1만이 채 되지 않았을 홍콩의 인구는 반환을 전후한 내륙에서의 인구유입에 힘입어 이제 7백만을 바라보고 있다. 자연적 인구증가로는 불가능한 인구의 급증은 홍콩이 그 화려한 외형적 발달에도 불구하고 거대한 난민촌이었음을 알려 주는 증거 중의 하나다. 이 도시국가 아닌 도시국가의 거리에는 유럽이나 아시아의 다른 나라에서 온 인간들이 배회하고 결코 자신의 뿌리를 홍콩과 결부 짓지 않는 중국인들로 들끓고 있을 뿐이다.

영국 식민지로 전락한 후 아편무역의 근거지가 되고 뒤이어 자유무역항이 된 영국 식민지 홍콩에는 내륙으로부터 끝없이 난민들이 흘러들어 왔다. 아편전쟁으로 인한 정치적 혼란과 경제적 빈곤이 초기의 행렬을 이끌었다면 국공내전과 중국혁명이 두번째 행렬을 이끌었고 홍콩반환을 전후한 엑소더스가 세번째 행렬을 이끌었다. 특기할 만한 점은 끝없이 밀려든 난민의 유입은 정착이 아니라 탈출로 이어졌다는 것이다. 말하자면 광둥과 푸젠에서 흘러든 쿨리들은 홍콩에서 배에 실려 싱가포르로 향하거나 태평양을 건넜으며, 국공내전의 피난민과 중국혁명 후 밀입국자들은 홍콩에서 대만으로 가거나 동남아와 북미 등 세계 각지로 뿔뿔이 흩어졌다. 중국혁명 후 반환에 이르기까지 홍콩에는 내륙 출신으로 국경을 넘은 밀입국자의 수가 매년 수만 명에 달했으며 또 거의 비슷한 수가 홍콩을 빠져나갔다. 영국의 홍콩정청의 밀입국 정책은 눈을 감는 것이었다. 1987년 중영공동선언으로 1997년의 반환이 확정된 후에는 수십만 명이 홍콩을 탈출했고 반환을 전후해 더 많은 수의 내륙인들이 홍콩으로 밀려들었다.

무국적의 국제도시로서의 홍콩의 역사는 무엇으로 설명할 수 있는 것일까. 난민이란 단어를 사용하지 않는다면 홍콩은 결코 설명할 수 없는 그 무엇이다. 말하자면 홍콩은 거대한 난민캠프이다. 진정한 홍콩인이란 존재하지 않는다. 홍콩에서 태어난 인간들을 포함해 그들은 모두 어디에선가 흘러들어와 어디론가 흘러 나가는 부초와 같은 운명을 걸머진 인간들이며 본질적으로 난민이라는 이름으로만 정체성을 부여받을 수 있는 인간들이다. 홍콩의 무국적성이란 난민의 무국적성이며 국제성조차도 그것에 종속되는 하위의 가치일 뿐이다. 팍셱과 까울룽씽차이씽은 결국 홍콩의 거울이 아니었을까.

남중국해에서 태풍이 몰아칠 시기를 눈앞에 둔 홍콩은 습하고 먹먹하다. 맑고 쾌적한 날은 1년에 고작 3개월이다. 나머지 날들은 습한 무더위이거나 습한 추위의 몫이다. 그런데도 까울룽과 홍콩시의 거리에 관광객들이 어지간하게 들끓고 있는 것을 보면 불가사의하기까지 하다. 때마침 비가 흩뿌리는 까울룽 한구석의 홍콩 역사박물관은 서너 명의 관광객들만이 서성거리고 있다. 국제수준으로 꾸며 놓은 박물관은 홍콩의 역사를 훑어볼 수 있는 유일한 공간이다. 이 박물관이라도 없었다면 신계의 구릉에 자리 잡은 중국인 묘지를 찾아 무덤의 비석을 붙잡고 죽은 자와 대화를 나누어야 할지도 모른다.

박물관은 할양 이전의 홍콩의 모습과 아편전쟁을 시작으로 영국의 식민통치 시대와 일본의 점령 시대 등 홍콩의 역사를 소박하게나마 성실하게 더듬고 있다. 인상적인 것은 제조업 시대 홍콩의 모습이다. 금융과 쇼핑의 독점적인 천국인 것처럼 보이지만 한때 홍콩은 제조업의 천국이었다. 역사박물관의 한 코너는 흡족하진 않지만 그 시대를 위해 할애되어 있다. 지금은 조악하게 보이지만 1960~1970년대에는 엄청나게 대단했을 장난감들과 시계, 카메라 등이 전시되어 있고 다른 한편에는 봉제공장이 재현되어 있다. 메이드 인 홍콩은 무협이나 느와르 영화에만 붙여진 것이 아니라 완구와 전자제품, 의류에 이르기까지 다양하게 명성을 얻고 있었다. 당시 홍콩의 봉제공장은 2천 명 이상의 노동자가 일하고 있었다. 메이드 인 홍콩의 불빛은 아직도 꺼지지 않아 중계무역의 틈새에서 수출의 15퍼센트 정도를 차지하고 있다. 은행과 증권회사, 쇼핑가의 그 너머 어딘가에 아직도 공장은 돌아가고 있을 것이다.

경공업을 중심으로 한 홍콩의 산업발전에는 내륙으로부터 밀려들어 와 넘치는 값싼 노동력이 있었다. 1970년대 그 무렵 홍콩의 또 다른 이름이 자본가의 천국, 노동자의 지옥이었던 것을 고려한다면 홍콩은 그 무렵의 남한을 앞서 노동의 지옥을 성사시키고 있었던 것이다. 혁명의 와중에 상하이를 도망쳐 나온 중국 자본들은 앞서 이 지옥을 만들면서 치부했고 국제적으로 사치스러운 이 도시의 승자가 되었다.

덩샤오핑

1948년 중영공동선언은 홍콩반환을 결정했다. 일국양제의 약속에도 불구하고 반환은 홍콩을 뿌리째 흔들었다.

박물관의 전시장 출구 직전의 마지막은 홍콩의 중국 반환에 할애되어 있다. 1984년 중영공동선언 당시 덩샤오핑과 대처의 회담 사진을 지나면 큼직한 덩샤오핑의 독사진이 "일국양제(一國兩制)는 1979년 1월 워싱턴을 방문한 덩샤오핑이 이미 제시한 것이었다"라는 설명과 함께 걸려 있다. 덩샤오핑은 베트남침공과 미국방문을 같은 달에 한꺼번에 치렀는데 이 두 사건이 시장사회주의라는 기괴한 자본주의로 요약되는 오늘의 중국을 본격적으로 예고한 것이나 마찬가지였다.

홍콩 역시 마찬가지였다. 검은 고양이거나 흰 고양이거나 마다하지 않겠다는 이 불굴의 오뚜기를 두고 서방은 저울질을 할 필요조차 없었다. 1984년의 중영공동선언은 일국양제의 약속 아래 일사천리로 성사되었다. 홍콩반환 선언은 홍콩이란 거대한 난민캠프를 뿌리째 뒤흔들어 놓았다. 말하자면 홍콩의 중국으로의 반환은 홍콩이란 거대한 난민캠프의 해체를 의미했다. 난민들에게는 흘러들어 온 곳으로 되돌아갈 것인지 시급하게 흘러 나가야 할 것인지의 양자택일의 시한을 확정한 것이었다. 난민캠프의 해체를 향한 스톱워치의 버튼이 눌리고 초침이 움직이기 시작하자 캠프는 세기말적인 공황에 휩싸였으며 불안과 공허, 허무가 고층건물 사이를 매서운 바람처럼 휘돌며 채찍처럼 인간들을 후려쳤다. 1989년의 천안문사태는 이제 곧 홍콩이라는 난민캠프를 접수할 권력으로서 중국공산당의 비열한 폭력성을 과시함으로써 공포를 배증시켰다. 탈출을 꿈꾸는 자들이 늘어났지만 현실은 냉담했다. 소수의 부자들은 앞다투어 홍콩을 빠져나갔지만 다수의 가난한 자들은 캠프에 남을 수밖에 없었다. 1992년 마굴로 일컬어지던 까울룽씽차이씽의 철거가 발표되고 1993년 철거가 완료되었을 때 홍콩은 어쩌면 자신의 가까운 미래를 본 것인지도 몰랐다. 까울룽씽차이씽과 함께 홍콩이 자신의 미래를 투영할 수 있는 또 다른 존재는 홍콩의 베트남 난민캠프였다. 1975년 베트남의 통일 직후부터 봇물처럼 늘어나기 시작한 보트피플들은 남중국해의 파도를 헤치고 홍콩으로 밀려들어 왔다. 1975년 5월 덴마크 선적의 화물선에 실려 홍콩에 도착한 3,743명의 베트남 난민을 받아들인 이후 홍콩은 백만 명 이상의 베트남 난민이 거쳐 간 장소가 되었다. 팍섹을 비롯해 10여 개의 베트남 난민캠프가 임시 또는 상설로 설치되었고 2000년 5월 문을 닫을 때까지 25년 동안 베트남 난민을 수용했던 난민캠프는 홍콩의 미래와 기묘하게 오버랩되는 존재였다. 홍콩의 베트남 난민들은 그들과 마찬가지로 광둥과 푸젠 등지의 내륙에서 밀려들어 온 홍콩인들의 자화상이었다. 그러나 그들이 자신들과 마찬가지로 중국인들이 아니었다고 해도 결국은 어디론가 반드시 떠나야 하는 베트남 난민들의 숙명적 처지는 반환을 앞둔 홍콩이라는 난민캠프의 난민들에게는 자신들의 운명을 상기시키는 존재가 아닐 수 없었다. 맥당웅이 「성항기병」(省港旗兵)에서 중국에서 밀입국한 인민해방군 출신 밀입국자의 폭력을 통해 홍콩을 반환받을 중국에 대한 두려움을 상기시켰다면 허안화의 「호월적고사」(胡越的故事)와 오우삼의 「영웅본색3」이 베트남 난민을 등장시켜 홍콩의 불안과 허무를 토로한 것도 우연은 아니었다.

1997년 홍콩은 중국에 반환되었고 11주년을 앞두고 있다. 변한 것은 아무것도 없는 것처럼 보인다. 퀸스 피어(Queen's Pier)에서 불과 백 미터 떨어진 곳에는 1개 사단 5천 명 이상의 병력을 주둔시키고 있는 중국인민해방군 홍콩주둔

홍콩 섬의 거리
반환 11주년을 앞둔 홍콩에선 아무것도 변한 게 없는 것처럼 보인다.

군의 군영이 버티고 있지만 홍콩에서 인민해방군 병사를 보기란 하늘의 별을 따는 것보다 조금 쉬울 뿐이다. 홍콩의 치안은 여전히 경찰에게만 맡겨져 있다. 일국양제의 군은 약속은, 주둔하지만 보이지 않는 인민해방군으로 상징된다. 경제에 대해서 말하자면 공교롭게도 반환 해인 1997년 아시아에 닥친 경제위기에서 홍콩이 탈출하는 데에 중국은 결정적인 기여를 했다. 그뿐 아니라 반환 이후에도 지속된 홍콩의 경제적 발전은 중국경제의 가공할 성장에 힘입은 것이기도 했다. 정치와 언론의 자유에 대해서 말한다면 반환 이후 홍콩은 대단하지는 않지만 더 나은 정치적 자유를 누리고 있다. 영국 식민지하의 홍콩에서 중국인은 총독부 통치를 받는 식민지 인민이었다. 영국이 느닷없이 홍콩의 민주화를 거론하며 호들갑을 떨기 시작한 것은 식민통치 150년 만으로 반환을 코앞에 두고 있던 1990년대에 들어서였다. 세계의 어느 국가이든 홍콩의 민주화에 대해서 발언할 수 있지만 영국이 떠들고 있는 건 역겨운 일이다.

영국령 홍콩에서 중국령 홍콩으로 바뀐 후에도 여전히 세계 3위의 금융센터의 지위를 지키고 있으며 거리에는 쇼핑을 즐기는 관광객들이 들끓고 있고 해가 진 후의 홍콩 섬의 검은 하늘은 레이저가 수놓고 있다. 반환 전후 홍콩을 떠났던 30만 명 중 절반에 가까운 12만 정도는 홍콩으로 되돌아왔다는 말도 사실일 것이다. 내륙에서는 더 많은 중국인들이 홍콩으로 쏟아져 들어오고 있다. 중국반환 후의 암울한 전망은 적중하지 않았다.

반환 후의 홍콩은 난징조약의 난민캠프에서 이제 정착지가 된 것일까. 시간이 지날수록 당연히 중국의 영향력이 증가했다. 또한 광둥어 대신 푸퉁화가 득세하고 영어 사용이 줄어들고 있는 홍콩의 변화는 이 무국적의 국제 도시가 이제

국적을 되찾고 있는 것처럼 보인다.

　그런데 홍콩이 중국으로 반환된 것일까, 중국이 홍콩으로 반환된 것일까. 이 언어도단의 질문은 1987년 홍콩의 중국 반환이 못박힌 후 홍콩의 변화보다 중국의 변화가 비교할 수 없을 만큼 크기 때문에 성립된다. 발달한 금융자본주의를 실현한 홍콩이 일국양제 아래 여전히 그 자리에 머물러 있는 동안 사회주의 중국은 이른바 시장사회주의국가, 공산당 일당독재하의 지독한 자본주의체제로 성장해 왔다. 공교롭게도 중영공동선언은 덩샤오핑의 시장개방이 본격화하던 시기에 이루어진 것이었다. 1978년 중국공산당 제11기 3차 중앙위원회 전체회의에서 '개혁개방'을 결정한 이후 1980년대에 들어 시장개방을 가속화하던 덩샤오핑의 전략은 일차적으로 전 세계의 화교 자본을 끌어오는 것이었다. 초기에 미미한 성과를 보였던 화교 자본의 유치는 1990년대 들어 홍콩 자본을 필두로 가속화하기 시작했고 태국과 싱가포르의 화교 자본이 뒤따르고 마침내 일반 직접투자까지 확대되면서 중국의 외국인직접투자(FDI) 기반의 자본주의는 폭발적으로 발전할 수 있었다. 중영공동선언에서 현재까지 지난 20년을 평가한다면 홍콩이 중국화한 것이 아니라 중국이 홍콩화하고 있었던 것이라고 볼 수 있다. 금융 부문에 있어 홍콩은 중국의 소중한 보물이었다. 홍콩의 중국 반환이 성사된 1997년 83개이던 홍콩증시 상장 중국기업은 2007년에는 373개로 늘어 천문학적인 액수의 국제자본을 기업공개를 통해 빨아들였다. 1997년 4,135억 달러였던 2007년 홍콩 증권거래소의 시가총액은 2조 5,711억 달러에 이르렀다(상하이와 선전 증권거래소의 시가총액은 3조 3,709억 달러였다). 이렇게 중국의 자본주의적 발전에 대한 홍콩의 기여란 상상을 초월하는 것이었다.

중국의 급속한 시장개방과 자본주의화는 홍콩이 반환에도 불구하고 실질적인 변화를 겪지 않을 수 있었던 근본적인 이유이다. 더불어 홍콩경제와 중국경제의 동기화는 급속하게 진행되었다. 일국양제에도 불구하고 이제 홍콩과 중국은 떼려야 뗄 수 없는 관계를 맺고 있다. 아마도 홍콩은 마침내 국적을 취득했거나 또는 이미 영주권과 시민권 사이에 위치하는 권리를 취득하고 있다고 말해도 과언은 아닐 것이다. 그러나 홍콩의 중국인들이 중국 인민이 되기를 원하지 않음은 더없이 명징하다. 홍콩을 중국의 일부로 본다면 홍콩은 중국에서 가장 민주주의가 발달하고 있는 지역이다. 홍콩의 민주주의는 영국의 식민통치 아래에서가 아니라 중국 반환 후부터 본격적으로 발달했다는 점에서 의미심장하다. 중국공산당의 일당독재 통치 아래 놓일 것이란 두려움은 민주주의에 대한 홍콩의 각성을 심화시켰다. 2003년 중국이 홍콩에 국가보안법 입법을 시도했을 때 민주세력들이 투쟁으로 이를 철회시킨 것은 민주주의를 둘러싼 중국공산당과 홍콩의 분쟁을 실증했다. 홍콩특별행정구 행정장관과 입법의회 의원에 대한 직접선거 요구는 또 다른 일면이다. 중국공산당은 홍콩의 민주주의적 권리 확대가 내륙에 미칠 영향에 대해 본능적으로 거부감을 보이고 있다. 거대한 둑이 무너지는 것은 작은 구멍 하나 때문인 것이다. 반환된 홍콩의 존재는 중국의 인민들에게 이미 일체화된 존재이다. 홍콩이 중국의 민주주의에 선도적인 역할을 할 가능성은 중국의 다른 어떤 지역보다 높을 것이다. 그런 점에서 홍콩의 미래는 중국의 미래와 일체가 되었다.

홍콩을 떠나는 날 아침 어김없이 비가 내렸다. 칭이(青衣)의 컨테이너 항구

그리고 서울

가 내려다보이는 마치 관과 같은 호텔방의 창에는 제법 굵은 빗줄기가 흘러내려 밖의 풍경을 부옇게 만들었다. 좀처럼 끝날 것 같지 않았던 여행은 끝났다. 반년 만에 돌아간다는 실감이 마음 한구석에서 무럭무럭 피어나면서 나는 이게 여행의 끝인지 여행의 시작인지 또는 여전히 여행 중인지 가늠할 수 없었다. 자카르타에서 쿠알라룸푸르에 도착했을 때, 또 마닐라와 사이공과 프놈펜, 방콕과 카트만두, 양곤, 홍콩에 도착했을 때 나는 내가 어디에서 떠나 어디론가 도착했다는 느낌 대신 세계화란 포악한 힘에 강제된 기시감(既視感)에 시달려야 했다. 서울에 도착했을 때 나는 같은 기분에 다시금 휩싸일 것이란 예감에 사로잡혔다. 이걸 아시아적 공동운명이 부여하는 화양연화(花樣年華)적 지랄맞은 무드라고 한다면 아마도 그럴 것이었다. 아시아의 국경은 그렇게 부서지면서 우린 모두 진정한 민주주의 또는 더 나은 미래를 찾아 갈구하며 헤매는 부초이거나 난민이 되고 있다.